ángeles

en mi cabello

Lorna Byrne

ángeles
en mi cabello

Un testimonio de conexión con lo espiritual

Traducción
María Mercedes Correa

Bogotá, Barcelona, Buenos Aires, Caracas, Guatemala,
Lima, México, Panamá, Quito, San José,
San Juan, Santiago de Chile, Santo Domingo

Byrne, Lorna
    Ángeles en mi cabello / Lorna Byrne ; traductor María
Mercedes Correa. -- Bogotá : Grupo Editorial Norma, 2009.
    352 p. ; 23 cm.
    Título original : Angels in my Hair : The True Story of a
Modern-Day Irish Mystic.
    ISBN 978-958-45-1961-0
    1. Byrne, Lorna 2. Misticismo 3. Biografía religiosa
4. Místicos - Biografías I. Correa, María Mercedes, tr. II. Tít.
920 cd 21 ed.
A1216030

    CEP-Banco de la República-Biblioteca Luis Ángel Arango

Título original:
ANGELS IN MY HAIR
de Lorna Byrne
Una publicación de Random House, 20 Vauxhall Bridge Road,
London SW1V 2SA
Copyright © 2008 por Lorna Byrne.

Copyright © 2009 de la presente edición para Latinoamérica
de Editorial Norma S. A. para Sefirá.
Avenida Eldorado No. 90-10, Bogotá, Colombia.

www.librerianorma.com

Impreso por Cargraphics S.A.
Impreso en Colombia — Printed in Colombia
Abril de 2009

Diseño de cubierta, Paula Andrea Gutiérrez
Diagramación, Andrea Rincón Granados

Este libro se compuso en caracteres New Aster

ISBN: 978-958-45-1961-0

A mis hijos

CONTENIDO

CAPÍTULO 1

Ver con otros ojos

Tenía yo dos años de edad cuando el doctor le dijo a mi madre que yo era retrasada.

Mi madre había notado que, aún bebé, yo parecía vivir en un mundo propio. Tengo, incluso, el recuerdo de estar acostada en una cuna —una cesta grande— y ver cómo mi madre se inclinaba hacia mí. En torno a ella, veía hermosos seres brillantes de todos los colores del arco iris. Eran mucho más grandes que yo, pero más pequeños que ella: serían del tamaño de un niño de tres años. Estos seres flotaban en el aire como plumas; recuerdo que yo extendía la mano para tratar de tocarlos, pero no lo lograba. Estas criaturas, de luces hermosas, me producían una gran fascinación. En ese momento, yo no sabía que las demás personas no podían ver lo mismo que yo. Solo mucho más tarde habría de enterarme de que estas criaturas eran ángeles.

Con el paso de los meses, mi madre comenzó a notar que yo siempre tenía la mirada puesta en otra parte, por muchos esfuerzos que ella hiciera para llamar mi atención. A decir verdad, yo *estaba* en otra parte: estaba con los ángeles, viendo lo que hacían, hablando y jugando con ellos. Estaba arrobada.

Aprendí a hablar relativamente tarde, pero desde muy pronto conversaba con los ángeles. A veces usábamos palabras comunes y corrientes, pero a veces las palabras no eran necesarias, pues cada uno conocía el pensamiento del otro. Yo creía que todo el mundo podía ver lo mismo que yo, pero en un momento dado los ángeles me indicaron no contarle a nadie que yo los veía; debía ser un secreto entre nosotros. Así, durante muchos años escuché a los ángeles sin decir a nadie. Ahora, por primera vez, mediante la escritura de este libro, empiezo a relatar lo que he visto.

* * *

El comentario que hizo el médico sobre mí cuando yo tenía apenas dos años iba a tener un profundo efecto en mi vida: comprendí que la gente puede llegar a ser muy cruel. Por entonces, vivíamos en el barrio de Old Kilmainham, no muy lejos del centro de Dublín. Mi padre había tomado en alquiler un taller de reparación de bicicletas, que tenía adosada una pequeña casa. Para llegar a ella se atravesaba el taller y se giraba a la izquierda. Era una casa prácticamente en ruinas. Hacía parte de una hilera de talleres y casas viejos, pero casi todos estaban vacíos o abandonados, pues su estado era terriblemente precario. Pasábamos la mayor parte del tiempo en la única habitación de la planta baja: allí cocinábamos, comíamos, hablábamos, jugábamos e, incluso, nos lavábamos en un gran platón de metal que había frente a la chimenea. Aunque la casa no tenía cuarto de baño, afuera, en el jardín, había un inodoro con cobertizo, al que se llegaba por un caminito. La casa tenía dos habitaciones en la planta alta; en una de ellas había una cama, que, al comienzo, yo compartía con mi hermana mayor, Emer.

Además de ver ángeles (los veía desde que me levantaba hasta que me iba a dormir), también veía los espíritus de personas muertas. Mi hermano, Christopher, había nacido mucho antes que yo, pero había muerto a las diez semanas de nacido. Aunque jamás lo vi mientras estaba vivo, podía visualizarlo: tenía el pelo oscuro, en tanto que mi hermana y yo éramos rubias. También podía jugar con él bajo su forma espiritual.

En esa época, no pensaba que aquello tuviera nada de extraordinario; me parecía que él era como otro niño cualquiera, aunque su apariencia fuera un poco más brillante. Sin embargo, una de las cosas que me hicieron comprender que él era diferente fue que su edad cambiaba. En algunas ocasiones, aparecía como un bebé y en otras, como un niño de mi edad, dando sus primeros pasitos. Tampoco estaba presente todo el tiempo, sino que iba y venía.

En una tarde fría de invierno, cuando ya empezaba a oscurecer, yo me encontraba sola en el salón de la casa de Old Kilmainham. La única luz que iluminaba la habitación era el fuego de la chimenea. Se veía el reflejo de las llamas temblorosas en el suelo donde yo estaba jugando con unos bloques de madera que mi padre me había hecho. Christopher vino a jugar conmigo. Se sentó cerca del fuego y me dijo que ese lugar era demasiado caliente para mí, pero que él sí podía estar allí, pues no sentía el calor. Entre los dos empezamos a construir una torre: yo ponía un bloque y él ponía el siguiente encima. La torre ya iba muy alta y, de repente, nuestras manos se tocaron. Yo quedé sorprendida: la sensación no era igual que con las demás personas. Al tocarlo, saltaron chispas: era como ver estrellitas volando. En ese momento, yo me acerqué a él (o él se acercó a mí) y los dos nos fundimos en uno solo. ¡Fue tal la impresión que hice caer nuestra torre de bloques de madera!

Yo solté una carcajada y lo volví a tocar. Creo que en ese momento entendí realmente, por primera vez, que él no era de carne y hueso.

Nunca confundí a Christopher con un ángel. Los ángeles que yo veía sí tenían, a veces, apariencia humana. Sin embargo, tenían alas y sus pies no tocaban el suelo. Además, tenían una especie de resplandor que les brillaba por dentro. En otras ocasiones, los ángeles que yo veía no tenían en absoluto un aspecto humano, sino que aparecían como una luz nítida y brillante.

Christopher aparecía con mucha frecuencia junto a mi madre. A veces mamá se sentaba en una silla junto a la chimenea y se quedaba adormilada. Entonces, yo veía a Christopher arrullado en brazos de mamá. Yo no sabía si mi madre era consciente de la presencia de Christopher y preguntaba:

—¿Le digo a mamá que tú estás aquí?

Su respuesta era:

—No, no puedes decirle. No entendería. Pero ella a veces me siente.

Cierta mañana de invierno, los ángeles llegaron a mi cama cuando el alba empezaba a despuntar. Yo estaba metida debajo de las cobijas. Mi hermana Emer, con quien compartía la cama, ya se había levantado, pero Christopher, que estaba acostado junto a mí, me hizo cosquillas y me dijo: "Mira, Lorna, allá en la ventana".

Como ya lo he dicho, los ángeles pueden aparecer en diversas formas y tamaños; aquella mañana, tenían la apariencia de copos de nieve. El vidrio de la ventana parecía de vapor; al tocarlo, los copos se convertían en ángeles del tamaño de un bebé. Luego, los ángeles eran transportados en un haz de luz a través de la ventana; cada uno parecía cubierto con copos de nieve blancos y brillantes. Cuando los ángeles me tocaban, caían en mi piel los copos de nieve y me hacían cosquillas; curiosamente, no los sentía fríos sino tibios.

—Sería fantástico —me dijo Christopher— que todo el mundo supiera que puede llenarse los bolsillos de ángeles; que podrían meterse montones de ángeles en el bolsillo, como si fueran copos de nieve, y llevarlos a todas partes para nunca sentirse solos.

Mi respuesta inmediata fue:

—Pero, ¿qué pasa si se derriten en los bolsillos?

Christopher se rió y me dijo:

—Los ángeles no se derriten.

Yo le respondí con cierta tristeza:

—Christopher, me gustaría que cupieras en el bolsillo de mamá, como un copo de nieve, y que pudieras acompañarla todo el tiempo.

Christopher, acostado junto a mí, me consoló:

—Yo ya estoy con ella.

Un día, ya en mi adultez, mamá me contó que un año antes de mi nacimiento había tenido un bebé, Christopher, que solo había alcanzado a vivir diez semanas. Yo sonreí. Recuerdo que le pregunté dónde estaba enterrado Christopher, y ella me explicó que estaba en una tumba sin nombre (siguiendo las costumbres de la época), en un cementerio de bebés en Dublín.

Es triste que no haya una tumba con su nombre donde pudiera ir a visitarlo. Pero no lo he olvidado. Aun ahora, después de todos estos años, siento la mano de Christopher en mi bolsillo, como aquellos copos de nieve de la infancia, recordándome que nunca estoy sola.

Tendría yo unos cuatro o cinco años cuando supe otras cosas sobre Christopher y mi madre. Yo estaba sentada a la mesa, balanceando las piernas y desayunando cuando vi a Christopher, con el aspecto de un chico de doce años, corriendo hasta la puerta del taller. En ese preciso momento, mi madre entraba trayendo una tostada. Con una gran sonrisa en la cara, me dijo: "Lorna, hay una sorpresa para ti en el taller, debajo de la mesa de trabajo de papá".

Yo salté al suelo con gran emoción y seguí a Christopher. Él entró directamente en el taller, que estaba oscuro. Tuve que detenerme en la puerta, pues estaba tan oscuro que no podía ver y necesitaba que mis ojos se adaptaran a la oscuridad. Sin embargo, Christopher era como una luz, un brillo suave y trémulo que me alumbraba el camino por el taller, lleno de toda clase de cosas. Christopher exclamó: "La gata tuvo gatitos". Allí, gracias a la luz de Christopher, pude ver cuatro gatitos: tres de color negro azabache y uno blanco con negro. ¡Eran preciosos, tan suaves y lustrosos! La mamá de los gatitos, Blackie, salió de la caja, se estiró y saltó al jardín por la ventana. Yo salí corriendo detrás de ella, y llamé a Christopher para que viniera también, pero él no quiso salir al jardín.

Volví a entrar en la casa y le pregunté a Christopher:

—¿Por qué no sales?

Él me tomó la mano, como para consolarme (a mí me encantaba ese contacto), y nuestras manos se volvieron a fundir. Era una sensación mágica: me hacía sentir segura y feliz.

—Lorna, cuando los bebés mueren, su espíritu se queda con su madre el tiempo que sea necesario. Yo me quedo aquí con mamá. Si saliera, estaría rompiendo esos recuerdos, ¡y no lo voy a hacer!

Yo sabía lo que quería decir. Mi madre le había entregado todo su amor: allí estaban los recuerdos de su embarazo, llevando dentro de sí este bebé, el nacimiento, la dicha y la felicidad de alzarlo en sus brazos y de llevarlo a casa... aun teniendo aquel extraño presentimiento, a pesar de lo que los médicos le habían dicho. Mamá vivió con Christopher unas semanas maravillosas en casa, antes de su muerte. Christopher me hablaba de todo aquel amor que ella le había dado y que ahora él le daba a su vez.

Así pues, el espíritu de mi hermano permanecía en la casa, sin salir nunca, hasta que llegó el día en que debimos abandonar para siempre aquel taller de Old Kilmainham. Ya en aquella época mamá parecía lista para dejar ir a mi hermanito, y con las fuerzas necesarias para seguir adelante.

* * *

Cuando veo un ángel, me gusta quedarme mirando. Me siento en presencia de un poder tremendo. Cuando era más joven, los ángeles solían adoptar una forma humana, con lo cual me resultaba más fácil aceptarlos. Ahora, ya no es necesario. Los ángeles que veo no siempre tienen alas. Cuando las tienen, siempre me sorprenden sus formas. A veces son como lenguas de fuego, aunque tienen, al mismo tiempo, una forma definida y con cuerpo. Algunas alas tienen plumas. Cierto ángel que vi una vez tenía unas alas tan finas y afiladas que yo apenas si podía creer que fueran alas. Me daban ganas de pedirle que extendiera sus alas para verlas.

Cuando los ángeles tienen apariencia humana (con o sin alas), sus ojos son uno de sus rasgos más fascinantes. Los ojos de los ángeles no son como los nuestros: son vivaces, y están llenos de vida, luz y amor. Es como si contuvieran la esencia de la vida misma, con un brillo que te colma por completo.

Jamás he visto que los pies de un ángel toquen el suelo; cuando los ángeles se acercan hacia mí, se ve una especie de colchón de energía entre el suelo y los pies. En ocasiones parece un hilo delgado, pero otras veces el colchón crece entre el suelo y los pies del ángel, y a veces parece hundirse en la tierra misma.

Desde que yo era niña, había un ángel en particular que se me aparecía con frecuencia. La primera vez que lo vi, estaba en un rincón de la habitación y simplemente dijo "Lorna". De cierta forma, se veía como los demás ángeles, pero también tenía algo diferente. Su brillo era más intenso que el de los otros y tenía una presencia con autoridad, una poderosa fuerza masculina. Aquella primera vez que lo vi, sentí que siempre estaría dispuesto a protegerme, como un escudo. Desde entonces, continuó apareciendo y poco a poco nos fuimos haciendo amigos. Me dijo que su nombre era Miguel.

* * *

La escuela era difícil para mí. La mayoría de profesores me trataban como si yo fuera tonta. Hice la Primera Comunión en la escuela, a los seis años, y fue horrible. Tendría que haber sido un día muy especial, como lo es para la mayoría de niños irlandeses. En la preparación, que se hacía en el salón de clases, los profesores hacían preguntas a los niños, para verificar que se hubieran estudiado el catecismo, pero conmigo ni se tomaban la molestia. "A ti no vale la pena preguntarte", decían. Cuando los demás niños tenían que ponerse en fila y decir algo sobre la Comunión, a mí también me ponían en la fila, pero luego me sacaban y me ordenaban sentarme aparte. Esas cosas son muy dolorosas para un niño. Así, sentada en mi rincón, yo les preguntaba a mis ángeles: "¿Acaso no ven que yo también me sé el catecismo? Ni siquiera me dan una oportunidad".

Luego, en la iglesia, en el día mismo de la Primera Comunión, cuando finalmente iba dirigiéndome al altar, una profesora me agarró del brazo y volvió a sacarme de la fila, dizque porque había que dejar pasar primero a las mejores chicas.

Sin embargo, había algunas personas amables. Recuerdo que cuando yo tenía unos cuatro años, había una monja llamada (creo) madre Moderini. Aunque le habían dicho que yo era tonta y retrasada, ella parecía no haberles creído. Cuando yo estaba en su clase, ella se acercaba a mi puesto y me hacía preguntas cuyas respuestas yo siempre conocía; luego, me sonreía y me acariciaba la cabeza.

A pesar de estos actos ocasionales de amabilidad de algunas personas, siempre fui la niña diferente. La gente sabía que yo no era como los demás, pero no lograban comprenderlo. Ese aspecto de mi vida era muy, muy duro... y sigue siéndolo aun hoy. La gente dice que yo soy muy confiada, muy honesta para vivir en este mundo, ¡pero no puedo ser de otra manera! Lo extraño es que ser honesto en todo sentido (en la manera como piensas y en la manera como hablas) y ser honesto con las personas que te rodean es difícil, y tiende a aislarte.

Lo que la gente piensa de mí o la manera como me ven todavía me afecta mucho, aun hoy. Aunque no me conozcan ni sepan lo que hago, la gente sabe que, en cierto sentido, yo soy diferente. Si salgo con amigos y conozco a una persona nueva, que no sabe nada de mí, esta persona les dice luego a mis amigos que yo tengo algo fuera de lo común, algo que no se puede definir exactamente. Vivir con esto es difícil.

Sin embargo, mi vida en la escuela se hizo mucho más soportable gracias a un ángel en particular, Hosus. Una mañana, yo iba corriendo a la escuela, tratando de seguirle el paso a una chica mayor que iba conmigo cuando, de repente, vi un hermoso ángel escondido detrás de un poste de luz. Hosus me hizo un guiño y desde ese día se me aparecía regularmente de camino a la escuela. Todavía lo veo con cierta frecuencia.

Hosus tenía la apariencia (y la sigue teniendo todavía) de un profesor de escuela al estilo antiguo. Lleva una ondeante toga larga, casi siempre azul (aunque a veces es de otro color) y un sombrero de forma curiosa; y siempre lleva un rollo de papiro en la mano. Sus ojos son radiantes, y brillan como las estrellas. Parece un joven profesor universitario, un hombre lleno de energía, muy sabio y con gran autoridad. Hosus siempre se ve igual, a diferencia de otros ángeles que me rodean. Miguel, por ejemplo, adopta una apariencia humana casi todo el tiempo —porque yo se lo pedí, pues me parece más fácil— pero suele cambiar de apariencia, dependiendo de dónde estemos o del mensaje que quiere darme.

Para mí, Hosus representa el conocimiento: tiene un aspecto muy serio —y este ángel puede ser muy serio— pero también es maravilloso para darme ánimos cuando me siento triste. Era Hosus quien se acercaba a mí para darme consuelo cuando los otros chicos me ridiculizaban en la escuela, o cuando los adultos se reunían en corrillos y se daban vuelta para mirarme. Hosus me decía: "No les hagas caso. No saben nada".

Al comienzo, yo no sabía cómo se llamaba este ángel. Él no me hablaba. Hosus se aparecía en el salón de clases, haciéndole muecas a la profesora o a otro niño, o jugando en el salón, o haciendo alguna otra cosa para hacerme sonreír. A veces, cuando volvía a casa, Hosus me esperaba en la puerta de la escuela o en el otro extremo de la calle. Recuerdo la primera vez que le hablé. No tenía quien me acompañara a regresar a casa ese día, pues mi hermana tenía clase de baile y se había ido más temprano. Me tomé mi tiempo para salir de la escuela y me quedé dando vueltas por el patio de recreo. Me dirigí hacia las enormes puertas de la escuela, con la esperanza de ver a Hosus y hablar con él. Me emocioné mucho al verlo asomarse por entre las columnas. Con una voz fuerte me dijo que debía darme prisa: "Tienes que llegar a casa antes de que comience a llover".

Me detuve en la puerta y miré para todos lados. Como no había nadie por ahí, le pregunté su nombre.

"Hosus", me dijo. Mi única respuesta fue reírme. Me fui dando saltos hasta nuestra casa, y él saltaba a mi lado. Lo único que recuerdo es que yo iba riéndome todo el tiempo.

CAPÍTULO 2

Los guardianes

Papá no ganaba mucho dinero arreglando bicicletas. De hecho, nadie en ese barrio tenía mucho dinero; sus clientes siempre le pedían ayuda y le prometían pagarle "la próxima vez". Papá era un hombre de buen corazón, y por eso pasábamos mucha hambre. Nuestras comidas solían ser pan y margarina, o pan y mermelada, pero yo jamás me quejaba de mi dolor de estómago, porque sabía que papá y mamá ya tenían bastantes problemas. Sin embargo, un buen día comenzaron a salirme una llagas en la piel y me llevaron donde el médico. Después de examinarme, el médico les dijo a mis padres que yo tenía una deficiencia de vitaminas y que era imperativo que me dieran frutas y verduras frescas todos los días. Con tanta estrechez económica, rara vez me dieron frutas y verduras, a no ser cuando nuestro vecino, que tenía un gran jardín, nos regalaba algunas. En cuanto a la ropa, dependíamos en buena medida de los paquetes que nos mandaban nuestros parientes de los Estados Unidos, y siempre nos parecía maravilloso cuando llegaban. La vida era dura, para nosotros y para muchas otras personas.

El taller de papá era un lugar estrecho y oscuro. Detrás había un cobertizo con techo de metal que servía de zona de trabajo. Estaba lleno de bancos y herramientas —toda clase de cosas— y olía a grasa y aceite. A veces, papá me llamaba al taller y me pedía que le sostuviera un bote de grasa que usaba para limpiarse las manos. Era negro, pegajoso y maloliente, pero servía. Después de untarse la grasa en las manos algunos minutos, papá se las limpiaba con un trapo viejo y sucio, frotándolas con fuerza. Luego entraba en la cocina y se las lavaba con agua fría (la única manera de tener agua caliente habría sido poner la tetera en el fuego). Al cabo de este proceso, las manos le quedaban limpias otra vez. A mí me encantaba ayudar a papá, aunque solo fuera sosteniendo el bote de grasa. A veces me pedía que me quedara en el taller mientras él se tomaba un té con mamá, por si acaso alguien iba a preguntar por él.

* * *

En la escuela, Hosus se sentaba a veces en el escritorio de la profesora cuando ella salía. La primera vez que vi a Hosus en el salón de clases, los ojos casi se me salen de las órbitas. Yo pregunté: "¿Qué haces aquí?". La profesora escuchó algo y se volteó a mirarme. Tuve que ponerme la mano en la boca para evitar reírme.

Me sorprendí por una razón muy sencilla: aunque siempre había ángeles de la guarda en la clase, Hosus era diferente. Él no era un ángel de la guarda. Los ángeles de la guarda de los niños eran muy brillantes y luminosos. La apariencia de Hosus era completamente diferente, mucho más humana. Su toga rozaba el pupitre. Hosus se veía diferente para que yo pudiera diferenciar entre los ángeles de la guarda y los ángeles especiales que harían parte de mi vida. De niña, aprendí a diferenciar los diversos tipos de ángeles.

Cada ángel tiene una habilidad diferente. Así como los niños aprenden a diferenciar entre un médico y un profesor, yo aprendí a reconocer los diferentes tipos de ángeles, de tal forma que pudiera saber cómo me podían a ayudar a mí y a los demás.

Hosus me hacía reír mucho y una vez le pregunté:

—¿Tú crees que la gente piensa que yo soy simple o "retrasada", como dicen ellos, porque me ven reír mucho y no saben de qué me río? ¿Qué pensarían si supieran que tú estás sentado en el escritorio de la profesora, vestido como un profesor?

Hosus se reía y respondía:

—Saldrían corriendo, creyendo que en el salón hay fantasmas.

—Pero, ¿no sabrían que eres un ángel?

—No. Ellos no nos ven como nos ves tú.

Como dije más atrás, yo siempre había pensado que los demás niños podían ver los ángeles y hablarles como yo, pero hacia los seis años comencé a notar que eso no era así.

—¿Sabes, Hosus? Yo sé que algunos niños pueden ver los ángeles.

—Claro que sí —respondió él—. Pero solo cuando son muy pequeños. Luego crecen y cuando llegan a tu edad ya no pueden vernos. Algunos pierden esa facultad desde los tres años.

En realidad, todos los niños ven ángeles y espíritus, pero a la edad en que comienzan a hablar les dicen lo que es real y lo que no. Les dicen que si las cosas no son sólidas como sus juguetes, entonces son falsas. Los niños pequeños son condicionados y pierden la capacidad para ver y experimentar más. Como la educación comienza cada vez a una edad más temprana, menos gente habla con los ángeles. Esa fue una de las razones que me dieron los ángeles para que escribiera este libro. Me da miedo hacerlo, pues no me gusta que la gente se burle de mí, pero sé que es mi deber. Siempre termino por hacer lo que los ángeles quieren.

Hay millones de ángeles por ahí: es imposible contarlos, como es imposible contar los copos de nieve, pero muchos de ellos están sin oficio. Hacen lo posible por ayudar, pero no siempre logran comunicarse con la gente. ¡Imagina a montones de ángeles desempleados rondando por ahí! Están ociosos porque la gente está muy ocupada saliendo adelante con su vida y no se da cuenta de que estos ángeles están ahí para ayudar, y que están en todas partes.

Dios quiere que seamos felices y que disfrutemos la vida, y por eso nos envía ángeles. Tenemos una gran cantidad de ayuda espiritual a nuestra disposición, pero mientras que algunas personas están abiertas a recibir ayuda, otras no lo están. Los ángeles caminan a nuestro lado y nos hablan de su presencia; no obstante, no los escuchamos, no los queremos escuchar. Creemos que podemos hacerlo todo solos. Hemos olvidado que tenemos un alma y creemos que somos solo carne y hueso. Creemos que no hay nada más: que no hay vida después de la muerte, que no hay Dios, que no hay ángeles. Con razón nos hemos vuelto materialistas y narcisistas. Los seres humanos son mucho más que carne y hueso. Cuando te des cuenta de esto y empieces a creer que tienes un alma, tu relación con los ángeles florecerá.

Ahora que estás leyendo este libro (lo creas o no) hay un ángel sentado junto a ti. Es tu ángel de la guarda, que nunca te abandona. Cada uno de nosotros ha recibido un regalo: un escudo hecho con la energía de la luz. Parte del oficio de tu ángel de la guarda es poner este escudo a tu alrededor. Todos somos iguales a los ojos de Dios y los ángeles; cada uno de nosotros merece que lo protejan, que lo cuiden y que lo amen, sin importar lo que piensen otras personas, sea bueno o malo. Cuando me quedo mirando a una persona, puedo ver físicamente este escudo a su alrededor. Es como si tuviera vida.

Tu ángel de la guarda es eso: el guardián de tu cuerpo y de tu alma. Aun antes de que te hubieran concebido, ya tenías un ángel asignado. Luego, en el vientre de tu madre, él estaba contigo en todo momento, protegiéndote. Después de que naces y a medida que vas creciendo, tu ángel de la guarda nunca se aparta de tu lado ni por un instante: está contigo cuando duermes, cuando vas al baño, todo el tiempo. ¡Nunca estás solo! Luego, al morir, tu ángel de la guarda está a tu lado para ayudarte a dar el paso. Tu ángel de la guarda también permite que otros ángeles lleguen a tu vida, para que te ayuden con diferentes cosas; estos vienen y van. A estos ángeles los llamo maestros.

Tal vez te parezca difícil creer todo esto; si no crees, cuestiona tu escepticismo. Si eres cínico, cuestiona tu cinismo. No tienes nada que perder si te abres a la posibilidad de los ángeles, si abres tu ser espiritual y aprendes sobre tu propia alma. Pide a los ángeles que comiencen a ayudarte desde ahora. Los ángeles son excelentes maestros.

Cuando era niña, pasaba tanto tiempo con los ángeles, aprendiendo montones de cosas, que me fascinaba quedarme sola durante horas y horas. Uno de mis lugares favoritos era el acogedor dormitorio que compartía con mi hermana Emer. El techo era bajo e inclinado, y la ventana estaba a la altura del suelo, de tal manera que yo me arrodillaba o me acurrucaba para ver todo lo que pasaba en la calle. Veía pasar a los vecinos y, a su lado, veía a sus ángeles de la guarda. Por entonces, yo no sabía qué eran: simplemente veía unos seres hermosos y brillantes que acompañaban a mis vecinos. A veces, el ángel de la guarda parecía flotar, pero otras veces parecía ir caminando. Otras veces, parecía como si fuera parte de la persona misma, y otras, iba detrás envolviéndola con sus alas, como para protegerla.

Estos ángeles también venían en todos los tamaños: a veces parecían una chispa que iba creciendo hasta llegar a alcanzar su tamaño final. A veces eran enormes, mucho más grandes que la persona que tenían a su cargo. Los ángeles de la guarda eran brillantes, e iban vestidos de dorado, de plateado o de azul, o de una gran variedad de colores.

En otras ocasiones, yo veía espíritus, así como había visto el espíritu de mi hermano Christopher. Una vecina, que vivía arriba en la cuesta, solía pasar frente a mi ventana con sus hijos agarrados a ella: eran un bebé y un niño pequeño en un cochecito grande y viejo, y otros dos niños apenas un poco más grandes. Junto a ellos, yo veía a un hombre mayor. Cierto día, esta vecina estaba hablando con mi mamá en el taller, y yo la escuché decir que echaba de menos a su padre, muerto hacía poco. En ese momento supe que el hombre mayor que yo había visto era su padre; el abuelo de los chicos. Yo sonreí pues, aunque ella echaba de menos a su padre, él seguía ahí, solo que ella no lo podía ver. Este hombre quería tanto a su hija que su espíritu se había quedado con ella para darle consuelo y ayuda, y se quedaría con ella hasta que estuviera lista para dejarlo ir.

Al principio, era fácil confundir la apariencia de estos seres con los humanos. Ya me había pasado con Christopher, pero, con el tiempo, los ángeles me enseñaron a ver la diferencia entre un espíritu y una persona de verdad. Es un poco difícil de explicar: un espíritu se ve como tú o como yo, pero más luminoso, como si tuviera una luz por dentro. Esta luz puede aumentar o disminuir; cuanto más intensa es la luz, más transparentes son. Si el espíritu tiene poca luz (lo que sucede a veces, pues no quieren molestar), podrías confundirlo con una persona de carne y hueso. Dicho en términos sencillos, es como si saludas a un vecino que va pasando por la otra acera, y luego, un rato más tarde, caes en cuenta de que acabas de saludar a Johnny, que murió seis meses atrás. Tal vez solo en ese momento caigas en la cuenta de que Johnny se veía más brillante que las demás personas.

Otra de las cosas que me gustaba ver desde mi ventana era la energía de la gente. A veces, veía a la madre de una amiga con unos rayos de luz saliendo de ella, unos rayos brillantes, centelleantes, de color malva, púrpura, rojo, verde o turquesa, que derivaban de un punto central, como un torbellino. Era una energía diferente de su energía propia. A mí me producía una gran fascinación. Luego escuché a mamá decir que esta mujer iba a tener un bebé. Yo me sonreía sola.

De la misma manera, yo podía ver si la gente estaba enferma, aunque no pudiera comprender lo que veía. Una sombra oscura rodeaba el cuerpo de la persona, indicándome que algo malo pasaba con su sangre. A veces yo veía que el hueso estaba estropeado o que no se estaba formando como debía, y sabía instintivamente que algo andaba mal en ese cuerpo, aunque no tuviera las palabras para explicarlo.

* * *

Un día, yo estaba acurrucada frente a la ventana y vi a un hombre bajar por la calle en una bicicleta grande y negra. Llevaba a su hijita en la canasta. Los ángeles me pidieron que continuara observando, que no despegara la mirada de estos dos personajes. No pregunté la razón. Yo era una niña, y hacía lo que los ángeles me indicaban, sin cuestionarlos. Yo sabía que tendría que ayudar a este padre y a su hija, así es que comencé a rezar. Yo no sabía qué iba a ocurrir, pero pedí que no fuera algo muy malo.

Cuando el hombre y su hija pasaron frente a la ventana de mi habitación, las cosas empezaron a ocurrir como en cámara lenta. Mientras ellos avanzaban en la bicicleta, un bus de dos pisos los adelantaba. En un momento dado, la niña gritó y el hombre empezó a caer. Sin embargo, la niña no se cayó de la bicicleta. Uno de sus pies se había metido en los radios de la llanta trasera. Vi cómo el padre sacaba con manos temblorosas el pie de la niña; la rueda había quedado toda torcida. El hombre alzó a la niña en brazos y la llevó hasta la acera, cerca de donde yo estaba mirando. Ahora la niña sollozaba más que llorar con fuerza. Los adultos acudieron raudos a ayudar, incluida mi madre. Yo bajé las escaleras a toda velocidad y salí a la puerta a ver si la niña estaba bien. Como de costumbre, nadie notó mi presencia. El zapatito se le había caído y el pie estaba raspado y ensangrentado. Se le había raspado la planta del pie, pero no se le había roto ningún hueso. Yo le pedí a Dios, y a los ángeles, que la ayudaran a calmarse.

A esa edad temprana, cinco o seis años, yo sentía que tenía la misión de ayudar a la gente. Sentía que gracias a mis oraciones, mientras el padre y su hija pasaban frente a mi ventana, no había ocurrido algo más grave. La niña habría podido caer debajo del autobús, o habría podido golpearse la cabeza, pero solo se había lastimado el pie y, gracias a Dios, estaba bien. Desde ese momento, he sentido que me han puesto en el lugar adecuado para poder ayudar; para evitar que pase algo o, si no puedo evitarlo, para hacer que la situación no sea tan mala. Esto hacía parte de la formación que los ángeles me estaban dando: puede que yo tuviera problemas de aprendizaje en la escuela, pero no tenía problemas para aprender lo que me enseñaban los ángeles.

Pude utilizar este don un día para ayudar al padre de una amiga. Josie era mi mejor amiga. Vivía un poco más arriba de mi casa, y me caía bien porque también ella era diferente: tartamudeaba al hablar. De hecho, ¡tartamudeaba muchísimo! Pero cuando jugaba conmigo su tartamudez desaparecía casi por completo; si alguien distinto se acercaba, ella volvía a tartamudear. Josie era más alta que yo y muy delgada; tenía el pelo rojizo y liso. Sus ojos eran verdes. Su padre tenía un taller de mecánica más abajo de mi casa. No era como las bombas de gasolina ni como los talleres que conocemos hoy en día; era, más bien, un gran espacio abierto lleno de autos estropeados y de partes de autos. El padre de Josie siempre nos advertía que no jugáramos allá. Sin embargo, había un pequeño espacio a la derecha, entrando, donde no había muchas cosas, y él nos dio permiso de jugar allí con la condición de que no fuéramos a ningún otro lugar del taller.

En un domingo soleado, teníamos nuestra mejor ropa puesta y jugábamos tratando de no ensuciarla mucho. Estábamos jugando con nuestras muñecas en ese lugarcito del taller, riéndonos y bromeando. Recuerdo que sentía a los ángeles hablándome todo el tiempo y diciéndome que escuchara. Yo no sabía qué era exactamente lo que querían que escuchara, hasta que, en un momento dado, me tocaron. Recuerdo que dejé de jugar y presté atención, a ver si escuchaba algo. Me pareció haber oído algún ruido, pero no estaba segura. Le pregunté a Josie, y ella no oía nada. Seguimos jugando y los ángeles volvieron a decir: "¡Escucha!". Volví a prestar atención y tuve una sensación extraña, que no puedo describir. Es como si me hubiera ido a otro espacio y a otro tiempo. Me sentí desorientada. Escuché al padre de Josie pidiendo ayuda, con una voz débil que parecía venir de lejos. Josie no podía oír nada.

A las dos nos daba miedo ir a donde estaban los autos estropeados, apilados unos sobre otros, formando una alta montaña, pues nos habían prohibido terminantemente ir allá. Yo, sin embargo, decidí ir, y Josie me siguió. Yo seguía a un ángel que me guiaba por entre los autos estropeados. Mientras avanzaba, yo iba diciendo: "Por favor, ángeles; por favor, Dios; por favor, ¡que su padre esté bien!".

Encontramos al padre de Josie. Un auto le había caído encima y había sangre por todas partes, pero estaba vivo. Me acuerdo que corrí a pedir ayuda y creo que Josie se quedó ahí. No sé bien a dónde corrí: tal vez a mi casa, o a la de ellos. Todo el mundo acudió de inmediato. No nos dejaron permanecer allí, mientras levantaban el auto, pero recuerdo cuando llegó la ambulancia. El hospital St. James no quedaba muy lejos. El padre de Josie se recuperó satisfactoriamente.

Agradecí a Dios y a los ángeles por permitirle estar bien. Mis ángeles me habían ayudado, una vez más, a ayudar a otra persona.

* * *

Tal como he dicho antes, tus ángeles están ahí para ayudarte. Cuando empieces a aceptar que los ángeles existen, comenzarás a sentir su presencia en tu vida. De hecho, los ángeles siempre han estado presentes, esperando que te des cuenta de su existencia. Quieren que sepas que en la vida hay muchas cosas que no se pueden ver a simple vista. No estamos solos en la vida: puede que nos movamos dentro de un cuerpo humano, pero cada uno de nosotros tiene un alma que está conectada con Dios. Los ángeles también están conectados con Dios. En el momento en que pronunciamos el nombre de Dios, damos poder a los ángeles.

En otras palabras, les damos poder para que ellos nos den poder a nosotros. Dios nos ha dado el libre albedrío, y los ángeles son respetuosos. Si les decimos que se vayan, si les decimos que no queremos ayuda, entonces Dios y sus ángeles se hacen a un lado. Sin embargo, no se van del todo: se quedan esperando, no muy lejos.

¿Alguna vez te ha ocurrido que vas a alguna parte y en vez de ir hacia la izquierda vas hacia la derecha? Muy en el fondo, tú sabías que debías ir hacia la izquierda, y no puedes creer que cometiste este error. Tu ángel te estaba diciendo que tomaras a la izquierda. Los ángeles nos rodean todo el tiempo, aunque no los podamos ver, y siempre están dispuestos a ayudarnos. Sin embargo, los ángeles necesitan que se les pida la ayuda. Al pedirla, les permitimos ayudarnos; así, se fortalece la conexión entre una persona y su ángel.

Al cabo de todos estos años, por fin he logrado comprender que yo soy una intérprete entre los ángeles y los hombres. En esta calidad de intérprete, muchas veces me llaman para interceder. Aunque yo tengo esta misión en particular, todo el mundo tiene la facultad de pedir ayuda a los ángeles en cualquier momento.

En muchas ocasiones he pedido a los ángeles ayuda para mi familia. Las cosas no fueron fáciles durante mi infancia. Cuando yo tenía seis años, mamá había dado a luz a otros tres bebés: dos niñas, Helen y Aoife, y un niño, Barry. En total, éramos cinco hijos. Para acabar de completar, la salud de mi madre era precaria y pasaba muchas temporadas en el hospital. Cuando esto ocurría, nos separaban y nos llevaban a casa de algunos familiares cercanos.

Yo tenía cuatro años cuando Emer y yo tuvimos que ir a vivir temporalmente con tía Mary. Ella vivía relativamente cerca de nuestra casa, con su marido y tres hijos. Aunque la distancia no era mucha, a mí me parecía que cambiaba de universo. Al ver su casa por primera vez, me pareció un palacio: era enorme, comparada con la nuestra. Allí todo era lindo y lujoso; el ambiente se sentía tibio, mientras que nuestra casa estaba húmeda y fría la mayor parte del tiempo. Yo podía correr descalza por las alfombras. Las comidas eran increíbles; servían montes de comida en una mesa bien puesta, con tazas y platos de la misma vajilla, tan delicados que me daba miedo romperlos. Cada comida era un festín. Había un montón de cosas para escoger. Una vez me preguntaron si quería un desayuno completo. Yo no podía creer lo que tenía antes mis ojos: salchichas, huevo frito, tocino, morcilla, tomate y tostada: ¡todo para mí! No tenía que compartir con nadie, como en casa. Lo mejor de todo era el baño. Llenaban la tina con agua caliente hasta el tope. Me sentía como una princesa.

Este cambio de casa me hizo comprender por primera vez lo pobres que éramos.

Durante nuestra estadía en casa de tía Mary, los padres de mamá fueron de visita, y me hicieron poner mi vestido bueno: era azul grisáceo, con bordado por delante. A mí me encantaban los vestidos, y este era uno de mis favoritos, así que me pareció fabuloso ponérmelo. Yo solo había visto a mis abuelos unas pocas veces, y era muy tímida con ellos. Los dos eran muy altos, y me parecían unos gigantes. Mi abuela, además de alta, era gorda y caminaba con un bastón, pues había padecido una apoplejía algunos años atrás.

* * *

A veces, cuando mamá estaba bien —y si el clima era agradable— hacíamos picnic en el parque Phoenix, un enorme espacio abierto en las afueras de Dublín, con ciervos y toda clase de cosas maravillosas. Quedaba a unas dos millas de casa, con lo cual podíamos ir caminando allá sin mayor problema. Un domingo, cuando yo tenía siete años, fuimos a pasear allá. Papá llevaba una bicicleta, sin montarla, para poner los víveres en la canasta. Mamá empujaba el cochecito donde iba Barry. Emer y yo caminábamos y mis dos hermanas menores, Helen y Aoife, se alternaban para caminar y subirse al cochecito.

Hicimos un picnic fabuloso, con sándwiches de tomate y mermelada, y manzanas del jardín del vecino. Papá calentaba agua en un cazo, y hacía té caliente y dulce para todos. Después de comer, jugué fútbol con mis hermanas y luego me fui a pasear sola por entre los árboles. Eso me encantaba. La energía de ciertos árboles (no de todos) me atraía hacia ellos. Era una sensación maravillosa; una energía hormigueante y mágica que me atraía hacia ellos como si fuera un imán. Yo jugaba con los árboles un juego que consistía en que yo corría hasta que la energía de un árbol en particular me atrapaba y yo me escapaba de ella. Podía pasarme horas jugando este juego. Aquella tarde, sin embargo, mis hermanas vinieron a preguntarme qué estaba haciendo. Yo simplemente les respondí que estaba jugando: no valía la pena tomarme la molestia de explicarles, pues sabía que no entenderían.

Hacia el final de la tarde, ya estábamos agotados de correr por todas partes y nos moríamos de ganas de volver a casa a cenar. Sin embargo, aun antes de doblar la esquina para llegar a nuestra casa en Old Kilmainham, yo supe que algo andaba mal. Dos ángeles muy grandes se dirigían hacia mí; por la manera como se acercaban, comprendí que algo terrible había pasado. Cuando estuvieron a mi lado, cada uno me cubrió con un brazo. A medida que íbamos caminando, me contaron que el techo de nuestra casa se había desplomado. Yo quedé consternada.

Al llegar a la casa, me horrorizó el espectáculo. No podía dejar de mirar. Una buena parte del techo se había venido abajo. Papá intentó abrir la puerta, pero estaba atascada. Finalmente, la empujó con el hombro y salió una nube de polvo. Era imposible reconocer lo que había dentro: todo eran escombros.

Al desplomarse el techo, el cielo raso se vino abajo y se rompió también. Con mis ojos de niña, vi una casa rota. Recuerdo que mi pensamiento fue: ¿Y dónde vamos a dormir ahora? Empezamos a caminar sobre los escombros, y para mis piernas de niña cada pedazo de piedra o de concreto era enorme. Había polvo por todas partes y todo había quedado vuelto añicos: los muebles, nuestros juguetes, todos los objetos de algún valor que tenía mamá. La vi llorar levantando cosas del suelo. Yo estaba pasmada viendo a papá y a mamá tratando de rescatar algo. Recuerdo que mamá recogió un jarrito de leche de color marrón con una banda blanca y dijo: "Esto fue lo único que quedó intacto".

El jarro era todo lo que les había quedado de sus regalos de bodas: mamá tenía muy pocas pertenencias, y ahora todo había desaparecido. Todavía recuerdo sus ojos llenos de lágrimas. Yo también lloré. De hecho, todos lloramos, menos papá. Él nos dijo que no lloráramos, que él iba solucionar las cosas. Como pudieron, mamá y papá limpiaron un poco, y papá levantó algo el techo, de manera que pudiéramos dormir ahí aquella noche, pero era muy peligroso. Me quedé dormida pensando en nuestra casa caída y preguntándome qué haríamos ahora, a dónde iríamos.

Nos habíamos quedado sin casa y papá se había quedado sin su medio de subsistencia.

CAPÍTULO 3

Una escalera al cielo

Por fortuna, mi prima Nettie nos dio una mano. Vivía sola en una gran casa, aunque era prácticamente una niña. Hacía un año o dos, cuando apenas tenía dieciséis años, había heredado la casa donde habían muerto sus padres. No sé muy bien cómo fue el arreglo, y tampoco sé si pagábamos alquiler, pero nos fuimos a vivir en su casa de Ballymun, en la zona norte de la ciudad de Dublín, a varias millas de Old Kilmainham.

Al principio, me sentí muy desdichada con la idea de la mudanza. A mí me encantaba Old Kilmainham. Pero al llegar a Ballymun y ver el gran jardín y las habitaciones espaciosas, me puse contenta. Lo más importante es que esta casa era fuerte y yo sabía que jamás se desplomaría. Tenía tres habitaciones en la planta alta y, lo que era un verdadero lujo, baño e inodoro dentro de la casa. En la planta baja, había una cocina larga, preciosa, con vista al jardín; también había un salón de estar y la habitación de Nettie, que quizás había funcionado originalmente como comedor.

La casa tenía un jardín mágico. Nunca otro jardín me ha parecido tan grande como aquel. Allí vivíamos montones de aventuras. Había, incluso, un almiar y cuando había fiestas de cumpleaños se escondían los dulces ahí. Cuando tenía tiempo, papá sembraba hortalizas: surcos y surcos de toda clase de hortalizas, hasta arvejas, que a nosotros nos encantaba sacar de las vainas. También hacía grandes viveros de fresas.

En ese momento, éramos cinco hijos en la familia. Mi hermano Barry era apenas un bebé, y entre él y yo había dos niñas, Helen y Aofie, y luego estaba, por supuesto Emer, mi hermana mayor. Yo no jugaba mucho con mis hermanos: solo lo hacía en las fiestas de cumpleaños o cosas así. Supongo que teníamos intereses diferentes. Yo veía el mundo con otros ojos.

Al principio, mi nueva vida era un poco solitaria, pero en poco tiempo conseguí nuevos amigos. Conocí a Rosaleen, una niña que vivía al otro lado del muro que delimitaba la parte trasera de todos los jardines. Era un muro grande y maravilloso que iba a todo lo largo de la calle. Papá nos hizo una escalera, de tal forma que podíamos subirnos por el muro sin dañar los zapatos. El muro era excelente para caminar, porque era ancho y sólido. Así íbamos de una casa a otra, o hasta los terrenos que quedaban más allá. Me encantaba ese muro y todo lo que podía verse desde allí.

Rosaleen se convirtió en mi mejor amiga. Vivía en una casa enorme y lujosa al otro lado del muro, a unas seis casas de distancia. Casi todas las veces nos hacíamos visita pasando por el muro, en lugar de dar toda la vuelta. También ella tenía una familia numerosa, pero algunos de sus hermanos ya eran grandes y se habían ido de casa. Yo conocía a su hermana Caroline y a su hermano Michael, que era ocho años mayor que ella. Rosaleen era alta y flaca; tenía el pelo largo, liso y oscuro; era muy divertida y se reía mucho. A mí me encantaba pasar el tiempo con ella y su familia. A decir verdad, pasaba más tiempo con la familia de ella que con la mía.

El padre de Rosaleen era alemán, creo. Era un hombre grande y fuerte, de pelo oscuro, aunque ya le empezaban a salir canas. Pasaba mucho tiempo fuera, por negocios, pero cuando estaba en casa era muy bueno con Rosaleen, con su hermano, con su hermana y conmigo. Los domingos, compraba una bolsita de dulces para cada uno de sus hijos, y yo me sentía muy feliz y orgullosa al ver que también me incluía a mí. Él me incluía a mí en todo. Tal vez había solo seis u ocho dulces en la bolsa, pero eran fantásticos, y yo los hacía durar el mayor tiempo posible.

Había otro ritual los domingos en casa de Rosaleen que a mí me fascinaba. La madre nos leía un cuento. Todos nos íbamos a su habitación y nos sentábamos en su cama. A veces no estaba Michael, y a veces venía alguna de mis hermanas. La madre de Rosaleen era maravillosa para leer cuentos, y nosotros nos quedábamos embelesados escuchándola durante una hora o algo así, hasta que terminaba. A veces los libros eran muy largos y le tomaba semanas para terminarlos. Uno de mis favoritos era *El jardín secreto*, de Frances Hodgson Burnett.

En nuestro jardín había un gran columpio de madera, que papá arregló para hacerlo volar muy alto. Yo jugaba en ese columpio durante horas interminables. Mientras yo me columpiaba, los ángeles me enseñaban montones de lecciones simples sobre la vida. Aunque yo estaba ahí físicamente, en realidad me encontraba en otro mundo. Los ángeles me enseñaban allí cosas maravillosas y mágicas.

A veces, cuando estaba sola en el columpio, alguno de los ángeles me decía: "Lorna, estira la mano, que te vamos a mostrar algo". Luego, el ángel me ponía algo muy pequeño en la mano. Cuando el ángel retiraba su mano, una pequeña luz comenzaba a materializarse. La luz a veces parecía una estrella o una margarita, y luego empezaba a crecer, como si tuviera vida propia. A medida que aumentaba de tamaño, su brillo se hacía más intenso, con un resplandor amarillo. La luz salía de mi mano y se iba hacia arriba, cada vez más brillante, hasta que casi hacía oscurecer al sol, lo cual me permitía mirarlo directamente, sin que me dolieran los ojos, sin tener que entrecerrarlos. Luego, veía el reflejo más maravilloso que pudiera existir, como si fuera un espejo. Era una cara hermosa, humana, sonriéndome.

La primera vez que esto ocurrió, los ángeles me dijeron que ella era la Reina de los Ángeles. A ellos les gustaba usar términos que la niña que era yo por entonces pudiera comprender: me hacían pensar en los cuentos de hadas que conocía. La reina era como una madre, así como mi madre era la reina de la familia. Los ángeles me explicaron que esta figura era la Reina de los Ángeles, la madre del universo, la madre de la creación, la madre de todos los ángeles. De repente, el halo amarillo donde yo había visto ese rostro explotaba en millones de pedacitos que caían como serpentinas doradas saliendo desde el sol.

A lo largo de los años, los ángeles me han dado este regalo con regularidad, aun de adulta, particularmente cuando necesito sentirme más segura.

Nuestra mudanza a Ballymun implicaba, obviamente, cambiar de escuela. Mis tres hermanas y yo íbamos a una escuela nacional mixta, a más de media hora a pie de nuestra casa. Mis hermanas tomaban el bus, pero yo prefería caminar casi siempre. De camino hacia la escuela tenía que caminar rápido, darme prisa para no llegar tarde y no meterme en problemas. De regreso a casa, en cambio, podía tomarme mi tiempo.

En el mismo terreno se encontraban la escuela, a un lado; la iglesia, en el medio; y el pasillo la parroquia, al otro lado. Solo había tres salones de clase en la escuela, lo cual era insuficiente, así es que el pasillo de la parroquia se usaba para dos clases. Durante mi primer año en esta escuela, estudié en el pasillo. Cada clase quedaba en un extremo del pasillo, sin ninguna pared que las separara. El señor Jones era mi profesor, y me trataba pésimamente. Para él, yo era una tonta y realmente le irritaba tener una niña como yo en su clase.

Una mañana, los ángeles me dijeron que algo especial iba a ocurrir en la escuela ese día, algo que me pondría feliz. Como de costumbre, los ángeles tenían razón: lo que ocurrió me hizo muy feliz en ese momento, ¡y todavía hoy me alegra pensar en eso! Estábamos en clase de irlandés y el profesor Jones anunció que haría una pregunta; aquel que la respondiera correctamente recibiría como premio una moneda de media corona. La pregunta era qué quiere decir la palabra irlandesa "crann". Empezó a preguntarle al primer alumno de la fila derecha. Yo estaba sentada aparte de todos, a la izquierda. El primer niño no supo la respuesta y el profesor Jones continuó cediendo el turno a los demás niños de la clase, uno por uno. Nadie sabía la respuesta. Como era de esperarse, no me preguntó a mí. Yo, sola en mi pupitre, apartada de los demás, sabía la respuesta. Yo estaba muy emocionada, y me movía con impaciencia en la silla. Quería saltar y gritarle la respuesta. Los ángeles tuvieron que hacer un gran esfuerzo para mantenerme quieta.

—Ángeles, díganle que mire hacia acá, por favor, que me mire.

Estaba que lloraba de la emoción.

—No te preocupes, Lorna —me dijeron—, te va a preguntar.

El profesor Jones estaba molesto con la clase y decía:

—¡A ver! ¿Qué pasa con ustedes? ¡Es fácil!

Me da risa cuando recuerdo la expresión de su cara, que se ponía cada vez más roja. Los ojos se le veían cada vez más grandes con la estupefacción. Le preguntó al último niño y luego anunció:

—Bueno, parece que nadie se ganó la media corona.

Hosus había estado junto al profesor Jones todo el tiempo, señalando hacia mí, pero el profesor no lo podía ver. Yo quería gritarle a Hosus que le agarrara la mano al profesor y lo llevara hasta mi puesto. La clase estaba en silencio. Todos los niños habían enmudecido. A pesar de la seguridad de los ángeles, el profesor Jones no parecía tener la menor intención de preguntarme. Caminó hacia su escritorio. De repente, Hosus y el ángel de la guarda del señor Jones lo tomaron suavemente del brazo, le hicieron dar una vuelta y lo llevaron hacia mí. Mientras tanto, le susurraban en el oído. Luego, el profesor Jones dijo en voz alta:

—Ya sé que no vale la pena, pero te preguntaré, de todas maneras.

Así lo hizo. Y yo, con voz confiada y segura, dije:

—Significa árbol.

El profesor quedó boquiabierto. Era la respuesta correcta. Toda la clase se rio y aplaudió de felicidad. El profesor tuvo que darme la media corona; yo siempre lo recordaré poniéndome la moneda en la mano, mientras yo daba las gracias.

Jamás había tenido tanto dinero antes: media corona para mí sola.

* * *

La mayoría de los niños se iba corriendo a casa después de la escuela, pero yo prefería tomármelo con calma y jugar sola con los ángeles. Volver a casa podía llevarme horas. Yo caminaba por el terraplén a un lado del camino, a fin de ver por encima de la cerca de setos, a lo lejos, hacia el campo, y ver el terreno de la casa grande que había allí. A veces me iba saltando por el terraplén con los ángeles, riéndome y bromeando con ellos. A veces me mostraban cosas: quitaban la maleza y me mostraban un agujero en el terraplén, donde había un avispero. Como eran ángeles, podían quitar la maleza sin molestar a las avispas. Yo podía quedarme allí una eternidad, mirando los insectos sin temor a que me picaran. Recuerdo que una vez volví a buscar el avispero, pero vi que los adultos lo habían descubierto y habían envenenado a las avispas; eso me puso triste.

Los ángeles también me mostraban los animales que pastaban en el terreno que quedaba más allá del terraplén. Me enseñaron a ver las cosas como nadie las suele ver. Yo no me limitaba a ver una vaca superficialmente, sino que me fijaba en cada detalle, cada línea, cada protuberancia. Los ángeles hacían brillar cada detalle y destacar más de lo normal, para que yo pudiera verlo. Los ángeles también me permitían mirarles los ojos. Aunque estaban muy lejos, yo podía ver en lo profundo de sus ojos. Los ángeles me permitían ver cosas que la mayoría de gente no ve jamás. Era fascinante. Yo podía ver toda la luz y la energía que rodeaban al animal, todo lo que pasaba. A veces parecía como si hubiera bolas de luz bailando en torno a los animales. En otras ocasiones, parecía como si la energía se prendiera y se apagara. Yo veía a un ternerito en la barriga de su mamá. A veces a penas si podía distinguirlo, y los ángeles me insistían en que mirara con mayor atención. Entonces, lo veía. A veces, para ser sincera, el ternerito se veía como una cosa pegajosa que se movía; era como las mermeladas que hacía mamá.

Me producía tal fascinación todo lo que me mostraban los ángeles por fuera de la escuela que yo no tenía cabeza para lo que sucedía en la clase. Cuando los ángeles me explicaban algo durante mi niñez, a mí me parecía haber comprendido a cabalidad todo lo que me decían, pero a medida que me he ido haciendo mayor, he comenzado a comprender más profundamente sus enseñanzas.

Una de mis amigas de la escuela era Marian, aunque no nos veíamos por fuera de la escuela. Cuando salíamos del pasillo, ya fuera para ir al edificio de la escuela o a la iglesia, ella insistía en caminar a mi lado. Aunque los profesores la pusieran con otra chica, ella encontraba la manera de caminar junto a mí, y siempre quería hacerme preguntas. Marian me preguntaba cómo era que yo sabía tanto, pero yo no le podía decir nada sobre mis maestros, los ángeles. En cierta ocasión, íbamos caminando por el patio de recreo hacia la iglesia y ella me pidió que le hablara de Dios. La pregunta me sorprendió tanto que casi me dejó sin respiración. Yo la miraba, sin saber qué responderle. Finalmente, le dije:

—Los profesores y el sacerdote nos hablan sobre Dios, entonces, ¿por qué me preguntas a mí?

Yo estaba tratando de eludir la pregunta, pero ella insistió:

—Quiero que me hables tú.

Entonces, comencé a hablarle sobre Dios.

—¿Ves ese pájaro, ese hermoso pinzón con todos esos colores dorados, amarillos y azules? Ese pájaro es como Dios. Míralo bien y admira su belleza y su perfección. Tú eres como ese animal; eres hermosa, porque eres como Dios. Si ese pájaro se cae y se lastima, no sentirá todo el dolor de la caída, pues Dios sentirá el noventa y nueve por ciento. Dios siente todo lo que le ocurre a cada uno de los pájaros, y lo mismo con nosotros. Cuando nos lastimamos con algo, solo sentimos una fracción del dolor. Dios siente el resto y se lo lleva.

Yo sé que esas no eran mis palabras: yo era muy joven para tener esta clase de sabiduría. Eran palabras que me había dado Dios, o los ángeles, para explicarle a Marian ciertas cosas sobre Dios.

A mí me encantaba esa iglesia. A veces llegaba tarde a la escuela, porque me metía en la iglesia antes de ir a clases: era algo que me fascinaba hacer. La iglesia siempre estaba vacía. Las iglesias me encantan, porque están llenas de ángeles. Aunque solo haya unas cuantas personas, siempre hay mucha actividad y agitación entre los ángeles. La gente no se da cuenta de la cantidad de ángeles que hay en una iglesia; los ángeles están ahí, orándole a Dios y esperando que el pueblo de Dios venga y les haga compañía. Pero casi nadie va. En la misa del domingo, la iglesia está llenísima de ángeles: los ángeles de la guarda de cada uno, ángeles rodeando al sacerdote en el altar, y muchos más ángeles que Dios manda. Las iglesias son unos lugares con una energía impresionante. A veces, cuando veo a alguien en la iglesia y veo tantos ángeles y tanta luz en torno a esa persona, rezo: "Por favor, deja que esa persona escuche hoy a su ángel; que, de algún modo, contacte a su ángel y, a través de él, a Dios".

Los ángeles no solo se encuentran en las iglesias cristianas: están también en las sinagogas, en las mezquitas y en todos los lugares sagrados. A los ángeles les da lo mismo cuál sea tu religión. Ellos me han dicho que todas las religiones deberían estar bajo un mismo techo. Musulmanes, judíos, protestantes, hindúes, católicos y personas de todas las demás religiones deberían estar reunidas. Tal vez parezcamos diferentes, tenemos diferentes creencias, pero todos tenemos un alma. No hay diferencias entre el alma de un musulmán y el alma de un católico. Si pudiéramos ver el alma de las otras personas, no nos mataríamos por causa de nuestras diferentes interpretaciones de Dios.

Un día iba yo caminando con mi tía, cerca de su casa, y pasamos por una iglesia. Parados en la puerta de la iglesia había dos hermosos ángeles. Mi tía me dijo: "No mires hacia esa iglesia". Yo la miré sorprendida, y ella continuó: "Es una iglesia protestante. Está prohibido que pongas ni siquiera un pie en una iglesia protestante". Yo miré hacia atrás para ver a la gente que entraba en la iglesia. No se veían en nada diferentes a nosotros. La siguiente vez que pasé frente a esa iglesia, les sonreí a los ángeles que estaban en la puerta. Tenía prohibido entrar, pero yo sabía que la iglesia estaba llena de ángeles.

* * *

Nuestra vecina, la señora Murtagh, era una mujer hermosa, con una figura fabulosa. Sin embargo, siempre nos regañaba por caminar en el muro. De cuando en cuando me pedía que le ayudara a cuidar a sus hijos un rato. Una buena tarde, cuando yo tenía unos ocho años, me pidió que le cuidara a sus niños mientras ella iba a tomarse una taza de té con mamá. Cuando entré en su casa, un ángel se paró frente a mí y me dijo: "ten mucho cuidado".

Me dio miedo, y entré en la cocina sin muchas ganas. La señora Murtagh se estaba preparando para salir y había puesto una olla en el fuego. Entonces, le pregunté:

—¿Va a dejar eso prendido?

—Sí —respondió ella—. Va a quedar muy bueno.

—¿Por qué no lo apaga? —dije.

No me hizo caso. Era esa clase de mujeres que se enoja mucho si no se hace lo que ella dice. En la cocina había dos niños: una que apenas empezaba a caminar y un bebé en un cochecito enorme. La vecina se fue y yo me quedé mirando por todas partes en la cocina. La puerta trasera estaba cerrada y no tenía llave.

De repente, con un sonido sibilante, la estufa estalló. No sé qué pasó, pero había humo y llamas por todas partes. Recuerdo que agarré a la niña y luego el cochecito y traté de sacarlo por la puerta que daba al corredor. La estufa y la mesa estaban entre el cochecito y la puerta del pasillo y yo tenía que pasar por la estufa en llamas para salir. El cochecito era muy pesado y no lo podía mover fácilmente. Alcé a la niña y la llevé a la puerta de entrada de la casa. Allí le grité a un vecino que la casa se estaba incendiando.

Volví a entrar. La casa estaba llena de humo y me aterraba pensar que el bebé podía asfixiarse antes de que pudiera sacarlo. El vecino me siguió y, gracias a Dios, pudo maniobrar el cochecito para sacarlo.

Los niños estaban a salvo. Yo me fui llorando y corriendo a casa. Mamá y la señora Murtagh estaban tomándose el té en la cocina: no habían oído nada. Entre sollozos, les dije que la casa se estaba quemando y ellas salieron corriendo por el jardín. Recuerdo a la señora Murtagh abrazando a sus hijos, temblorosa y llorando. Me miró y me dio las gracias. Toda la planta baja de la casa había quedado negra de humo, pero el fuego se había apagado. El vecino había logrado controlar las llamas.

* * *

Los años cincuenta en Irlanda fueron muy difíciles económicamente: había muy poco empleo, y mucha gente tuvo que emigrar. La vida era dura para mi familia, con mamá tan enferma que muchas veces tenía que ir al hospital. Cuando ella no estaba, el jardín se llenaba de mala hierba, pues papá no tenía tiempo para arreglarlo, ocupado como vivía con su trabajo y el cuidado de los hijos. Aun con nuestra ayuda, tenía mucho que hacer, y yo me preocupaba mucho. Yo hablaba con los ángeles de camino a la escuela sobre todo lo que ocurría en casa. Ellos me decían que no me preocupara, que mamá se iba a poner bien.

Papá nos levantaba temprano en la mañana y nos alistaba para la escuela. Nosotros le ayudábamos a preparar el desayuno y los sándwiches para el almuerzo. Mi hermana y yo ayudábamos cuidando a nuestros hermanitos, limpiábamos la casa y poníamos la mesa para la cena. Había muy poco dinero, y papá tenía que hacer el gasto adicional del boleto del bus al hospital. Por eso, cuando mamá estaba enferma, muchas veces nos quedábamos sin cenar, y nos alimentábamos de queso y galletas.

Mientras vivimos en Ballymun, mamá tuvo otros dos bebés, ambos niños, llamados Cormac y Dillon. Ahora éramos siete hijos, todos por debajo de los doce años. La situación era dura. En un momento dado, papá se fue a trabajar a Inglaterra, por un tiempo que a mí me parecieron meses. También en esa época nos quedamos sin hortalizas del jardín, que volvió a cubrirse nuevamente de maleza. Yo les contaba a los ángeles lo mucho que echaba de menos a papá y lo triste que era su partida.

Siempre recordaré el día que llegó papá, de sorpresa. Los ángeles me dijeron que mirara por la ventana y yo lo vi acercarse por la calle. Llevaba una gabardina y sombrero. En una mano traía su maleta. Me pareció muy apuesto: es como si estuviera esperando verlo envejecido, mucho más viejo que cuando se fue, pero la verdad es que se veía muy joven. Y lo era: no pasaba de los treinta y cinco. Yo estaba feliz. Bajé corriendo por las escaleras tan rápido como pude y le dije a mamá. Me escondí detrás de ella cuando abrió la puerta para darle la bienvenida a papá. Todos estábamos muy felices ese día.

Papá tenía que salir a buscar trabajo inmediatamente, pero no se olvidó del jardín y comenzó a cultivarlo, con nuestra ayuda. A mí siempre me gustaba ayudar a papá y me fascinaba cultivar las hortalizas; arrancarles la mala hierba y pedirles a los ángeles que las ayudaran a crecer. Yo me moría de ganas por ayudar más, pero no es mucho lo que puedes hacer tú sola cuando eres tan niña. Solía llorar de frustración por no poder hacer más, pero me escondía detrás del cobertizo del jardín para que nadie me viera.

* * *

Yo jugaba mucho con la familia que vivía frente a nuestra casa, en una calle ciega. Era una familia grande como la nuestra, y yo era muy amiga de la chica de en medio, Alice, que tenía más o menos mi edad. Su padre pasaba mucho tiempo fuera, trabajando en Inglaterra, y su madre trabajaba mucho, tanto dentro como fuera de la casa. El señor volvía a casa cada tantos meses, pero un día los ángeles me dijeron que su próximo viaje a casa sería el último, pues se iría al Cielo.

Me sentí muy triste. Las cosas cambiaron: yo ya no quería ir a casa de mis amigos a jugar en el jardín. Me distancié, pero hice un esfuerzo para que nadie lo notara, en particular Alice. Luego, un día, estando en mi casa, los ángeles me dijeron: "Dentro de unos días te pediremos que vayas a casa de Alice; será necesario que vayas".

Tres días más tarde, me dijeron que fuera. Suspiré profundamente y salí por la puerta delantera de nuestra casa, crucé la calle y me dirigí hacia la casa de Alice; di la vuelta por el jardín trasero y golpeé en la puerta de la cocina. La madre de Alice abrió la puerta. Miré hacia dentro; la cocina parecía más oscura de lo habitual. Allí estaban Alice y uno de sus hermanos; ella me saludó con una gran sonrisa. Di unos pasos, pero no tenía ganas de ir más allá. Alice me dijo muy emocionada que su padre volvía a casa, y que se quedaría para siempre, pues finalmente había encontrado trabajo en Irlanda. Estaba dichosa. Yo tenía sentimientos encontrados: me sentía feliz por ella, pero por dentro estaba llorando. Yo sabía que sus padres estaban esperando desde hacía mucho que el padre consiguiera un trabajo en Irlanda, para poder volver a casa. Ahora que había conseguido trabajo, no iba a poder disfrutarlo. Le dije a Alice que viniera a jugar a mi casa, pues yo no quería quedarme en la de ella.

Recuerdo que más tarde, ese día, fui a la iglesia y me senté junto al altar para hablar con Dios y preguntarle si no había forma de que el padre de Alice pudiera venir y quedarse.

Todo era felicidad y alegría en la casa de Alice el día que llegó su padre, y yo me sentía feliz por ellos. Sin embargo, un día yo estaba en el columpio del jardín trasero de su casa, mientras que los otros niños jugaban en el frente, cuando de repente cambió el cielo y un ángel me dijo: "Date vuelta y abre los ojos".

Cuando me di vuelta a mirar hacia la casa, había un haz de luz increíblemente brillante bajando del cielo; era un haz de luz lleno de ángeles. Yo le di a ese hermoso haz de luz el nombre de "escalera al cielo". Este precioso espectáculo, junto con la música y los cantos maravillosos que lo acompañaban, me dejaron sin aliento. Yo quería ir hacia allá, pero continué columpiándome suavemente.

La luz atravesaba el techo y parecía envolver la casa. Luego, fue como si los muros exteriores de la casa desaparecieran para permitirme ver al padre de Alice, que yacía en la cama. Su esposa trataba de despertarlo. Su cuerpo estaba allí, pero su espíritu estaba en otra parte: estaba parado a los pies de la cama, con dos espíritus a su lado. Él parecía conocer a los espíritus: yo no los reconocí, pero se parecían a él, por lo cual presumí que debían ser familiares que vinieron a ayudarlo a hacer el viaje. También había muchos ángeles. El padre de Alice empezó a subir por la luz con los espíritus y los ángeles, que lo sostenían muy delicadamente. Rodeados de ángeles, lo vi subir por el haz de luz, en medio de los cantos y la música celestial. El padre de Alice y los dos espíritus se detuvieron brevemente, y el padre miró hacia abajo.

Par mí, el tiempo se había congelado. De repente, la casa volvió a tener su aspecto habitual y la escalera al cielo había desaparecido. La madre de Alice salió a la puerta trasera, a llamar a sus hijos, pero ellos estaban jugando en el jardín delantero, mientras que yo estaba sola ahí, sentada en el columpio. Es como si no me hubiera visto, como si yo fuera transparente. Dio media vuelta y se fue hacia la entrada frontal. Yo me quedé ahí, sabiendo la mala noticia que les esperaba a Alice y a sus hermanos. Me sentí muy sola y muy triste, y les pregunté a los ángeles que estaban conmigo:

—¿Será que el papá de Alice puede volver y consolarlos, aunque sea un rato? Especialmente a Alice, que lo quería tanto y lo extrañaba mucho cuando se iba.

Los ángeles respondieron:

—Sí, volverá dentro de poco. Los acompañará un rato.

Eso me hizo sentir mejor. Respiré profundamente, me bajé del columpio y les dije a los ángeles:

—Entonces me voy a casa.

Yo alcanzaba a oír los llantos a través de las ventanas a medida que me alejaba. Crucé la puerta lateral del jardín y llegué a nuestra casa. No había nadie. Mi madre ya estaba al otro lado de la calle, consolando a la madre de Alice.

Fue el día más triste que había vivido hasta entonces en mi corta vida: yo creía que las mamás y los papás vivían para siempre.

CAPÍTULO 4

¿Por qué te escondes de mí?

U n día, papá llevó a casa un automóvil hermoso, rojo y brillante. A mí me pareció enorme, pero tal vez sería porque yo era muy pequeña. Un amigo se lo había prestado, pues nos íbamos de vacaciones: ¡las primeras de mi vida! El carro estaba lleno de maletas, y allí nos metimos mis padres, mis seis hermanos y yo. Nos íbamos a la casa de mi abuela en Mountshannon, condado de Clare, en el campo, a unas ciento veinte millas de distancia. Creo que el viaje duró todo el día, pero disfruté cada momento: me fascinaba mirar por la ventana. Cada tanto tiempo papá detenía el auto y todos nos bajábamos a estirar las piernas. Si estábamos de suerte, nos daban helado.

Yo no conocía a mis abuelos paternos. Vivían en un albergue juvenil que mi abuela administraba. Recuerdo aquel primer día de nuestra llegada. Entramos en el auto por una puerta espléndida y grande, un antiguo arco, hacia un jardín. Luego pasamos por debajo de otro arco pequeño, hacia otro jardín. Allí, frente a nosotros había una enorme casa vieja rodeada por cobertizos de piedra, que eran prácticamente como casas. La abuela me dijo después que aquellas eran cocheras, donde guardaban los coches y los caballos hace muchísimos años.

Papá detuvo la marcha del auto y todos salimos desordenadamente. Yo me quedé mirando la casa, maravillada. Al entrar, me presentaron a mis abuelos. Mi abuelo tenía una pierna de palo; siempre me habían dicho que la había perdido en su juventud, luchando por la libertad de Irlanda. Mis abuelos no tenían mucho dinero, pero el abuelito tenía un carro viejo fabuloso, diseñado de tal manera que pudiera moverse con su pierna de palo. Aquella primera noche, el abuelito me mostró una golondrina bebé, que se había caído del nido. La alimentaba con un gotero y la mantenía en una caja de zapatos. También había encontrado unos huevos y los mantenía tibios, con la esperanza de que los pajaritos nacieran. El abuelito se veía muy frágil y caminaba encorvado. Esa primera noche observé que la luz que lo rodeaba era más débil que la de los demás: era muy apagada, casi invisible, pero en ese momento no le presté mucha atención.

Mi abuela era una mujer elegante, bonita, baja de estatura, con el pelo gris y corto. Trabajaba muy duro para mantener limpio el albergue. Además, era una excelente cocinera y se pasaba horas en la cocina, horneando pan moreno, tartas de manzana y toda clase de delicias. De hecho, los abuelitos pasaban la mayor parte del tiempo en la cocina, que siempre olía a pan recién horneado, y a mí me encantaba sentarme allí a la mesa con ellos, mientras nos deleitábamos con una taza de té y una rebanada de pan moreno.

La casa era maravillosa. Siguiendo más allá de la cocina había un pasillo largísimo lleno de macetas de flores. En el verano, que era cuando yo estaba allí, este pasillo estaba lleno de flores de todos los colores. Al final había un pequeño invernadero, donde no había muchas cosas, aparte de más flores. A mí me encantaba ir allá a hablar con los ángeles.

El jardín también era fabuloso. Estaba el patio de las cocheras, donde anidaban las golondrinas, y más allá había una pequeña barda. Yo no usaba la puerta sino que me subía por encima. Al otro lado de la barda había un jardín con grandes árboles y flores hermosas, que siempre olían delicioso. Había conejos y pájaros. A veces, cuando me sentaba debajo de una de las ramas inclinadas del árbol, podía ver el nido de una mirla y sus polluelos. Más allá del jardín estaba el campo abierto. Me encantaba ese jardín, y allí me sentía muy segura.

Desde el primer día que llegamos a Mountshannon, yo me iba a caminar sola. Salía de la casa sin que nadie se diera cuenta, sin que a nadie le importara. Yo era muy buena para pasar desapercibida. La mayor parte del tiempo, los adultos parecían no notar mi presencia. A veces me parecía que ellos serían más felices si yo realmente no existiera. Nunca supe a ciencia cierta si eso se debía a que yo podía intuir lo que estaban pensando o si era por las cosas que dijeron de mí a lo largo de muchos años. En cierta ocasión, siendo muy niña, escuché que una vecina le decía a mamá que podía darse por bien servida de que no me hubieran encerrado para siempre en una institución mental. Mamá no respondió nada, ni me defendió.

* * *

Yo caminaba millas y millas, por pantanos, por entre los bosques, por los campos de heno y por las riberas del río Shannon, pero nunca me sentía sola. Siempre hablaba con los ángeles, que estaban conmigo, y también miraba los pájaros y los otros animales. Ocasionalmente los ángeles decían: "Ve en silencio ahora, con pasos muy suaves".

Entonces, un poco más adelante, algo aparecía a mi vista. Recuerdo la fascinación que me produjo cuando me mostraron una familia de conejitos jugando. No salieron huyendo, y yo me senté muy cerca; me quedé mirándolos durante horas. Sé que algunos días llegaba a caminar muchas millas, pero nunca me perdí ni tuve un accidente. Cuando pienso ahora en todas las cosas que hacía —cruzar calles, ríos, pantanos y campos llenos de ganado—, me pregunto cómo es que nunca me hice daño. La respuesta es muy clara: Dios y los ángeles me tenían en la palma de su mano. Los ángeles me hacían reír y llorar, y eran los mejores amigos que uno se pueda imaginar. Ellos lo son todo para mí.

Un día, salí como de costumbre por la barda, y uno de los ángeles apareció de repente y me agarró del brazo. "Ven, Lorna. Queremos mostrarte algo. Te va a gustar mucho".

Empezamos a caminar por el campo abierto y yo me di vuelta, muerta de risa, para decirles: "¡Apostemos una carrera!".

Yo salí corriendo a toda velocidad y de un momento a otro me caí. Me corté una rodilla y lloré.

—No duele tanto, es solo un pequeño raspón —dijeron los ángeles.

—Será un pequeño raspón para ustedes —dije yo—, pero a mí me duele mucho. ¡Mucho!

Los ángeles se rieron y me dijeron simplemente:

—Anda, levántate que te vamos a mostrar algo.

Y claro que me levanté. Pronto olvidé mi rodilla raspada. Nos fuimos caminando por los campos hacia el bosque, y, allí, los ángeles me dijeron que escuchara. Yo alcanzaba a oír montones de animales en la distancia.

—¿Qué es lo que debo oír? —pregunté.

—Oye un solo animal. Separa todos los sonidos, hasta que puedas escuchar uno solo —dijeron los ángeles—. Así, aprenderás a escucharnos más claramente cuando seas mayor.

Eso hice. Separé los sonidos que escuchaba en el bosque, y a cada paso oía el sonido de las ramas quebrarse bajo mis pies. Al cabo de un rato, ya podía distinguir los diversos pájaros: los cantos diferenciados del gorrión, el carrizo, el pinzón, el mirlo y muchos otros. Ya sabía cuál era cuál, y sabía exactamente de dónde provenían. Lo mismo con los demás animales que me rodeaban. Aprendía muy rápido cuando los ángeles me enseñaban las cosas.

En un momento dado, me detuve y dije:

—Oigo un llanto, ese es el sonido que me querían hacer escuchar, ¿no es cierto? Alguien o algo está llorando.

Seguí caminando por el bosque; los árboles se iban haciendo más grandes y el entorno se iba poniendo más sombrío. Entonces dije:

—Ay, ángeles, aquí está muy oscuro. ¿No me podrían alumbrar?

Su respuesta fue:

—No tengas miedo y sigue el sonido.

Así lo hice, y el llanto me condujo hacia un claro. Me quedé allí y volví a aguzar el oído. El sonido venía de ahí. Ya estaba muy cerca. A la derecha. Entonces caminé hacia los árboles de la derecha, donde había unos arbustos espinosos. Me rayé las manos y las piernas con las espinas. Ya no se oía el sonido del llanto, con lo cual se hacía más difícil la búsqueda. La luz estaba detrás de mí y estaba muy oscuro entre los arbustos y las zarzas.

—Ángeles, no veo nada —dije. En ese momento, apareció una luz a los pies de un árbol.

—Mira allí —dijo uno de los ángeles—. Hacia esa luz en el árbol, donde está esa aulaga. Allí lo encontrarás.

Así fue. Era un pájaro. No un pájaro cualquiera, sino un ave de presa: más adelante supe que era un gavilán. Estaba en los puros huesos y era horrible, pero a mí me pareció hermoso. Lo recogí y miré hacia arriba, al gran árbol de donde probablemente había caído. Ni en sueños podría subirme para volver a poner al gavilán en su nido. Lo sentí moverse en mis manos y lo miré con más detalle: tenía las patitas torcidas y deformes, y tenía el cuello roto, tal vez por la caída. Los ángeles me dijeron que sus padres no lo querían y que lo habían tirado fuera del nido.

"Es un regalo para ti", dijeron los ángeles, "para que lo cuides este verano y el próximo, pero no podrá ir contigo a casa después de eso".

A veces los ángeles me decían cosas que yo no entendía. Yo nada más sabía que lo que decían era cierto. Entonces, con el pájaro en las manos, hice el camino de vuelta a casa, por entre bosques y campos. Encontré un sombrero viejo y una caja para poner a vivir allí al gavilán.

Mi animalito comenzó a fortalecerse poco a poco, pero todavía no podía caminar bien, así que yo lo llevaba a todas partes. Tampoco podía volar, pues no podía aterrizar con sus patas. Papá y yo le enseñamos a estirar las alas y a volar un poco, lanzándolo entre nosotros dos.

Alimentarlo también era problemático, pues necesitaba carne cruda, pero yo no me iba a ir a matar animalitos para darle de comer. Yo sabía que la carne debía ser fresca, y lo más difícil era que el gavilancito solo podía comer pequeñas cantidades cada vez. Mis padres no podían darme un penique o medio penique para comprarle carne cruda, y les dije a los ángeles: "Me lo han puesto difícil". Recuerdo que fuimos a Killaloe, a unas cuantas millas de distancia, con la familia. Entré en una carnicería con mi pájaro y le dije al carnicero que necesitaba carne cruda para él, pero que no tenía dinero. Odiaba tener que mendigar, pero el hombre era amable y me dijo que podía venir cuando quisiera durante las vacaciones: él me daría la carne cruda. Sonaba fácil, pero no lo era. Mis padres no tenían dinero para la gasolina que se gastaría para ir de Mountshannon a Killaloe.

No comprendí, y no comprendo todavía, por qué mis padres no contribuían más a cuidar al animalito: es algo con lo que aún sigo luchando. Las personas que me ayudaron a alimentar al pájaro eran desconocidos, pero mis padres no lo hicieron. Cuando mi madre estaba cocinando y yo iba a buscar un poquito de carne cruda, una simple cucharadita, su respuesta era evasiva. Yo estaba dispuesta a no comer para dejarle mi carne al gavilán, pero ella no estaba de acuerdo; entonces, me ponía en una situación que me obligaba a mendigar. Siempre me pareció que si alguno de mis hermanos hubiera encontrado el gavilán, a ellos sí les habrían ayudado. Eso era muy duro. Sin embargo, logré alimentarlo como pude, y creció fuerte.

Un día que me estaba sintiendo triste, Hosus me dijo:

—Sabemos que a veces te sientes apesadumbrada, y eres muy pequeña, pero debes recordar que Dios te hizo diferente y que esta siempre será tu vida. Tendrás que hacer obras especiales.

—Pero, es que no quiero —contestaba yo—. ¿Por qué no escogió Dios a otra persona?

—Algún día —me decía Hosus riéndose— entenderás por qué.

—Tengo miedo. Me dan ganas de llorar.

—Tendrás que llorar —respondía Hosus—. Porque *tus* lágrimas son necesarias para que las almas se liberen.

En ese momento no comprendí lo que quería decir.

* * *

Mi abuela, como tantas otras personas, pensaba que yo era retrasada de algún modo, así que rara vez me hablaba. Sin embargo, un día lo hizo y la conocí mejor a ella y a nuestra familia. Me invitó a ordenar y limpiar el polvo de su habitación, algo que nunca había hecho. Yo solo había estado en su habitación una o dos veces, siempre con la orden de mirar pero no tocar. ¡Ahora me estaba invitando a limpiar el polvo!

La abuelita me dio un trapo y me pidió que limpiara una mesa mientras ella limpiaba una cómoda, levantando cuidadosamente cada uno de los preciosos objetos que había allí. La vi levantar una fotografía en un gran marco ovalado, y pude percibir una enorme tristeza dentro de ella. Tal vez se dio cuenta de que yo la estaba mirando y se me acercó con la foto en la mano. Se sentó en el borde de la cama, grande y vieja, y le dio unos golpecitos al colchón para indicarme que me sentara a su lado. Yo me subí a la cama y me senté con las piernas colgando. Era una fotografía antigua de una niña que tendría más o menos mi edad; llevaba un vestido raído, los pies descalzos y el pelo despeinado. Junto a ella había un niño acurrucado, jugando con un palito en el barro.

—Estos son mis dos hijos pequeños, que Dios se llevó y ahora están en el cielo con Él.

Al decir estas palabras, los ojos se le llenaron de lágrimas.

—¿Pero tú sabes que los vas a volver a ver, eh? —pregunté.

—Sí, Lorna —contestó—. Espero volver a verlos algún día, no muy lejano.

Le pregunté qué les había pasado. Ella me contó que eran terriblemente pobres y que el niño, Tommy (así se llamaba), se había enfermado, muy probablemente porque no podían alimentarlo bien. Yo sentía su profunda tristeza, su profundo pesar al recordarlo. Marie, la niña, tenía un tumor en la garganta y el abuelito tuvo que recorrer, con ella en bicicleta, no sé cuántas millas de distancia, desde el lugar donde vivían, en Wicklow, hasta un hospital en Dublín. Sin embargo, el gigantesco esfuerzo fue en vano, pues la niña murió antes de que los médicos pudieran operarla. La abuelita me contó que cuando veía a papá, atractivo y de pelo oscuro, se preguntaba cómo habría sido Tommy de grande, y cuando me miraba a mí y a mis hermanas se preguntaba cómo habría sido su hija Marie. "Sé que algún día los volveré a tener en mis brazos, y espero con ansias ese día", dijo. Yo podía sentir el profundo dolor de mi abuela: dolor por lo que les había ocurrido a ella y a sus hijos.

Luego dijo, inesperadamente: "Sabes, Lorna, no tengas miedo. Los espíritus no pueden hacerte daño de ninguna manera. Aunque tengas miedo, basta que digas una oracioncita. Di simplemente: 'Jesús y María, os amo. Velad por las almas'". La abuelita me sonrió y no volvió a decir media palabra sobre el tema, ni entonces ni nunca. Me hubiera encantado poder decirle lo que había visto; compartir con ella la pena y la alegría que sentía; preguntarle a *ella* sobre lo que veía y sentía, pero los ángeles me dijeron que no era posible. Yo siempre sentí que la abuelita comprendía que yo podía ver cosas que los demás no veían, pero jamás me volvió a decir nada más al respecto. Se levantó de la cama y siguió limpiando el polvo. Al terminar, salió de la habitación y yo la seguí, cerrando la puerta tras de mí.

Mi abuela regresó a la cocina y yo me fui al baño a rezar.

"Gracias, Dios; gracias, ángeles. Por favor, ayuden a mi abuela, que está sufriendo".

Un tiempo después, ese mismo verano, supe más detalles sobre lo que le había ocurrido a Marie. Era una tarde soleada y luminosa, y el abuelito estaba brillando su auto en una de las cocheras. Yo lo estaba mirando furtivamente y él me mandó a traerle una taza de té. Al volver con la taza, me indicó que me sentara a su lado, en el jardín. Veíamos a las golondrinas volando al nido, trayendo comida para sus polluelos. No era habitual que el abuelito y yo nos sentáramos así, el uno junto al otro. La única vez que había hablado con él fue el primer día, cuando le ayudé a alimentar a las golondrinas. Esta vez era diferente. Entonces, les pregunté a los ángeles:

—¿Qué está pasando?

—Tú nada más escucha —me dijeron—. Él necesita contarte sobre el día que llevó a Marie al hospital.

El abuelito me describió aquel día.

"Hacía frío, pero el sol brillaba. Tu abuela alistó a Marie para el viaje. La niña no estaba bien y sabíamos que debíamos llevarla urgentemente al hospital. Yo temblaba mientras preparaba la bicicleta, pues sabía que no resistiría todo el viaje de más de veinte millas, pero no había otro modo de llevarla. No había nadie por ahí cerca que pudiera ayudarnos, nadie que tuviera un caballo o un coche, nadie con quién compartir el viaje".

En ese momento me sonrió y me dijo: "Solo tú, Lorna. Tú eres la primera persona con quien hablo de esto".

"Metí en una bolsa unos sándwiches, una manzana y una lata de agua", continuó el abuelo. "Yo tenía miedo de que Marie muriera durante el viaje. Abracé a tu abuela. Estaba llorando porque no podía acompañarme. Tenía que quedarse cuidando a tu padre y a tu tío, que eran muy pequeñitos. Alcé a Marie y la puse sobre la barra de la bicicleta. La apreté contra mi pecho y comencé a pedalear. No pude darme la vuelta para despedirme de tu abuela. Era muy difícil pedalear con Marie en brazos y mi pierna de palo. Más que pedalear, yo iba volando. Pedaleé mucho tiempo. De vez en cuando me detenía y le daba agua a Marie con los dedos: no podía comer ni beber bien, pues podía morir si se movía mucho el tumor que tenía en la garganta. Al cabo de algunas horas, debía ser mediodía, paré a comerme el sándwich y tomar un poco de agua. Pedaleé otro poco, pero la bicicleta se pinchó. Hasta ahí llegó. La dejé ahí, abandonada, y seguí a pie, con Marie en mis brazos. Yo sentía los latidos de su corazón, y su respiración superficial. Ya estaba oscuro cuando llegué al hospital. De alguna manera, sabían que íbamos a llegar. Subí las escaleras del hospital, exhausto, casi sin poder dar un paso más, y una enfermera se acercó a recibirme a Marie. Yo no la quería soltar. Luego, me senté en una silla y esperé. Un médico salió y me dijo que la operarían a primera hora al día siguiente".

El abuelito me miró, con los ojos llenos de lágrimas. "¡Pero ya era demasiado tarde!".

El tumor se había desplazado y le había bloqueado la traquea. Marie murió ahogada cuando la llevaban a cirugía. El abuelito me miró y me dijo: "Me volví muy amargado después de eso. Había perdido a Tommy y luego a Marie. Ya no creía en Dios. Le hice la vida muy difícil a tu abuela".

Vi cómo le rodaban las lágrimas por las mejillas al abuelito, y vi que Marie y Tommy estaban a su lado, tocándole las lágrimas. Le dije lo que veía:

—No llores, abuelito. Marie y Tommy están contigo en este momento.

Me dio un gran abrazo y con la voz entrecortada me dijo:

—No le vayas a decir a nadie que viste al abuelito llorando.

—No te preocupes —le dije, sonriéndole.

Al mismo tiempo, los ángeles me susurraron al oído: "Es un secreto".

—No le diré a nadie, abuelito —le dije, y la verdad es que, hasta ahora, no lo había hecho.

Mientras me hablaba, la luz que rodeaba al abuelo se iba haciendo más brillante, como la luz de las demás personas. Me di cuenta de que el dolor y la rabia por la muerte de sus dos hijitos le habían producido tal amargura que había perdido la alegría de vivir. El abuelito se levantó y se dirigió nuevamente a la cochera, a seguir trabajando en su carro. Es como si jamás hubiera hablado conmigo. Volvió a ser el mismo de antes, la luz que lo rodeaba se volvió a apagar, y jamás la volví a ver brillar de nuevo.

Yo era muy niña para escuchar esta historia, pero sabía que estaba trabajando para los ángeles de nuevo. Esta vez, la misión era ayudar a mi abuelo.

* * *

Yo estaba disfrutando mucho de ese verano en Mountshannon, y esperaba que el año próximo pudiéramos pasar allí las vacaciones también. El año pasó rápidamente, y cuando los días comenzaron a hacerse más largos, yo soñaba con que llegaran las vacaciones para volver a Mountshannon.

Esta vez no nos quedamos en casa de mis abuelos. Seguimos de largo y llegamos al pueblo de Mountshannon. Luego, en las afueras, nos estacionamos frente a una gran casa, que tenía el jardín descuidado. La casa estaba prácticamente vacía: creo que había una mesa, un par de sillas y una estufa, pero no había camas ni nada más en ninguna de las otras habitaciones. Eso no nos importó. Todo nos parecía una gran aventura, hasta dormir con sacos de dormir en el suelo.

Durante ese verano que pasamos en la vieja casa vacía, una encantadora anciana llamada Sally le dio a papá un pequeño terreno cerca de Mountshannon. El terreno era arriba en la montaña, y había que subir por un camino muy empinado, pero a mí me encantaba. El terreno quedaba junto a la casa donde vivía Sally. La casa tenía una puerta al estilo tradicional, y la mitad superior siempre estaba abierta. Ella nos oía llegar y se paraba a esperarnos con una gran sonrisa. A veces tenía un gato en sus brazos. Nos hacía sentir como en casa, y nos daba té con galletas o con tarta de manzana. A mí me encantaba sentarme a la mesa con ella, a tomar té y escuchar las historias de su infancia en County Clare. Le fascinaba tener compañía y, cuando yo finalmente me iba, después de pasar horas oyéndola, ella me pedía que volviera al día siguiente, o me pedía que les dijera a papá y mamá que fueran a visitarla.

Sally vivía muy sola allá en las montañas. Por esa razón, le había regalado el terreno a papá, con la esperanza de que él construyera una casita y le hicieran compañía. Ella me decía que en el futuro tal vez yo me iría a vivir allá con mis hijos. A los ocho años, la idea de tener hijos me parecía muy lejana, y yo me reía cuando ella me decía eso.

Sally tenía muchos gatos, y siempre había gatitos recién nacidos por todas partes. Le hacían compañía, decía ella. Aunque la casa vivía llena de gatos, siempre estaba impecable. Tenía montones de muebles, pero jamás había polvo, ni pilas de papel, y siempre olía a limpio.

Yo quería mucho a Sally, y me encantaban esas visitas veraniegas a su casa. Me encantaba esa montaña y las noches que pasábamos allí en una tienda, junto a una hoguera y escuchando el ulular de los búhos. Sobra decir que a mi pájaro también le parecían fantásticas esas noches en la montaña. Estaba creciendo y poniéndose cada vez más fuerte. Sin embargo, era extraño que teniendo ese pico grande y oscuro jamás me picó los dedos ni me rasguñó con sus garras. Una tarde lo recogí, como solía hacerlo, y me lo llevé a caminar. Fui hasta la casa de mi abuela, que quedaba más o menos a una milla, y le mostré al pájaro los jardines.

Cuando íbamos caminando por los jardines, el ángel Miguel apareció junto a mí y nos acompañó. Entramos por la cocina y pasamos por el comedor, sin que me vieran (a veces los ángeles se las arreglan para que la gente no me vea), hasta llegar al corredor donde estaban las flores maravillosas y las grandes ventanas.

—El pajarito está haciéndose muy grande y fuerte. ¿No le has puesto nombre? —preguntó Miguel.

—No, no necesitaba nombre —dije—. Mi pájaro es simplemente "Amor". Nada más.

—Algún día entenderás por qué le pusiste "Amor" —me dijo Miguel.

Yo nada más lo miré. Los ojos de Miguel eran tan brillantes que casi sentías que podías ver en su interior a millas de distancia, como si fueras por una carretera muy larga, como si pasaras a través del tiempo mismo.

Siempre llevaba a mi pájaro a todas partes. Jamás lo olvidaba, ni por un instante. El último día de las vacaciones, estaba en la montaña con papá. La tienda estaba puesta y habíamos encendido una hoguera, aunque era un día muy soleado. Yo miré el pájaro con tristeza. Los ángeles me habían dicho cuando lo encontré que no regresaría conmigo a casa al final de estas vacaciones.

Yo estaba detrás de la tienda, con el pájaro en mis manos, hablándole suavemente. "¿Cómo voy a vivir sin ti? Te voy a echar de menos".

Papá me llamó y me dijo: "Ven, Lorna, ese pájaro necesita ejercitar más las alas".

Yo lo levanté con tristeza. Él estaba feliz, y batía las alas dando fuertes graznidos.

Papá abrió las manos para recibirlo y yo lo lancé al aire. Papá lo agarró y el pájaro batió las alas en las manos de papá. Papá lo lanzó otra vez al aire, hacia mí. Sin embargo, muy poco antes de llegar a mis manos, cayó al suelo. ¡Mi pájaro se había ido! Su espíritu voló. Las alas se veían enormes y las plumas parecían haberse vuelto doradas. Volteó la cabeza hacia mí. Sus ojos eran tan brillantes que es como si me sonrieran. Este no era un pájaro común y corriente. Era un regalo de Dios y de los ángeles.

Me sentí feliz y triste al tiempo. Estaba feliz por mi pájaro: ahora era perfecto, y planeaba como un águila. Pero también sabía que lo iba a extrañar terriblemente.

Mi padre corrió hacia mí, angustiado.

—Lorna, lo siento, yo sé que tú no querías que el pájaro volara más; tú no creías que debiera hacerlo.

—No te preocupes, papá —dije.

Papá se sentía muy triste y muy culpable, y yo no podía consolarlo pues no podía decirle lo que había pasado; no podía decirle que no era su culpa.

Miguel había sido muy claro.

—No puedes decirle, Lorna. Tú eres diferente. Tu padre solo puede ver un cuerpo tirado en el suelo. No entendería. ¿No sabes que el hombre tiene mucha dificultad para entender a Dios tal como es?

—Pero papá está muy triste, Miguel —supliqué.

—No, no puedes decirle —dijo—. Algún día le contarás algo de lo que sabes, pero no ahora. No te preocupes, chiquita.

Miguel siempre me llamaba "chiquita" cuando quería consolarme.

Papá y yo jamás volvimos a hablar sobre la muerte del pájaro, pero creo que siguió sintiéndose culpable hasta mucho tiempo después.

Un día soleado, iba caminando por la calle, desde la casa vacía hasta donde la abuelita, sonriéndome sola. Sentía muchísima fuerza y confianza, pues sabía que alguien muy especial andaba cerca. Los ángeles me dijeron que no continuara por la calle sino que me fuera hacia los campos. Me subí por una barda y, cuando iba caminando por la hierba espesa hacia el bosque, Él me despeinó.

Él tiene una extraordinaria presencia, demasiado poderosa para manifestarse en forma física. Por eso, cuando está presente, siento una gran fuerza girando en torno a mí. Tiene la costumbre de despeinarme, y eso me hace sentir un hormigueo en todo el cuerpo. Me siento muy especial y muy bien cuando está cerca.

De niña, no sabía qué o quién era, solamente sabía que era un ser de otro orden completamente diferente.

—¡Aquí estás! —dije, riendo de felicidad.

—Yo nunca te abandono —dijo—. Siempre estoy contigo. ¿No lo sabías? ¿No me sientes? Te despeino mucho. ¿Por qué te escondes de mí?

Tenía razón. A veces me escondía de Él. Aún hoy día a veces lo intento, porque es muy grande y poderoso. Recuerdo que me di vuelta y sentí su fuerza enorme en mi costado izquierdo, moviéndose junto a mí. Entonces le respondí:

—Porque eres mucho más grande que yo, y yo soy muy pequeña.

—Lorna —dijo, riéndose—. No te sigas escondiendo. Ven, vamos a caminar y yo te quitaré el miedo a lo que debes hacer por mí en esta vida.

Continuamos hasta llegar al bosque. En un espacio entre los árboles, al lado del lago, había una vieja cabaña de madera, y nos sentamos allí, al sol, a conversar.

—Tengo miedo, ¿sabes? —le dije.

—No debes tener miedo, Lorna. No permitiré que te ocurra nada malo —dijo—. La gente te necesita, y sus almas también. Lo mismo que yo los necesito.

—¿Por qué yo? —pregunté con voz llorosa.

—¿Por qué tú? —respondió—. Puede que seas una niña, pero tú sabes más que la mayoría de gente. Tú eres mi ángel humano, y estás aquí para ayudar a la gente y a su alma. Derrama libremente tus lágrimas, chiquita mía, mi Pájaro de Amor.

Me quedé mirándolo y le pregunté:

—¿Por qué me llamas "tu Pájaro de Amor"?

—Porque tú eres un vehículo de amor, lo mismo que el pajarito. Eres un alma pura; eres mi pájaro de amor, y te necesito, lo mismo que las demás personas.

—Tú sabes que no me gusta ser diferente de los demás niños —respondí con voz llorosa.

—Lorna —me dijo, limpiándome las lágrimas—. Tú sabes que yo siempre estoy a tu lado.

Luego, me pasó un brazo por los hombros y me estrechó contra Él.

Los dos nos devolvimos caminando por el bosque, cortamos por los campos y empezamos a dirigirnos a la casa de mi abuela. De repente, ya no estaba junto a mí. Yo seguí caminando hacia donde mi abuela. Allí estaba mi madre, ayudando a la abuelita a hacer tartas de manzana y a preparar la cena. Yo simplemente me quedé mirando y escuchando: eso era algo que yo hacía muchísimo. Siempre dejaba que los demás hablaran, pero yo escuchaba lo que decían y lo que no decían, las palabras que querían decir, que se guardaban en el corazón: sus dichas y sus alegrías, y también su dolor.

Pasamos unos cuatro o cinco veranos muy agradables en Mountshannon, pero cuando yo tenía unos once o doce años la abuelita sufrió un infarto y no pudo continuar con su trabajo, así que dejó la casa, y nosotros nunca volvimos a pasar vacaciones en Mountshannon.

Tampoco volví a ver a Sally jamás. Años más tarde, supe que había muerto sola, allá arriba, en su casa de la montaña, pero yo sé que no estaba sola: los ángeles estaban con ella. Después de que mi padre murió, nadie pudo encontrar prueba alguna de propiedad del terreno, así que ninguno de nosotros pudo cumplir el sueño de papá de construir una casa en ese lugar.

CAPÍTULO 5

Elías

En muchas ocasiones, a lo largo de mi vida, he tenido visiones. Tendría yo unos diez años un día que iba caminando por el campo, junto a la orilla del río, cuando los ángeles dijeron:

—Aquí vas a conocer a Elías.

—¿Quién es Elías? —pregunté. Me dio risa ese nombre. Jamás lo había oído mencionar. Me pareció que tenía un sonido encantador.

Los ángeles, en cambio, estaban muy serios.

—Elías va a mostrarte algo, Lorna. Debes tratar de recordar, pues esto hará parte de tu futuro.

Un ángel que venía del otro lado del río se me acercó. Es difícil describirlo. Tenía un color parecido al del óxido, como ámbar, rojizo. Era absolutamente hermoso. El ángel parecía brillar. Su ropa era larga y formaba unos elegantes pliegues, como cuando alzaba las manos: las mangas se enrollaban con gracia, como si hicieran parte de él mismo. La cara de Elías también parecía tener ese mismo color rojizo.

Yo estaba fascinada viendo a Elías caminar sobre el río. Venía hacia mí, pero sus pies no tocaban el agua.

—¿Yo también puedo hacer eso? —pregunté.

Él simplemente se rio.

La superficie del suelo en la orilla del río era irregular, con grandes matorrales de pasto. Elías me invitó a sentarme a su lado y sonrió.

—Me da gusto ver que no me tienes miedo —me dijo.

—No. Los ángeles me dijeron que tú ibas a venir —contesté.

Me di vuelta para mirar a mi alrededor y vi que todos los ángeles que generalmente me acompañan habían desaparecido, a excepción de mi ángel de la guarda.

—¿A dónde se fueron todos? —pregunté.

—Se fueron un rato —me dijo—. Voy a tomarte la mano, Lorna.

Estiró su mano y tocó la mía. Todo lo que puedo decir es que tuve la sensación de que mi mano se perdía en la suya, que se fundía con la suya.

—No quiero que tengas miedo —dijo—, pues no hay nada que temer. Voy a decirte algo que querrás saber. Es algo que te ocurrirá cuando crezcas.

—¿Y por qué necesito saberlo ahora? —quise averiguar.

El ángel no respondió mi pregunta y dijo:

—Verás a alguien y te contaremos quién es esta persona.

Luego, fue como si se hubiera corrido una cortina. Allí estaba yo mirando esta enorme pantalla, en medio del río, frente a mí. En esta visión había un camino rodeado de árboles. Yo estaba sentada al final del camino, y podía ver una figura en la distancia, que caminaba por entre los árboles. Miré a Elías, que estaba junto a mí, y le dije:

—No alcanzo a ver bien.

—Sigue mirando —contestó.

Cuando el personaje estuvo más cerca, pude ver que se trataba de un hombre joven, muy alto, con el pelo rojo. Era muy, muy apuesto, por lo que alcanzaba a ver. Luego, Elías comenzó a hablar de nuevo:

—Ahora sí puedes verlo bien.

Me di vuelta para mirar al ángel y asentí con la cabeza.

—Sigue mirando —me dijo—. Queremos que recuerdes su aspecto. Ya no te lo volveremos a mostrara más, pero quiero que sepas que este es el hombre con quien habrás de casarte. El día que lo veas por primera vez, lo reconocerás gracias a esta visión. Eso sucederá dentro de muchos años. ¡Primero tienes que crecer!

Sonreí, y después me dio risa de solo pensar en estar enamorada o casada. Le pregunté a Elías:

—¿Y él ya es un hombre grande?

—No —contestó Elías—. Es un chico como tú, unos cuantos años mayor. Serás muy feliz con él. Él te amará a ti y tú lo amarás a él. Vivirán altibajos. Pasarán momentos buenos y momentos malos. Tendrás hijos sanos, que serán muy especiales todos. Sin embargo, Dios no te permitirá estar con él para siempre, y tendrás que hacerte cargo de él. Tú y él no llegarán a viejos juntos.

Lo miré fijamente y le pregunté:

—¿Qué quieres decir con "hacerme cargo", Elías?

—Su salud no será la mejor —respondió Elías—. Dios se lo llevará un día, siendo joven aún.

—La verdad es que no quiero saber esas cosas —dije.

Sin embargo, Elías continuó:

—Lorna, no te enfades. Simplemente queremos que recuerdes. Te estamos preparando para el futuro, para que seas fuerte. Piensa en todo el amor y la felicidad que tendrás. Mira lo guapo que es. Tú misma lo dijiste.

Volví a mirar y dije:

—Sí, está lindo.

Luego, la visión desapareció y Elías preguntó:

—¿Lo recordarás?

—Sí —contesté yo—. Lo recordaré. Y comprendo que no podrá quedarse conmigo para siempre, y que tendré que hacerme cargo de él.

Me di vuelta para mirar a Elías y, a pesar de mi corta edad, dije:

—Seré fuerte.

Elías me tomó la mano de nuevo. Nos levantamos y caminamos juntos. Después de un rato, nos detuvimos y me dijo:

—No pienses demasiado en esto. Simplemente, deja este recuerdo en algún lugar de tu memoria. Lo reconocerás el día que suceda.

Luego, Elías se fue. Como era natural, la visión se hizo realidad algunos años más tarde. Mientras escribía este libro, pedí a mis ángeles más información sobre Elías. Me dijeron que era un profeta del Antiguo Testamento. Un hombre con el alma de un ángel.

* * *

Mi familia estaba inscrita en una lista de beneficiarios de casas subsidiadas por el Concejo de Dublín. La lucha fue dura pero, al cabo de una larguísima espera, nos concedieron una casa en alquiler en Edenmore. Era una casa linda, en un barrio nuevo, conformado por cientos de casas. Todas eran más o menos iguales: casas adosadas de dos en dos, con tres habitaciones, un pequeño jardín frontal y otro trasero. Había otro barrio junto al nuestro, pero el área no estaba totalmente construida. Por eso, había mucho espacio abierto y campo a nuestro alrededor. Allí, todos los habitantes eran nuevos. Para muchas de aquellas personas, esta era la primera vez que tenían casa propia. Quizá, antes vivían con sus padres o en viejas pensiones del centro Dublín. Era un lugar agradable, y me gustó de inmediato.

Por fin teníamos casa, aunque no nos perteneciera. Las cosas estaban mejorando, pero mis padres todavía debían pasar muchas dificultades. Papá trabajaba como repartidor en una gran compañía de gasolina. Era un duro trabajo físico, que debía hacer durante muchas horas. Mamá, por su parte, trabajaba en el turno de la noche en una fábrica local de chocolates. Todas las tardes, mamá nos daba la cena después de que llegábamos de la escuela; luego se iba y encargaba a los hijos mayores de cuidar a los menores, hasta que papá llegaba a casa, lo cual ocurría bastante tarde.

Edenmore quedaba muy lejos de Ballymun. El cambio significó, entonces, nuevas escuelas y nuevos amigos para todos. La escuela no quedaba cerca, así que debíamos caminar bastante en las mañanas, cruzar el barrio, hasta la ciudad vieja, y luego pasar por la iglesia hasta la calle principal. La escuela quedaba al otro lado de esta calle transitada. Mi clase quedaba en un salón prefabricado, siempre muy lleno de estudiantes, con los pupitres muy juntos unos de otros. En las mañanas, era difícil llegar a mi pupitre. Prácticamente debía pasar por encima de mis compañeros.

Fui muy feliz en Edenmore. No tuve amigos particularmente cercanos, pero había una familia de vecinos, los O'Briens, con quienes yo pasaba mucho tiempo. El miembro de la familia O'Brien que a mí más me gustaba era una perra alsaciana maravillosa, llamada Shane. Yo solía llevarme a Shane a caminar tres veces a la semana, y en una de esas caminatas conocí a otro ángel especial.

A este lo llamo "ángel del árbol", pues siempre aparecía en un árbol. La he visto muchas veces desde entonces, y todavía hoy la veo. Tiene todas las gamas imaginables de verde esmeralda, dorado esmeralda y naranja esmeralda. Los colores son magníficos. Puedo verla muy claramente, aunque parece formar parte de la vida misma del árbol. Tiene el pelo ondulado. Cuando se mueve, da la sensación de un movimiento total. Sus ojos brillan como polvo dorado. Estira sus brazos y sus manos hacia mí y, al hacerlo, el árbol se mueve con ella. Muchas veces he hablado con ella, y su voz es como un silbido; es como escuchar el rumor de las hojas de los árboles al viento.

Recuerdo que un día salí a caminar con Shane. Habíamos atravesado el campo y estábamos a punto de regresar al barrio, cuando Shane se detuvo y comenzó a ladrarle a este enorme árbol de la izquierda. Miré hacia allí, pero no vi nada. Me reí con Shane y le pregunté: "¿Por qué ladras?".

Fue entonces cuando la vi. Ahí estaba el ángel del árbol. Shane la había visto antes que yo. Me da risa cuando me acuerdo de esto. Me sorprende la facilidad con que los animales ven los ángeles.

* * *

A veces, cuando regresaba de la escuela, jugaba con otros niños en la cantera. Cierto día, en lugar de jugar con ellos me dirigí hacia la puerta del monasterio que quedaba junto a la cantera. No teníamos permiso de entrar en este lugar pero, aun así, yo corrí el pestillo y eché una mirada. Vi jardines llenos de hortalizas y frutas. Me sentía tan a gusto que no tenía miedo. Caminé por ahí, viendo a los monjes con sus túnicas marrones, ocupados en el jardín. No notaron mi presencia. Es como si no me hubieran visto. Me senté en un tronco viejo y observé.

Sin lugar a dudas, este era un lugar sagrado; un lugar donde se habían dicho montones de oraciones. Todos los monjes tenían un brillo fantástico. Estaban muy limpios, y no solo en el cuerpo sino también en el alma. Oraban mientras hacían el trabajo, y observé que los ángeles oraban con ellos. Allí sentía mucha paz. Quería quedarme, pero finalmente los ángeles me sacaban de ese lugar. Me insistían en que debía regresar a casa, pues mi madre podría preocuparse. Yo les hacía caso. Aunque se estaba oscureciendo, los ángeles me iluminaban el camino. Mamá ya había salido para el trabajo cuando llegué a casa, con lo cual me evité meterme en problemas.

Durante ese año fui al monasterio unas doce veces, o más. Solamente la última vez que fui un monje se dirigió a mí. Estaba recogiendo bayas en un arbusto. Yo caminé hacia él y me detuve a su lado. Brillaba mucho y su ángel estaba cerca, vestido como él. El monje, que era muy joven, me miró y me saludó.

Yo le pregunté su nombre. Me dijo que se llamaba Paul. Tenía una voz muy suave. También él me preguntó cómo me llamaba, y se lo dije.

Me ofreció algunas bayas y me preguntó por qué iba allí con tanta frecuencia. Yo le respondí:

—Solamente para verlos orar. Necesito sus oraciones.

—Yo siempre oraré por ti, Lorna —fue su respuesta.

Me despedí, sabiendo que jamás regresaría al monasterio.

* * *

Una de mis actividades favoritas los sábados por la mañana consistía en ir de compras con mi madre. Esto significaba ir a Moore Street, un concurrido mercado callejero en el centro de Dublín, que tenía tenderetes a ambos lados de la calle, atendidos por mujeres con fuerte acento dublinés, que anunciaban a voz en cuello sus productos. Yo llevaba el carrito de las compras, mientras mamá escogía las mejores frutas y verduras que pudiera comprar.

Cierto sábado, al llegar a Moore Street, un ángel me tocó el hombro y me susurró al oído: "Deja que tu mamá se adelante. No se dará cuenta". Yo di dos pasos hacia atrás y mamá continuó caminando. Luego, se detuvo a ver las frutas y verduras que estaban en rebaja. Yo me quedé mirando atentamente lo que ocurría en Moore

Street, y su aspecto cambió. De repente, Moore Street parecía un palacio dorado: todo era de este color, hasta la gente. Enseguida, los colores cambiaron, para dar paso a otros más brillantes y llenos de energía que los demás. Las frutas, las verduras y las flores emitían estos colores, como ondas de energía. Luego, estas ondas se convirtieron en bolas de colores, que saltaban en la calle de un lado para otro, entre un puesto y otro e, incluso, en medio de la gente. Sin embargo, nadie parecía notarlo.

La calle no solamente estaba llena de gente, sino también de ángeles: muchos más que de costumbre. Algunos ángeles estaban vestidos como las vendedoras, y también estaban ocupados ayudándolas. Me pareció gracioso ver a los ángeles imitando los movimientos que hacían las mujeres: los ángeles son excelentes mimos. También cantaban: es como si tararearan al unísono con los ruidos del mercado. Yo había estado en Moore Street muchas veces antes, pero jamás había visto nada parecido. Tal vez era algo especial para mí, para hacerme reír, o tal vez siempre ocurría allí, pero esta fue la primera vez que yo lo pude ver. Me pareció maravillosa toda la agitación del mercado.

De repente, mi madre, que estaba unos tres puestos más adelante, notó que yo no iba a su lado.

—Lorna, despierta. Trae el cochecito.

Creí que todo volvería a la normalidad, pero no fue así. Me quedé junto a mamá y los ángeles me susurraron al oído: "Observa a la mujer que está vendiendo la fruta".

Así lo hice. El ángel de la guarda de la mujer estaba a su lado. Era igual que ella, y estaba vestido como ella. Era un ángel lleno de luz y tenía una sonrisa hermosa. Me sonrió y me hizo un guiño con el ojo. Mamá le pidió a la mujer algunas manzanas, peras y plátanos. Cuando la mujer puso las frutas en una bolsa de papel marrón, su ángel llamó mi atención agitando el dedo.

Comprendí que la mujer había puesto manzanas podridas en la bolsa. El ángel de la guarda le decía algo a la mujer, pero ella no le prestaba atención. El ángel continuaba agitando el dedo. Yo no pude aguantar la risa. La mujer me miró con el ceño fruncido. Era obvio que yo me había dado cuenta de que había metido frutas malas en la bolsa. De repente, la bolsa se rompió y las frutas rodaron por todas partes. La mujer trató de agarrarlas y, en efecto, logró atrapar una manzana, ¡podrida! Sé que esto no ocurrió por casualidad. Su ángel y mi ángel fueron los responsables de que esto pasara, y eso me hizo reír todavía más.

Mamá vio la manzana podrida y dijo:

—No me estará vendiendo frutas podridas, ¿no?

La mujer lo negó y llenó una nueva bolsa, al tiempo que me miraba con ojos de culpa. Mamá le pagó y yo metí la bolsa de fruta en el carrito. Cuando empezábamos a alejarnos, la mujer dijo con su fuerte acento dublinés:

—Oiga, señora.

Mamá dio media vuelta. La mujer sostenía en la mano una bolsa.

—Aquí tiene, señora. Más fruta para sus hijos.

Su ángel estaba junto a ella, sonriendo. Finalmente, lo había escuchado.

Desde entonces, he vuelto muchas veces a Moore Street, de niña y de adulta, pero jamás he visto de nuevo ese espectáculo tan vistoso. Yo sé que el simple hecho de no ver algo no significa que no esté ocurriendo. Los ángeles saben que no me pueden permitir ver cosas todo el tiempo. Si lo hicieran, sería demasiado para mí. Yo no podría vivir mi vida cotidiana, pues andaría siempre muy distraída.

Los ángeles me enseñaron mucho sobre las decisiones y una tarde me ayudaron a comprender que jamás es demasiado tarde para cambiar de idea y tomar la decisión correcta. Los ángeles nos pueden ayudar a tomar las decisiones correctas, si nosotros optamos por escucharlos.

Me encantaba hacerle mandados a mamá, pues podía estar sola y hablar con los ángeles. Me fascinaba saltar con ellos y mirar los pájaros y los árboles. Esta tarde en particular, yo estaba a punto de llegar a las tiendas, cuando los ángeles me detuvieron. "¡Para, Lorna! Queremos que veas algo que está ocurriendo en otra calle, pues queremos explicarte algunas cosas. Al llegar a la calle principal, en lugar de doblar a la izquierda y cruzar la calle, queremos que dobles a la derecha y continúes caminando".

Hice tal como me dijeron. Al llegar al lugar indicado, vi montones de muebles en la acera, y un auto de la policía estacionado al frente. Mucha gente se había acercado a ver. Entonces, vi un anciano salir de su casa, caminando con un bastón. Todos sus muebles y sus pertenencias estaban en la calle. Esta imagen me causó una gran impresión, y no la he olvidado jamás.

—Ángeles —dije—. ¿Qué le está pasando a este pobre hombre?

Allí me quedé, al otro lado de la calle, mirando lo que ocurría. Los ángeles comenzaron a hablar.

—Lorna, este anciano ha vivido aquí toda su vida. Es su casa. Sin embargo, con los años se volvió testarudo y se negó a pagar sus impuestos. El hombre podía escoger entre pagar, pues tiene el dinero, y no hacerlo. Si hubiera escogido pagar, nada de esto habría ocurrido. Si no hubiera cortado los lazos con sus familiares, tal vez ellos podrían ayudarle a tomar la decisión correcta, pero su terquedad lo llevó a dejar de hablarles. Ahora, está solo, por el momento.

Les pregunté a los ángeles quién era la mujer que trataba de hablarle al anciano. ¿Acaso era su hija? ¿La escucharía? Los ángeles me respondieron.

—Lorna, fíjate que sus ángeles le están susurrando al oído. Él los escucha, ¿sabes? Ahora está llorando. Está dejando que su hija lo tome del brazo. Ahora está comenzando a tomar las decisiones correctas. Nunca es tarde para hacerlo, si estamos preparados para escuchar.

—Comprendo —dije—. ¿Ustedes siempre me ayudarán a tomar las decisiones correctas?

—Claro que sí, Lorna —respondieron.

* * *

A veces, las cosas parecen ser una tragedia. Eso fue lo que ocurrió con el accidente de papá.

Él trabajaba para una gran compañía de gasolina, como repartidor de parafina, y tuvo un accidente. La compañía le hizo una oferta de indemnización, pero papá la rechazó, diciendo que no quería dinero sino un trabajo permanente. Al cabo de un tiempo, la compañía le ofreció un contrato permanente como administrador de una bomba de gasolina en el centro de Dublín. Papá tuvo la oportunidad de decidir entre dos opciones. Sin lugar a dudas, los ángeles le ayudaron a tomar la decisión correcta. Este trabajo permanente les dio a mis padres algo de estabilidad financiera. Con el paso del tiempo, estuvieron en capacidad de pagar un depósito para adquirir una casa propia.

El accidente de mi padre fue una bendición disfrazada. A veces, es necesario que ocurran cosas difíciles para que la gente cambie su vida. Los milagros ocurren todo el tiempo. Lo que pasa es que la gente no los nota.

CAPÍTULO 6

Absorber el dolor
de los demás

Tuve dificultades de aprendizaje, que nadie podía explicarse a cabalidad. Por esa razón, mis padres decidieron que yo no debía regresar a la escuela cuando nos mudamos a nuestra nueva casa en Leixlip, a pesar de que solo tenía catorce años. Me dolió que no me consultaran la decisión. Haber sido sacada de la escuela es otro ejemplo del trato diferente que me daban mis padres. Aunque no me encerraron en una institución, tal como les habían sugerido, sí me daban un trato diferente.

Yo veía que la situación financiera mejoraba, pero esto no produjo ningún efecto sobre la relación que tenían conmigo. Ahora teníamos teléfono. Mis hermanos lo usaban todo el tiempo, y a ellos no les decían nada. En cambio, cuando yo pedía usarlo, me recordaban lo costoso que era y no me daban permiso. Cuando quería darme un baño en la tina, me decían que no, o "bueno, pero que sea cortito". Esto ocurría con tanta frecuencia que me daba miedo preguntar si podía bañarme en la tina y decidía, más bien, llenar el lavamanos con agua y lavarme así, para no tener que hacer frente a un rechazo. Jamás lo entendí, y sigo sin entenderlo hoy en día. Lo cierto es que me trataban de manera diferente, como si yo valiera menos que los demás.

Yo le ayudaba a mamá con las cosas de la casa y el jardín, y cuidaba a mis hermanos cuando salían de la escuela. Una tarde, estábamos sentados a la mesa cenando con mamá y mis hermanos. Entonces, mamá anunció que quería que yo la acompañara a un funeral al día siguiente. Una parienta nuestra había muerto y mamá no quería ir sola. Mis hermanos tenían mucha curiosidad por saber quién era. Mi hermano Dillon quería saber su nombre. "Teresa", dijo mamá, y nos mostró una foto.

"Tendremos que tomar el autobús muy temprano", dijo mamá, "pues tenemos que ir al otro lado de la ciudad. Luego tenemos que caminar diez minutos para llegar a la iglesia".

Al otro día, amaneció haciendo mucho frío. Después de alistar a mis hermanos para la escuela, mamá me dijo que me abrigara bien. Yo me puse un abrigo, un gorro, una bufanda y unos guantes. Mamá sacó un paraguas, por si llovía, y nos fuimos a la parada del autobús. Cuando nos subimos, yo me fui mirando por la ventana, pensando, preguntándome cómo sería eso. Era la primera vez que iba a un funeral.

Después de andar durante algún tiempo, mamá me dijo: "Ya casi llegamos. Y recuerda, Lorna, tienes que quedarte a mi lado todo el tiempo, no sea que te pierdas".

El autobús se detuvo y nos bajamos. El camino hasta la iglesia fue largo. Allí había mucha gente, y todos se veían muy tristes. Mientras el sacerdote terminaba de decir la misa, yo miraba todo muy atentamente.

Después de la misa, fuimos al cementerio, que estaba muy cerca de la iglesia: no había que caminar mucho. Allí, me sorprendió ver la cantidad de ángeles que había en medio de mis parientes, a quienes yo no conocía. Había un gran tumulto y yo me alejé un poco para ver mejor. Mamá estaba ocupada, hablando, y no se dio cuenta. Junto a un arbusto, en una tumba, había un ángel hermoso, vestido como los humanos. Era de un color azul celeste intenso, y le pregunté:

—¿Por qué están aquí todos los ángeles?

Yo había visto ángeles en los cementerios, pero aquí había montones. El ángel me sonrió y me dijo:

—Lorna, sabemos que todavía tienes mucho que aprender. Los ángeles son llamados a venir a este sitio. Es un lugar donde la gente siente pena y dolor, y clama: "Dios, ayúdame. No puedo con este dolor", y por eso nos reunimos aquí.

Este hermoso ángel azul me tomó de la mano y me guió por en medio de la multitud que asistía al funeral. Nos abríamos paso por entre la gente, que parecía hacerse a un lado para dejarnos avanzar. Aunque debieron notar mi presencia, nadie intentó detenerme. Continuamos caminando hasta que estuvimos un poco apartados de los dolientes reunidos en torno a la tumba.

Allí, a un lado del grupo, junto a una lápida, se encontraba el espíritu de Teresa, la parienta que estábamos enterrando. La reconocí por la foto que nos había mostrado mamá el día anterior. Teresa estaba rodeada por unos diez ángeles, o tal vez más. Era hermosa, mucho más de lo que se veía en la foto. Era como un lindo narciso, que brillaba con luz propia. Este hermoso espíritu podía mirar su propio funeral. Me acerqué a ella. Teresa les pedía a los ángeles que la rodeaban que fueran a consolar a sus dolientes. (El espíritu de una persona que acaba de morir puede pedir a los ángeles que den consuelo a quienes la lloran).

A petición de Teresa, los ángeles acudieron de inmediato al lado de las personas que estaban alrededor de la tumba: amigos, conocidos y parientes. En muchos casos, una persona era acompañada no solo por un ángel sino por varios. Los ángeles desplegaban toda su

ternura, poniendo sus manos sobre los hombros de la gente, susurrando a sus oídos, acariciándoles la cabeza. En un caso observé que
los ángeles abrazaban a una persona. Me dijeron que esta persona
había perdido a otro ser querido antes, y que secretamente estaba
llorando esta pena también.

Siempre recordaré la belleza de aquello que me mostró el ángel azul. Estaba radiante de compasión y comprensión. Me da risa
pensar lo absurdo que resulta esperar a que alguien muera para pedir ayuda a los ángeles. No tenemos que llegar al punto de padecer
un gran dolor para pedir esta ayuda. Deberíamos pedirla todos los
días, o todos los meses, o una vez al año: "Quiero que los ángeles me
ayuden en todo lo que hago". Esta simple petición dará poder a los
ángeles para ayudarnos.

Desde ese día, siempre que paso por un cementerio echo una
mirada. Siempre veo ángeles.

* * *

Algunos meses después de habernos mudado a nuestra casa nueva,
papá llegó del trabajo con buenas noticias para mí. Era otoño y todavía había luz afuera. Serían las siete de la tarde, o algo más, porque papá trabajaba mucho. Siguió su misma rutina de siempre, que
consistía en sentarse en el sillón del salón, prender la televisión para
ver las noticias y descansar después de un largo día de trabajo. Yo lo
miraba a veces. Nunca le dije que podía ver ángeles a su alrededor, o
que podía ver su aura. En ocasiones, veía que su energía se apagaba
un poco. Es mi manera de decirlo. Mientras él estaba sentado allí,
mamá le llevaba la cena y se la ponía en una mesita de madera, para
que pudiera comer mientras veía televisión. Esa noche, me preguntó: "¿Te gustaría venir a trabajar conmigo en la bomba de gasolina?
Sería un buen comienzo para ti".

Yo estaba tan dichosa que habría podido besar a papá pero, como siempre, me contuve. Papá era un buen hombre, y me aceptaba en muchas de mis cosas. Yo siempre sentí que él *sabía* algo, pero que no podía definirlo exactamente. Sin embargo, los ángeles me venían diciendo, desde que yo era muy niña, que existía la posibilidad real de que me encerraran en una institución. Me advertían constantemente para no darles motivos a mis padres. Por eso, jamás daba rienda suelta a mis emociones con papá, y me comportaba de una manera prudente cuando estaba en su presencia.

Unos días más tarde, comencé a trabajar. Aquel primer día, después de desayunar, me despedí de mamá y me subí al auto con papá. El taller se llamaba The Grosvenor. Quedaba en Rathmines, un suburbio de Dublín. Para ser un taller, estaba muy bien ubicado, pues se situaba en una esquina muy concurrida, con calles principales a la derecha y a la izquierda. Funcionaba en una vieja casa, con un gran patio de bombas al frente, donde había cuatro bombas de gasolina, una bomba de diesel, una manguera de aire y una llave de agua. Era húmedo y olía mal. Prácticamente se estaba cayendo. Me recordaba nuestra casa del viejo barrio de Kilmainham. Parte de la casa se usaba para las oficinas, parte para la venta de cosas como llantas, equipos de reparación de llantas pinchadas, baterías y otros repuestos esenciales para automóviles. También había un gran espacio para la reparación de llantas pinchadas.

Estaba muy emocionada en mi primer día de trabajo, pero también muy nerviosa. Me daba miedo decepcionar a papá si hacía alguna tontería. No quería disgustarlo. Pero no había nada de qué preocuparse. Todo el mundo era amable y colaborador; los ángeles, por supuesto, también ayudaban. Aprendí a hacer diversos tipos de trabajo: poner gasolina, vender y también comencé a aprender un poco sobre el trabajo de oficina. Había nueve o diez personas trabajando allí: todos eran hombres, salvo una encantadora dama llamada Anne. Ella se convirtió en mi mentora desde el primer día. Nos entendimos muy bien y me enseñó montones de cosas.

Mi primer día de trabajo fue maravilloso. Regresé a casa con papá, sintiéndome muy satisfecha de mí misma. Sin embargo, me preguntaba cómo era que papá no se daba cuenta de que yo no tenía problema para poner gasolina, ni para devolver el cambio correctamente, pero él seguía pensando que yo era retrasada.

Poco después de comenzar a trabajar, los propietarios decidieron demoler el viejo taller y construir uno nuevo. Un sábado o un domingo, temprano en la mañana, nos fuimos en el carro de papá a ver la demolición. Yo estaba encantada viendo cómo echaban abajo el edificio con una gran bola de demolición. Allí construyeron un taller nuevo, con una linda tienda, nuevas bombas de gasolina y una oficina grande y muy bien iluminada, con ventanas por donde se podía mirar hacia fuera. Desde la oficina podía ver hacia los almacenes y hacia el patio de bombas.

Como de costumbre, los ángeles me mostraron montones de cosas. Un día me dijeron que me fijara bien en un cliente habitual, un hombre llamado John, que yo conocía bien.

—Obsérvalo. Va a robarle a tu papá.

Papá consideraba a John como un hombre rico y como un cliente importante. Por eso, me sorprendió lo que me decían los ángeles.

—No puede ser —dije—. Él no va a robar.

—Claro que sí —insistieron—. Puedes mirarlo. Él no te verá a ti.

Seguí sin creerles. Vi a John y a papá hablar animadamente. John felicitaba a papá por la nueva tienda, y por todas las cosas diferentes que vendían. Papá lo invitó a echar una mirada por la tienda y se fue a hacer otra cosa. Me quedé sola con John allí, pero los ángeles me habían dicho que él no podía verme.

—Escuchen, ángeles —dije—. John puede verme. Yo soy de carne y hueso.

Pero los ángeles se rieron y respondieron:

—¡Que no te puede ver!

A veces los ángeles me dicen cosas pero yo no entiendo del todo. Esa vez me dijeron que este hombre no me podía ver y yo, de repente, comprendí. Los ángeles me habían vuelto invisible a sus ojos.

Vi a John caminar por todas partes, mirando todos los productos, incluyendo los nuevos casetes de música que papá había conseguido. En aquella época, los casetes eran caros. John tomó uno y se lo metió en el bolsillo. Yo no lo podía creer.

—¿Por qué? —les pregunté a los ángeles.

—Él lo hace todo el tiempo. Roba. Eso lo hace sentir superior a los demás.

Los ángeles me explicaron que cuando John veía que alguien tenía éxito o le iba bien, sentía envidia y su reacción era llevarse algo que él consideraba de valor.

—¿Debo contarle a papá? —pregunté a los ángeles.

¿Y sabes qué me respondieron? Parece difícil de creer, pero me dijeron:

—No. Algún día la conciencia de este hombre lo hará reflexionar sobre todas las cosas que se ha robado en el pasado. Pero este no es el momento. No conviene por ahora. Déjalo así.

Me sentí muy triste. John venía al taller desde hacía años. Después de eso, cada vez que entraba en la tienda, yo lo seguía por todas partes, haciéndome la que ordenaba.

* * *

Un día, yo estaba en la oficina, sentada en el escritorio con Anne y revisado las cifras del libro de contabilidad. Anne era una excelente secretaria, y me enseñó muchas cosas. A veces me causaba sorpresa que las cosas me resultaran tan fáciles de hacer. Aquel día en particular, trabajamos juntas un tiempo largo. La puerta de la tienda se abrió y un hombre entró. Yo me levanté del escritorio y me fui a atenderlo. Observé que lo rodeaba una especie de silencio, de serenidad. Había como cierto estatismo en el aire. También observé que no hablaba mucho. Le di lo que estaba buscando, me despedí y el hombre salió de la tienda.

Regresé a la oficina y volví a sentarme en el escritorio. No se oía ningún ruido. Anne no se movía. Yo estaba detrás de ella, a su izquierda, mirando por la ventana, cuando un ángel me puso su mano en el hombro. El patio de bombas parecía vacío. Solo había un auto estacionado junto a una de las bombas de gasolina. Miré hacia la calle, hasta donde me alcanzaba la vista. No alcanzaba a ver lo que sucedía más allá de la esquina pero, de repente, pude verlo: eran unos chicos en bicicleta que venían por la calle hacia el taller.

Los muchachos estaban felices, riéndose y bromeando, jugando, divirtiéndose. Yo sabía que venían hablando, pero no lograba entender lo que decían. Seguía concentrada viéndolos. Un automóvil los adelantó, como en cámara lenta. Lo demás parecía estático. Es como si yo estuviera justo ahí, andado en bicicleta con los muchachos. Luego vi un camión articulado, que también venía por la calle, detrás de los chicos. Contuve el aliento. En ese momento supe lo que ocurriría. El automóvil ya había pasado y las únicas cosas que se movían eran el camión y los muchachos.

Los muchachos seguían felices en sus bicicletas, apostando carreras, bromeando y riéndose. Todo volvió a ocurrir en cámara lenta. El camión articulado pasó y en ese momento los muchachos y el camión se volvieron luminosos. Se entrecruzaron como si fueran fantasmas. El camión giró en la esquina y continuó subiendo por la calle. El conductor no se dio cuenta de lo que había ocurrido. No hubo pérdida de continuidad. Todo siguió fluyendo. Los chicos no tenían conciencia de lo que acababa de ocurrir. Es como si jamás se hubieran caído. No lo notaron. Simplemente continuaron detrás del camión, disfrutando de su paseo en bicicleta. Luego, a medida que el camión avanzaba, apareció un enorme círculo de luz. Es como si proviniera de la parte trasera del camión.

En un instante, la calle se llenó de ángeles. Los muchachos y sus bicicletas eran luminosos y se dirigían hacia la luz. Yo seguía observando. Las bicicletas parecían levantarse lentamente del suelo y la calle se convirtió en un haz de luz lleno de ángeles. Fue un paso suave de una vida a la otra. Era nacer a otra vida. Era ir directamente al cielo. Luego, los chicos desaparecieron y todo volvió a la normalidad.

En ese mismo instante, un auto entró en el taller de mecánica y un hombre salió gritando:

—¿Por dónde se fue el camión?

El hombre del quiosco, Steven, gritó:

—¿Qué pasa?

El hombre del automóvil dijo que había ocurrido un accidente. Alguien le dijo que el camión había tomado a la derecha y el hombre volvió a subirse en su carro. Luego, otro auto pasó por el taller, a alta velocidad. Yo me quedé allí, paralizada.

La puerta de la tienda se abrió y yo me volteé a ver. Era papá, diciendo que acababa de ocurrir un terrible accidente, y pidiéndome que hiciera té. Sentí alivio de poder salir de la oficina y tener un poco de espacio. Mientras me dirigía a la cafetería, para hacer el té, les dije a los ángeles:

—¿Por qué tenía que ocurrir esto?

Su respuesta fue:

—Lorna, así debe ser. Para la mayoría de los humanos, la muerte es un flujo continuo de una vida a otra, en perfecta armonía. Recuerda: en el momento de la muerte, los chicos no sintieron nada. Lo mismo ocurre aunque la persona haya padecido una enfermedad y haya sufrido. En el momento de la muerte, no siente ningún dolor.

Los ángeles me consolaban mientras yo hacía el té y seguía trabajando, pero sentí alivio al final del día. Por fin podía regresar a casa y disfrutar de las delicias cocinadas por mamá. Al llegar, le di a mamá un abrazo apretado. Desde entonces, tuve conciencia de la importancia de darle a mi madre un gran abrazo todos los días.

Yo sabía que debía pasar por el lugar del accidente. Así, cierta mañana reuní el coraje para ir a las tiendas. Había pasado más o menos una semana. No fui sola, pues Miguel me llevaba de la mano. Mientras caminábamos por el patio de bombas, el ángel me susurró al oído:

—Camina como si te dirigieras hacia la ferretería. Así te concentrarás, pues tendrás un lugar a donde dirigirte.

Al llegar al lugar donde ocurrió el accidente, vi manchas de sangre en la calle. Estaba asombrada y sorprendida. El accidente había ocurrido hacía una semana, más o menos, y no podía creer que todavía hubiera manchas de sangre en la calle. Fue como si me hubiera caído un rayo encima. Es posible que las demás personas no pudieran ver las manchas de sangre; quizá solamente yo podía verlas.

Mientras pasaba por el lugar exacto donde ocurrió el accidente, podía oír los llantos de las madres, los padres y las familias de esos chicos. La emoción me embargó el cuerpo: me rodaban lágrimas por las mejillas. Era terriblemente conmovedor. Entonces, le pedí a Dios: "Por favor, ayuda a estas familias. Déjame cargar con su dolor y su pena, tanto como sea posible. Haz saber a los padres, de algún modo, que sus hijos están en el cielo contigo. Te lo ruego, Dios mío".

Yo me encontraba en un estado de inconciencia, sin saber lo que ocurría a mi alrededor. En cierta forma, los ángeles me llevan a través del tiempo y el espacio. A veces me pregunto cómo he ido de un lugar a otro. Es un misterio. Luego, de repente, me encontraba frente a la puerta de la ferretería. Sentí como si los ángeles me hubieran sacado del espacio espiritual y me hubieran puesto los pies nuevamente en tierra firme.

—Ya está, Lorna —me dijo Miguel—. Dios escuchó tus oraciones.

Entré en la ferretería y anduve un poco por ahí, para recuperarme y volver a la normalidad. Luego, me devolví al taller, pasando por el lugar del accidente. Sé que logré aliviar parte del peso provocado por el dolor y la tristeza de las familias. No sabría decir qué es peor: si el dolor físico del cuerpo o el dolor emocional. Siempre haré lo que me pidan Dios y los ángeles. Si puedo absorber el dolor de otro ser humano, lo haré. Esa es mi vida. Es parte del don de sanación que recibí de Dios. Tomar el sufrimiento y el dolor de los demás. Tal vez algunas personas lo consideren una maldición y no un don. Al tomar el dolor de otros, lo puedo aliviar. Soy como un intermediario, que recibe el dolor y lo pasa a Dios. En ocasiones, el dolor puede ser abrumador, y me parece que me voy a morir, pero no es así, pues Dios me quita el dolor. No sé lo que hace Dios con el dolor; es un misterio. Sin embargo, es algo que he presenciado una y otra vez.

CAPÍTULO 7

Una criatura
sin alma

Cierto día, la visión de Elías se hizo realidad. Yo tenía diecisiete años y llevaba trabajando unos ocho meses en el taller
de papá.

Yo estaba en la oficina, con Anne y papá. Desde donde estaba
sentada, podía ver por la ventana hacia el otro lado de la calle, donde
había unos árboles. Vi a un hombre joven en la distancia, caminando por ese lado de la calle y, de repente, lo reconocí.

La imagen de los árboles y del hombre joven me permitió saber,
a pesar de la distancia, que aquel era el hombre con quien me casaría. Apenas podía respirar. Yo sabía que iba a cruzar la calle y entrar
en el taller a pedir trabajo.

Sentí que me rozaban el pelo y me di vuelta. Allí estaba mi ángel
de la guarda, junto a mí. Miré de nuevo por la ventana. El hombre
venía por el patio de bombas y se alcanzaba a ver débilmente su
ángel de la guarda en el espacio de su aura. El hombre era muy
atractivo, con el pelo rojizo claro. Era muy alto, y a mí me gustan
los hombres altos. Yo estaba muy emocionada de verlo. Ya sabía lo
que iba a pasar.

Sin embargo, le dije a Ann: "Ahí viene un hombre a pedir trabajo. Espero que no se lo den". Hoy en día me río al acordarme. Me daba miedo pensar en este gran cambio de mi vida. Además, yo era muy tímida. Con todo, yo sabía que el trabajo era suyo, pues así estaba previsto.

El joven fue derecho a la tienda. Papá estaba en su escritorio y levantó la mirada. Con la mano, le dio a entender que en breve estaría con él. Cuando papá se le acercó, yo estaba paralizada, mirando. No tenía ganas de estar allí, y estaba toda temblorosa. Me vino a borbotones el recuerdo de todo lo que Elías me había dicho. Este era el hombre con quien yo me casaría. Yo lo amaría y él me amaría a mí. Seríamos felices la mayor parte del tiempo, pero al final yo debería hacerme cargo de él, y no llegaríamos a viejos juntos.

Mi padre y el joven hablaron durante algún tiempo en la tienda. En un momento dado, yo comencé a recoger tazas sucias y las llevé a la cafetería, para lavarlas. Pasé junto a ellos y aproveché para echarle una mirada furtiva al joven. ¡Y me gustó muchísimo lo que vi! Me demoré bastante lavando las tazas y haciendo té fresco. Cuando regresé con el té, el joven seguía hablando con papá. No sabía qué hacer. Un cliente entró en la tienda y fui a atenderlo. Me sentía muy nerviosa, e hice como si no le estuviera prestando atención al joven.

Como era previsible, papá le dio el puesto y al día siguiente empezó a trabajar. Papá me lo presentó y me dijo que su nombre era Joe. Mientras él aprendía cómo funcionaba todo, yo lo miraba desde cierta distancia: cómo ponía gasolina, cómo arreglaba llantas pinchadas. Cuando regresábamos a casa, después del primer día de trabajo de Joe, papá me dijo que este hombre le parecía muy inteligente y que aprendía rápido.

Yo trataba de evitar a Joe, pero me fascinaba verlo a escondidas, pues me sentía muy atraída por él. Me preguntaba si Joe me prestaba atención, si sentía algo parecido. Al parecer, los ángeles se habían encargado de que cada vez que yo iba a la cafetería a preparar té o a lavar las tazas, él anduviera por ahí. Me saludaba con una sonrisa radiante y así mi corazón sabía que yo no le era indiferente a Joe. Yo le sonreía a mi vez, pero no le decía mayor cosa y me retiraba de la cafetería tan pronto como podía.

Seis meses después de haber comenzado a trabajar en el taller, Joe me invitó a salir. Ese día, yo había ido a la cafetería a hacer té, como de costumbre. Mientras llenaba la tetera y lavaba las tazas, Joe entró y me ofreció ayuda para lavar las tazas. A mí me dio risa y le dije que no era necesario: ¡Solo eran tres tazas! Cuando estaba a punto de salir de la cafetería, con la tetera y las tazas en una bandeja, Joe me dijo:

—Lorna, ¿aceptarías salir conmigo?

—Por supuesto —le dije, sonriendo—. Me encantaría salir contigo.

Joe me propuso salir esa noche, pero yo le dije que no podía, que tendría que ser un viernes después del trabajo.

—Muy bien, no hay problema —dijo Joe, abriéndome la puerta.

—Más tarde hablamos sobre lo que haremos el viernes por la noche —dije yo, y salí.

Estaba tan feliz que me sentía flotando. La semana pasó muy rápido: en un abrir y cerrar de ojos ya era viernes. Esa mañana, cuando entré en la cafetería, Joe ya estaba esperándome allí. Con una hermosa sonrisa me preguntó:

—Lorna, ¿qué te gustaría hacer esta noche?

—Me gustaría ir a cine —respondí—. Encontrémonos a las seis y media en el puente O'Connell.

Joe propuso que escogiera yo la película, pero justo en ese momento otro de los empleados entró y ya no volvimos a hablar más durante el día. Le pregunté a papá si podía salir temprano del trabajo: en lugar de quedarme hasta las seis, quería irme a las cuatro. A papá le pareció bien y jamás me hizo preguntas. Los ángeles ya me habían dicho que debía guardar el secreto.

A las cuatro, tomé el autobús para ir a casa. Mientras caminaba hasta nuestra calle, les decía a mis ángeles: "Esto es muy emocionante. No sé qué películas estarán dando en Dublín. Hace mucho tiempo no voy a cine. No me importa qué película vayamos a ver. Lo único que quiero es estar con Joe". Los ángeles se reían. Mientras les hablaba, recordaba todo lo que el ángel Elías me había dicho.

Al llegar a casa le dije a mamá que me iba a encontrar con alguien en Dublín y que íbamos a ir a cine. Ella simplemente me contestó: "No vayas a dejar pasar el último autobús para regresar a casa".

Tampoco hizo preguntas. Supongo que los ángeles me estaban ayudando.

Había un periódico en la mesa del salón y lo abrí en la sección de cines. Había muchas películas y yo escogí una al azar. No sabía de qué se trataba, pero no me importó, y los ángeles tampoco dijeron nada. Eso me hizo suponer que estaba bien. Ahora me da risa.

Era una hermosa tarde de verano, y el puente O'Connell se veía maravilloso con la luz de esa hora, con sus lámparas y sus macetas de flores. Joe llegó unos minutos tarde, así que tuve tiempo para ver lo que ocurría a mi alrededor. Había una mujer sentada en el suelo con su hijo, pidiendo dinero a los transeúntes que se daban prisa después de un día de trabajo. También había una mujer vendiendo rosas, pero nadie parecía tener tiempo para detenerse y comprar. Yo podía deducir por el color del aura de la gente de qué humor estaba cada uno: si tenían mucha prisa o si estaban muy emocionados. Joe llegó por la dirección opuesta y me tocó el hombro. Yo salté del susto y él se rio. Me puse muy contenta de verlo. Me tomó la mano y nos fuimos al cine.

La película que yo había escogido se llamaba *La virgen y el gitano*. El teatro estaba lleno de gente, y tuvimos que sentarnos muy cerca de la pantalla. Unos diez minutos después de comenzada la película, yo empecé a moverme con impaciencia en la silla. No quería ver esta clase de película, y mucho menos en mi primera salida con Joe. Las escenas de sexo eran muy explícitas y yo estaba molesta. Este tipo de películas no era común en Irlanda por aquella época, en los años setenta. ¡Tal vez por eso había tanta gente!

Al cabo de algunos minutos, le dije a Joe que quería salirme. A Joe no le molestó para nada: yo creo que él también se sentía incómodo. Nos salimos del teatro y caminamos por la calle O'Connell hacia el monumento de Nelson. Era una tarde muy hermosa y me alegraba no estar en el cine. Hablar y caminar de la mano con Joe era una manera más agradable de pasar el tiempo en nuestra primera salida. Una de las primeras cosas que dijo Joe fue que se alegraba de no haber sido él quien escogió la película. Los dos nos reímos.

Pasamos frente a la oficina de correos de O'Connell, un edificio de estilo griego que siempre me ha encantado. Saludamos a un policía que hacía guardia afuera. También vi a una pareja que se besaba y se abrazaba, y sus ángeles estaban muy cerca de ellos, como ayudándoles en su cercanía. Sonreí al pasar a su lado. Joe me pasó el brazo por el hombro. Eso me gustaba. Me sentía segura en su compañía.

Cruzamos la calle por el semáforo y nos fuimos a un restaurante. Jamás había estado en un restaurante de noche. Este era un restaurante de forma alargada, con piso de baldosa y mármol, con las mesas atornilladas al suelo y altos bancos de madera a ambos lados. Los respaldares de estos bancos medirían algo más de un metro de alto, así que al sentarte a una de las mesas no podías ver quién estaba detrás. Nos sentamos uno frente al otro. Joe pudo adivinar por la expresión de mis ojos que yo jamás había estado en un restaurante de estos. Entonces me dijo que las mesas se llamaban cabinas. En ese momento llegó la camarera, y pedimos sándwiches con té.

Hablamos sobre nuestros padres: su padre ya había muerto. También hablamos sobre nuestros hermanos: él era el menor de su familia y yo era la tercera de la mía. En un momento dado, Joe me preguntó:

—¿Qué crees que pensaría tu papá si supiera que tú y yo estamos saliendo?

—No sé qué diría papá —contesté—, pero estoy segura de que mamá se opondría.

Entonces, los dos estuvimos de acuerdo en guardar el secreto.

Salimos del restaurante y caminamos por las calles un rato, mirando vitrinas. Luego caminamos por los muelles, hacia la terminal de autobuses. Joe debía tomar un autobús diferente, pues vivía en la dirección opuesta. Mi autobús ya estaba estacionado en la parada, pero todavía tardaría unos minutos en salir, así que podíamos quedarnos sentados en el autobús, esperando.

—Más vale que te vayas a tomar tu autobús —le dije a Joe.

Él se levantó y me dijo que volvería en un minuto. Habló con el conductor y luego volvió a sentarse a mi lado.

—Voy a llevarte hasta tu casa.

El conductor le había dicho que había un autobús que se conocía como el "bus fantasma". Era un autobús que hacía el recorrido oficial hacia mi barrio pero, cuando regresaba al centro de Dublín, no se suponía que debía recoger pasajeros. Sin embargo, en la práctica sí recogía. Desde entonces, cuando salíamos, Joe me llevaba a casa y se devolvía en el bus fantasma hasta el centro de la ciudad. Luego se iba caminando a su casa.

Ni Joe ni yo contamos que estábamos saliendo. Otras chicas de mi edad se hubieran contado entre ellas el secreto, pero yo no tenía amigas para hacer esa clase de confidencias. En todo caso, como ya lo he dicho, los ángeles me dijeron que era importante que guardara el secreto. Cuando ellos me dicen esto, aún hoy, yo les hago caso. No sé si Joe le contó a alguien, nunca le pregunté, pero no creo.

Éramos muy prudentes con nuestro secreto, pero Joe, de manera traviesa, me tomaba el pelo siempre que tenía la oportunidad de hacerlo. Me llamaba "Rambo" cuando yo trataba de meter una llanta reparada en el maletero de algún cliente (yo no mido mucho más de metro y medio), y me decía en tono jocoso que la minifalda de mi uniforme era muy corta (¡tal vez tenía razón!).

* * *

Me encantaba ir a pescar con papá, siempre que podía. Era algo que hacíamos con alguna frecuencia cuando yo era niña, y seguimos haciéndolo mientras trabajaba en el taller y salía con Joe. Yo no siempre llevaba mi caña de pescar, pero me gustaba estar en silencio, a la orilla de un río, en compañía de papá. Un día, fuimos a pescar en las montañas de Wicklow. Salimos temprano en el carro de papá y, como de costumbre, llevábamos comida para un picnic. También llevábamos un cazo para calentar agua en una hoguera y hacer té.

El día estaba un poco frío. Llevábamos pescando una hora o dos, y papá había cogido una trucha. Estaba comenzando a llover. Cerca de la orilla del río había una casa en ruinas junto a unos árboles. A papá le pareció que podría ser un buen lugar para guarecernos, encender una hoguera y hacer nuestro té. Además, nos protegeríamos del frío. Papá caminaba delante de mí. Al acercarnos más a los árboles noté que no tenían aura y que el lugar era muy sombrío.

El ángel Miguel me tocó el hombro, y me dijo:

—Es posible que este lugar te asuste. Te mostraremos algo malo. No te hará daño, pero notará tu presencia en cuanto entres en la casa. Te mostrará su ira pero no te tocará.

Hasta ese momento, me habían protegido de ver cosas malas.

—¿Es un fantasma? —pregunté.

—No, Lorna, es un tipo diferente de criatura —respondió Miguel.

Papá me llamó para que me diera prisa y yo levanté la cabeza. Estaba a cierta distancia, y ya había subido la pequeña loma frente a la casa. Cuando me di vuelta, el ángel Miguel ya no estaba.

Corrí para alcanzar a papá. Caminamos por entre los árboles que rodeaban la casa. Todo lo que rodeaba la casa me parecía muerto: los árboles estaban sin hojas, y no había hierba ni flores por ahí. La puerta de la casita estaba a medio cerrar, y se sostenía apenas de las bisagras, a pesar de que le faltaban algunos tablones. También faltaban parte del techo y algunas ventanas. Papá entró. Allí había una vieja mesa rota y algunas sillas. Sentí que adentro hacía una temperatura glacial, pero a papá no pareció importarle y fue directo hacia la chimenea.

Me quedé allí, junto a la puerta. No me podía mover. Solamente me repetía a mí misma: "Ay, Dios, ay, ángeles". Alcanzaba a ver una criatura junto a la chimenea, hacia la derecha. Jamás había visto nada similar, ni lo he vuelto a ver: tenía el aspecto de la cera derretida, más o menos de un metro de largo y del ancho de un baúl. Era horrible y aterrador. No puedo decir que tuviera boca ni ojos.

Yo sabía que papá no podía ver ni sentir nada. Recogió restos de cosas que había tiradas del suelo y las apiló en la chimenea. Luego encendió un fósforo. Al encenderse el fuego, se produjo una explosión, que se sintió en toda la habitación. La criatura tenía una energía muy poderosa. ¡Emitía maldad! Había acaparado aquel lugar para sí misma y no quería nuestra presencia. Para ella, nosotros éramos unos invasores.

Justo después de la explosión, una de las sillas salió disparada hacia el otro extremo de la habitación, se estrelló contra la pared y se rompió.

Papá se levantó de un brinco, agarró su maleta, me tomó de un brazo y salió puerta afuera. Corrimos tan rápido como pudimos por entre los árboles y bajamos la pequeña loma hacia el río. Los dos estábamos espeluznados y corrimos como nunca lo habíamos hecho en la vida. Papá corría más rápido que yo, y me halaba el brazo. Finalmente, ya casi sin aliento, aminoramos el paso. Había dejado de llover y el sol me calentaba la cara.

Sin decir palabra, papá trató de encender una hoguera. Le temblaban las manos y casi no podía hacer la tarea. Yo miraba a papá, esperando que dijera algo. Hablé mentalmente con los ángeles, y les pedí que calmaran a papá. Al cabo de algunos minutos, papá logró encender el fuego y, cuando hirvió el agua en el cazo, nos preparamos el té. Nos comimos nuestros sándwiches en silencio.

Al fin, papá dijo con voz temblorosa: "Siento mucho que te hayas llevado ese susto, Lorna. Yo también me asusté. No sé qué era eso, pero lo único que sé que puede mover sillas así es un espíritu burlón; y jamás había visto que nada produjera una explosión así.

Papá era un experto en fogatas, y sabía manejar el fuego con cuidado. Yo creo que la explosión lo asustó más que el movimiento de la silla.

No dije nada, y seguí tomándome el té. No quería que papá supiera lo asustada que estaba. Estaba aterrorizada, aunque, en el fondo, yo sabía que estaríamos a salvo pues los ángeles nos estaban cuidando.

El ángel Miguel me tocó el hombro, mientras yo estaba sentada junto al fuego, pero no se me apareció. Miguel dijo que papá tenía razón. La criatura que había visto era un espíritu burlón. Me explicó que los espíritus burlones son criaturas sin alma, creadas por Satán. A veces, las personas los dejan entrar. Una manera de hacerlo es experimentar con magia negra, con una tabla güija o con cosas de este estilo. Los espíritus burlones, según me dijo Miguel, son criaturas astutas y aprovechan cualquier oportunidad para meterse entre la gente y causar gran destrucción.

Papá y yo terminamos de comer en silencio, y luego empacamos. Papá sugirió que nos fuéramos a pescar en otra zona del río y yo estuve de acuerdo. Los dos queríamos estar lo más lejos posible de ese lugar. Seguimos pescando unas millas más arriba, y eso nos calmó a los dos. Además, pescamos bastante para la cena.

Esa noche, disfrutamos mucho comiendo el pescado que habíamos traído, pero no hablamos sobre lo que nos había ocurrido. Papá jamás volvió a mencionar el tema.

CAPÍTULO 8

El intermediario

U n tarde, mientras me estaba lavando las manos en los baños del taller, miré al espejo y vi aparecer un ángel con cara de mujer. Me sobresalté al verla. Di un paso hacia atrás y el espejo pareció esfumarse, para dar paso a la figura completa del ángel. Su luz radiante llenaba todo el espacio.

El ángel habló primero que yo.

—Lorna, yo soy el ángel Elisa.

Al decir estas palabras, estiró sus manos y tomó las mías. Parecían plumas al tacto, y también a la vista. Sin embargo, su forma era completamente humana.

El aspecto de Elisa era el de una mujer; sin embargo, los ángeles no son ni hombres ni mujeres, como nosotros. Ellos son seres asexuados. Simplemente se nos aparecen bajo un aspecto humano para que nos resulte más fácil aceptarlos. Ellos solo adoptan las formas masculina o femenina para hacernos sentir más cómodos. También así nos resulta más fácil comprender el mensaje que tienen para nosotros.

Más atrás dije que los ángeles me habían contado un poco más sobre Elías mientras escribía este libro. De la misma manera, me dijeron que, en realidad, Elisa era el profeta Eliseo, a quien Elías le dio su manto poco antes de ascender al cielo en un carro. Sin embargo, Eliseo es un hombre en el Antiguo Testamento.

—Ángel Elisa, ¿por qué estás aquí? ¿Algo va a cambiar en mi vida? —pregunté.

—Sí, Lorna —me dijo—. Vas a conseguir un trabajo nuevo. Voy a ayudar a tu madre a encontrarse con un viejo conocido de ella, y obtendrás un trabajo en una tienda por departamentos en Dublín.

Iba a preguntarle al ángel Elisa cuándo debía ocurrir esto, pero alguien tocó a la puerta del baño. Yo dije con voz fuerte:

—En un minuto salgo.

El ángel Elisa se puso el dedo en la boca y desapareció.

Yo estaba muy emocionada con la idea de conseguir un trabajo nuevo, aunque eso significaba que no vería a Joe todos los días. Sentí que un nuevo trabajo me daría mayor independencia de mis padres, y eso les ayudaría a ver que puedo hacer cosas por mi propia cuenta. Si yo seguía trabajando en el taller bajo la protección de mi padre, ellos no podrían ver de lo que soy capaz.

Algunas semanas más tarde, yo estaba en el jardín de nuestra casa, alimentando a mi conejo, cuando llegó mamá a sugerirme que le pidiera a papá un día libre.

—Hace tiempo que no vamos de compras juntas —dijo mamá—. Podemos ir a mirar tiendas y tal vez almorzar en Arnotts, la tienda por departamentos.

—Me encantaría —dije.

Al día siguiente, le pregunté a papá si podía darme libre el jueves. Él me contó que ya mamá le había hablado al respecto y que no había problema.

Los ángeles me hacen reír y sonreír mucho. Yo sabía que el ángel Elisa estaba detrás de todo esto. Ella había manipulado la situación, para poner esta idea en la cabeza de mamá. Yo veía cómo se desarrollaba la trama y no me cabía la menor duda de que todo saldría bien. Me daba gusto saber que mamá escuchaba a sus ángeles.

La espera me impacientaba, pues yo ya sabía cuál sería el resultado de nuestro día de compras en Dublín. Ese jueves fuimos a la ciudad en autobús. Como siempre, había allí mucha agitación. Mamá y yo visitamos muchas tiendas por departamentos en la calle O'Connell, en la calle Henry y en la calle Mary. Vimos montones de cosas hermosas. A mamá le encantaba la sección de vajillas, y yo me escapaba para mirar otras cosas.

Entonces, Elisa me dijo:

—Escucha a tu mamá, Lorna.

Miré hacia la sección donde mamá estaba mirando vajillas. Vi a dos seres brillantes: uno de ellos era el ángel de la guarda de mamá y el otro, para mi gran sorpresa, era el espíritu de mi hermano Christopher. Hacía muchos años que no veía al espíritu de mi hermano. Yo estaba muy emocionada de verlo; me daban ganas de correr hacia él y tomarle la mano, como cuando era niña en Old Kilmainham, pero mi ángel de la guarda me hizo quedarme donde estaba, con los pies pegados al suelo. (Él hace eso cuando sabe que yo estoy inundada por los sentimientos y no me conviene moverme).

Christopher dio media vuelta y me sonrió. Luego, se volteó de nuevo hacia mi madre y le susurró algo al oído. Ahora entendía cómo es que mi madre escuchaba a los ángeles: Christopher le hacía de intermediario.

—Ángel Elisa —dije—, me encantaría decirle a mamá que Christopher está a su lado.

—No puedes, Lorna —me contestó.

—Pero es tan hermoso, tan magnífico —dije en tono de súplica. En ese momento, una luz envolvió al espíritu de mi hermano. Estaba rodeado por una luz que emanaba del ángel de la guarda de mi madre. Me conmovió profundamente. Es una de las cosas más magníficas que he visto.

Mamá dio media vuelta y me llamó. Yo me dirigí hacia su luz, que cada vez era más brillante. Luego, los ángeles desaparecieron, pero yo sabía que ellos seguían allí.

—Vamos a almorzar en Arnotts, me dijo mamá.

Así lo hicimos. Como de costumbre, había una larga cola en el restaurante. Finalmente nos dieron nuestro pedido y fuimos a buscar mesa. Mamá me habló sobre todas las cosas preciosas que había visto. Había comprado unas cucharas y un plato que tenía un pequeño desperfecto. Mientras almorzábamos, mamá me dijo:

—Nos iremos a casa en el autobús de las dos; con eso, tendremos tiempo de ir a otra tienda en la calle Mary.

Al terminar nuestro almuerzo, salimos a la calle Mary. Cuando abrí las puertas, el ángel Elisa estaba dentro de la tienda. El lugar me pareció lleno de energía y entusiasmo. Sentía que algo bueno pasaría, y que habría una sorpresa para mamá.

Mamá se fue a la sección de tejidos, y un hombre se le acercó. Era de baja estatura y delgado; llevaba puesto un traje. Mamá no lo reconoció, pero él sí, y la llamó por su nombre. Al presentarse, mamá puso cara de sorpresa.

—Claro —dijo el hombre—. Yo creo que sí me recuerdas. Yo vivía a pocas casas de ti. Hasta salimos en un par de ocasiones.

De repente, la cara de mamá se iluminó, pues lo había reconocido. Los dos hablaban y se reían. Al parecer, mamá se había olvidado de mi presencia y, en un momento dado, el hombre le preguntó:

—¿Quién es la joven que te acompaña, Rose? ¿Es tu hija?

—Sí —respondió ella—. Esta es Lorna.

Entonces, el espíritu de mi hermano Christopher susurró algo al oído de mamá y, sin dudarlo un segundo, dijo:

—Lorna está buscando trabajo. Lleva dos años trabajando con su padre, y creo que le vendría bien un cambio.

El hombre me miró y dijo:

—Lorna, ¿ves esas escaleras? Sube hasta la recepción y pide un formulario de empleo. Llénalo y llévalo a la oficina. Pregunta por Phyllis.

Hice tal como me indicó. Toqué en la puerta de la oficina y pregunté por Phyllis. Me sentía nerviosa, y les pedí a los ángeles mantenerse junto a mí. La mujer que estaba en la oficina me pidió el formulario. Me dijo que la administradora no estaba allí, y me envió abajo a buscarla. Tenía que doblar a la izquierda, ir por el corredor y allí vería una puerta a la izquierda. Le agradecí, bajé las escaleras, doblé a la izquierda, seguí por el corredor y toqué en la puerta de la oficina, que estaba ligeramente abierta.

—¿Hola? —dije.

—Entre, la puerta está abierta —dijo la voz de una mujer.

Abrí la puerta y entré en la oficina. Estaba bastante oscuro adentro. Una mujer pequeña, de edad mediana, estaba sentada al escritorio. Observé que se podía ver hacia la tienda, pues el frente de la oficina era de vidrio. El ángel Elisa estaba allí con la mujer, y eso me hizo sentir un poco más tranquila. La señora se presentó y dijo que era la administradora de la tienda.

—¿Qué puedo hacer por usted? —preguntó.

Le dije que el administrador del piso me había enviado a verla. Ella me pidió el formulario y me preguntó si había trabajado en un lugar diferente del taller de papá.

—No, este sería mi primer trabajo fuera del taller —respondí.

Me dijo que estaba de suerte, pues había algunas vacantes y podría empezar el siguiente lunes. Me indicó que fuera directamente a su oficina a las nueve de la mañana, el lunes por la mañana; si no estaba allí, estaría en el piso de la tienda. Me mostraría el departamento donde yo trabajaría, y allí una de las chicas me explicaría los detalles del trabajo. Nos dimos la mano y nos despedimos.

Yo estaba tan contenta que casi bailaba por las escaleras. No cabía de la dicha: un nuevo trabajo, y en un almacén de ropa. Estaba inmensamente agradecida con mis ángeles. Cuando volví al lugar donde estaba mamá, ella seguía conversando con su amigo. En ese momento, noté que el hombre era mucho mayor que mamá. Él se volteó hacia mí y me preguntó cómo me había ido con Phyllis.

—Comienzo a trabajar el lunes —respondí.

—Excelente —dijo él.

Se quedaron hablando un par de minutos más y luego se despidió.

Me encontré con Joe la tarde siguiente y le conté sobre mi nuevo trabajo. Estaba muy contento por mí, aunque dijo que me echaría de menos. Me dijo que "el cariño crece con la distancia" y estuvo de acuerdo en que dejar de trabajar para mi padre me daría más independencia. Joe y yo teníamos ahora una relación tan cercana que no trabajar en el mismo lugar no implicaría ninguna diferencia. Pasábamos muchísimo tiempo juntos, pero todavía no le habíamos revelado nuestro secreto a nadie.

El lunes por la mañana entré en la tienda. Se veía muy vacía, aunque había muchos vendedores en el piso. La administradora de la tienda estaba allí, y yo me dirigí hacia ella. Me indicó que la siguiera hasta los guardarropas, y así lo hice, aunque tenía mucho miedo y estaba muy nerviosa. Este era mi primer trabajo lejos de la familia, y estaba completamente sola. La administradora me presentó a Frances, a cargo de una de las secciones de ropa para dama (la de faldas) y yo sería su nueva asistente.

Me sentía muy aprehensiva aquel primer día, y me preocupaba muy particularmente la pausa para el almuerzo, pero en realidad no había motivo: una chica llamada Pauline, que tenía más o menos mi edad y trabajaba en el mismo departamento, se me acercó en la mañana y me dijo que teníamos el mismo horario de almuerzo. Ella me invitó a acompañarla. Además, me enseñó detalles del trabajo y, con el tiempo, nos hicimos buenas amigas.

Desde el comienzo disfruté de mi trabajo allí. Me gustaba atender a la gente y me encantaba el ambiente de la tienda. La administradora era muy decente y considerada. Me sentía como pez en el agua trabajando en el departamento de ropa. En poco tiempo aprendí todo lo que se podía saber sobre las faldas; a veces, cuando no había mucho trabajo en mi departamento, iba a ayudar en las otras secciones para damas.

CAPÍTULO 9

El ángel
de la muerte

Al cabo de algunas semanas de haber comenzado en mi nuevo trabajo, los ángeles llamaron mi atención sobre un joven llamado Mark, que trabajaba en el departamento de carteras. Era alto y delgado, de ojos marrones y con el pelo castaño y ondulado. Siempre andaba con un traje marrón. A veces, cuando lo miraba, veía una luz suave y sutil a su alrededor.

Una tarde en que no había muchos clientes en la tienda, me quedé mirando a Mark desde el otro lado del piso, y vi que un ángel aparecía detrás. No se trataba de un ángel de la guarda: la vitalidad y la luz que lo rodeaban eran totalmente diferentes de las de un ángel de la guarda. Este ángel era elegante, delgado y extremadamente alto.

Yo sabía que estaba viendo algo muy diferente. El ángel me miró y vi una expresión de compasión en su rostro. Luego se puso detrás de Mark. Se inclinó hacia delante, pasando sobre los hombros del joven y tocó su alma. Lo vi levantar el alma de Mark muy lentamente, como si fuese un recién nacido, y mecerla de un lado a otro, con suavidad y compasión. El joven no se movía, como si estuviera en trance, sin tener conciencia de lo que sucedía.

Empecé a llorar, pero no sabía por qué. Me embargaba la emoción, pero yo no sabía de qué se trataba. Sentí que me tocaban el hombro. Me di vuelta. Era el ángel Hosus. Me puso sus manos a la altura de la cara, como para limpiarme los ojos llenos de lágrimas, y me dijo que encontrara una excusa para ir al depósito, donde nos volveríamos a ver.

Miré por todos lados, a ver dónde estaba el administrador del piso. Para mi tranquilidad, estaba en la puerta trasera de la tienda, hablando con un guardia de seguridad. Le dije que iba a la bodega.

Entré en el depósito, pasando por un par de puertas pesadas que se cerraban no bien uno entraba. Había cajas por todas partes. Me abrí paso por entre las cajas y luego me dirigí hacia la gran escalera de caracol. El depósito del departamento de ropa quedaba tres pisos arriba, en la planta superior. Subí corriendo las escaleras y abrí una pequeña puerta. La habitación estaba mal iluminada, y llena de percheros móviles y de cajas de ropa.

Miré por entre los percheros, que llegaban hasta el techo, pero no vi a Hosus. Sabiendo que allí no había nadie más, lo llamé en voz alta. Caminé por la última hilera de percheros, y allí lo vi, sentado en una caja en el rincón, esperándome. Mi corazón se sobresaltó cuando lo vi.

—Ángel Hosus —dije, y me senté a su lado—. Necesito saber más sobre el ángel que vi. ¿Qué le va a pasar al muchacho?

Hosus estiró el brazo y me tomó la mano.

—No te puedo decir mucho. El ángel que viste es diferente. Es el Ángel de la Muerte. Este ángel solo aparece cuando alguien va a morir en circunstancias extraordinarias. El Ángel de la Muerte hace todo lo que esté a su alcance para evitar que suceda, y tiene a muchos ángeles trabajando con él. Por ejemplo, puedes estar segura de que cuando hay una entidad planeando una atrocidad que va a destruir vidas inocentes, el Ángel de la Muerte siempre trata de convencer a la gente de que Dios no quiere que ocurran cosas de ese tipo. No debería haber guerras, sino paz, solo paz. El Ángel de la Muerte trabaja en todas partes —incluso en los más altos niveles gubernamentales— para evitar la pérdida de vidas inocentes, especialmente en tiempos de guerra. El Ángel de la Muerte trabaja mucho para convencer a las personas, pero ellas no siempre le prestan atención.

Antes de esto, si yo hubiera pensado en un ángel llamado Ángel de la Muerte, me lo habría imaginado como un ángel que acarrea desastre, dolor y angustia. Sin embargo, este ángel estaba lleno de amor y compasión.

Le agradecí a Hosus y volví a trabajar. Ya había aprendido en qué momento debo dejar de hacer preguntas.

Nos enseñan a temer al Ángel de la Muerte, pero su función es propiciar la vida. Es un ángel bueno que lucha a favor de la vida y de las cosas buenas.

Desde ese momento, comencé a fijarme más en Mark. Cada vez que lo veía, allí estaba el Ángel de la Muerte. Yo sé que también tenía un ángel de la guarda, pero a ese no lo vi nunca. Todos los días algo me llamaba la atención en él. Es como si algo me llamara a cuidarlo, a interceder por él para que, tal vez, las cosas cambiaran y alguien escuchara a los ángeles.

Por lo general, otras dos chicas trabajaban con Mark en el departamento de las carteras; sin embargo, un día, para mi sorpresa, descubrí que Mark sabía que yo lo miraba. Un poco más adelante, Mark fue a mi departamento y le preguntó al administrador del piso si podía llevarme por un rato a trabajar en la sección de las carteras. Yo sabía que esto no era cosa de Mark sino de los ángeles: ellos le habían susurrado al oído y él los había escuchado. El propósito era que Mark y yo pudiéramos pasar algunos minutos juntos.

A medida que pasaban los meses, yo me ponía más triste. Supe más cosas sobre Mark a través de las otras chicas. Tenía una novia en Irlanda del Norte, y viajaba en autobús o en tren para visitarla todos los fines de semana. Yo mantenía la esperanza de que las cosas mejoraran, pero mis ángeles me insistían en que le ayudara, así que, en el fondo de mi corazón, yo sabía que todavía no estaba a salvo.

* * *

Siempre había mucha actividad en la tienda, especialmente los fines de semana, y había rebajas en varias ocasiones al año. En las rebajas llegaban montones de clientes, en especial mujeres, y algunas de ellas llevaban bebés en cochecitos. Durante las rebajas, los empleados nos pasábamos recogiendo ropa del suelo, pues las mujeres la dejaban allí, en su búsqueda frenética de los mejores precios. El caos era total, y había una cola constante en las cajas registradoras; con todo, me gustaban las rebajas, pues yo siempre estaba ocupada y el día se pasaba muy rápido. También me gustaba ayudar a la gente.

En uno de esos sábados de rebajas, yo estaba abriéndome paso entre la clientela y tratando de colgar unas faldas nuevamente en los percheros móviles, cuando de repente sentí que me halaban del uniforme. Miré hacia abajo y, para mi sorpresa, vi a dos angelitos. Tenían una apariencia infantil, y medían medio metro de altura con todo y alas. Los rodeaba una hermosa luz brillante y de ellos emanaba felicidad. Estaban llenos de energía y vivacidad. Yo había visto ángeles parecidos antes, y cada vez que los veo vuelvo a sentirme como una niña, pues me hacen contactar mi ser infantil, y me llenan de felicidad y alegría.

Al mirar hacia abajo, uno de los ángeles me dijo:

—Ven rápido, Lorna. Tienes que seguirnos.

Los ángeles me guiaron por entre la multitud, hasta el otro lado del departamento de ropa. Desaparecieron entre tanta gente, pero yo todavía podía oír que me llamaban.

—Debajo del perchero de las blusas, Lorna. Mira debajo del perchero de las blusas.

Llegué hasta el perchero de las blusas y vi montones de mujeres, buscando frenéticamente algo que les gustara y prácticamente peleándose por las cosas. Me impresionaba esa agresividad. Los ángeles habían dicho "debajo del perchero", y yo sabía dónde debía buscar. Me figuraba que allí debía haber un niño.

Me abrí paso como puede entre las mujeres, pidiendo excusas y haciéndome la que estaba limpiando las blusas. Entonces sentí que una mano pequeña me tocaba el tobillo. Me agaché, empujando a algunas mujeres, y alcé a una niña. Me alejé de la multitud y a los pocos segundos se me acercó una mujer diciéndome que esa era su hija. Yo le dije que era muy peligroso dejar a un niño sin vigilancia en este lugar, pero ella no me hizo caso, me quitó la niña de los brazos y se fue.

Los dos angelitos se veían muy tristes. Yo les dije:

—Esa madre no hace caso.

Los dos angelitos me pidieron seguir a esa madre con la niña, para ayudar a cuidarlas. Los dos ángeles la siguieron también. Entre tanto, el ángel de la guarda le decía algo al oído a esta mujer.

Yo trataba de vigilarlas, pero era muy difícil, porque los clientes me pedían ayuda constantemente. Había una terrible agitación por todas partes. Siempre que tenía la oportunidad, buscaba a la madre y a su hija, y los angelitos me ayudaban enviando un rayo de luz. Yo sentía alivio al ver este rayo de luz. De repente, los angelitos comenzaron a halarme la ropa de nuevo.

—Ven, rápido. Algo va a pasar, y tal vez no podamos evitarlo, si la madre no nos escucha —dijeron.

Seguí a los angelitos tan rápido como podía. Para mi sorpresa, iban dejando un rastro de luz a medida que se abrían paso por entre la multitud. De hecho, yo podía ver a través de la gente, pues todos se habían vuelto invisibles de la cintura para abajo. Así, pude ver dónde estaba la niña. Cuando me iba acercando, grité:

—¡Cuidado con esa niña!

Las mujeres que rodeaban el perchero estaban tan embebidas en su búsqueda de una buena rebaja que no escucharon mis palabras. No estaban escuchando. Yo podía ver lo que estaba a punto de ocurrir, pero no podía evitarlo. Quería estirar los brazos y detener la acción. Había muchas manos halando las prendas de los ganchos, en una dirección y en otra. En un momento, una de las mujeres haló un gancho, accidentalmente metió la punta del gancho en el ojo de la niña y lo sacó de su órbita.

Yo vi a uno de los angelitos poner una mano en el ojo de la niña: aunque se había salido de su órbita, la mano del ángel impidió que el gancho arrancara el ojo del todo. La niña comenzó a gritar y cuando la madre vio lo que había ocurrido comenzó a gritar ella también, mientras tomaba a la niña en sus brazos. Llegué hasta ellas y toqué a la niña, pidiéndole a Dios que intercediera y le salvara el ojo.

Una persona de la multitud gritó:

—¡Llamen a una ambulancia!

Era impresionante ver a la niña, con el ojo colgando fuera de su órbita y los angelitos sosteniéndolo para que no se desprendiera. Toda esa ternura y esos cuidados nos hacen sentir amados. Aun en momentos difíciles, cuando pensamos que no le importamos a nadie, que nadie nos quiere, los ángeles están ahí. Recuérdalo siempre: el amor de los ángeles es incondicional.

La niña seguía gritando. La administradora llegó y se llevó a la madre y a la niña a su oficina.

Más tarde se supo que la niña no había perdido el ojo.

* * *

Joe y yo nos estábamos enamorando, y seguíamos acercándonos cada vez más. Comencé a ir a la casa de la madre de Joe casi todas las tardes después del trabajo. Ella siempre me recibía con mucha alegría y me hacía sentir parte de la familia. Era una mujer alta y de buen semblante; tenía el pelo ondulado y siempre estaba sonriente. Yo hablaba mucho con ella. Me sentaba a la mesa de la cocina mientras ella trabajaba, y jamás me dejaba mover un dedo. A mí me encantaba hablar con ella. Una conversación en particular me dejó muy feliz: me dijo que se alegraba de que Joe hubiera conocido a una chica tan agradable, que ella siempre había orado por eso y que le encantaría que nos casáramos y tuviéramos hijos. Me dijo que ver a su hijo menor organizado con una esposa la dejaría libre de preocupaciones. Sin embargo, me pidió que no le hablara de esto a Joe: era un secreto entre las dos.

Joe llegaba a casa de su madre una hora después que yo y cenábamos juntos. La madre de Joe era una excelente cocinera, y a mí me encantaba como preparaba el tocino, el repollo y las tartas de manzana. Después de cenar, Joe y yo íbamos a la parada de bus, para tomar el de las diez hasta el centro, y luego otro hacia Leixlip, donde vivía yo. Ahora que lo pienso, pasábamos un montón de tiempo en los buses.

Yo seguía sin contarles a mis padres que estaba saliendo con Joe, aunque ya llevábamos algo más de un año. Por extraño que parezca, mi madre no me preguntaba qué hacía por las tardes después de salir del trabajo: tal vez se imaginaba que me quedaba en la tienda, trabajando. No sabía muy bien lo que podría pensar papá, si lo aceptaría o no, pero es seguro que Joe le caía bien. Mi gran temor era lo que pudiera decir mamá cuando se enterara.

Era muy normal que nos quedáramos trabajando hasta tarde ordenando los percheros, una o dos veces a la semana. Los turnos se asignaban por dos semanas y a mí generalmente me tocaba quedarme los jueves y los viernes. A algunas chicas no les gustaba trabajar los viernes, pero a mí no me molestaba porque veía a Joe prácticamente todas las noches, y también él debía quedarse trabajando hasta tarde los viernes. A veces, también me ponían a trabajar los miércoles por la noche, dependiendo de cuánta actividad hubiera en la tienda. Muchas veces, Mark se quedaba trabajando hasta tarde los mismos días que yo. El Ángel de la Muerte siempre estaba visible, aferrado al alma de Mark. Mark estaba tan feliz que irradiaba alegría de vivir; sin embargo, en mis conversaciones con los ángeles, ellos me dijeron que habían perdido la batalla.

Cierto día estábamos trabajando Valerie y yo en la caja registradora. Valerie era una de las chicas con quien había hecho amistad. Estábamos doblando ropa y poniéndola en bolsas, y Mark hizo algo totalmente inusual en él: se acercó a hablarnos. Nos contó sobre su novia, que era de Irlanda del Norte, y nos dijo que iba a verla ese fin de semana. Estaba loco por ella: nos decía que conocerla era lo mejor que le había ocurrido en la vida, y que esperaba casarse con ella en un futuro.

Vi que su ángel lo abrazaba como si fuera el ser humano más precioso del mundo, y yo comencé a temblar. El Ángel de la Muerte no quería llevarse a Mark, pero no le había quedado otra opción, pues la gente no escuchaba a sus ángeles. Yo podía escucharlo claramente hablarme a mí. Habría podido estirar los brazos para tocar al Ángel de la Muerte y a Mark, pero recibí la orden de no hacerlo. Luego, Mark dijo que debía irse.

Me di vuelta hacia Valerie y le dije que debía ir al baño. Salí corriendo de la tienda por la puerta trasera y entré en el baño. Me senté allí y lloré. Al cabo de unos minutos, junté el coraje para volver a trabajar, disgustada con los ángeles, pues me sentía muy triste y desvalida.

Ya llevaba trabajando cerca de un año en la tienda. Cierto día, me pidieron quedarme a trabajar hasta tarde y yo acepté. Sabía que debía estar allí: Mark también tenía turno esa noche. Mientras trabajaba, miraba a Mark y a su ángel, y oraba. Podía sentir la gran alegría y felicidad de Mark, y el gran amor que sentía por su novia. No me cabía duda de que ya debía estar comprometido con ella; de que imaginaba su futuro con ella y para eso vivía.

Todos los demás se habían ido a casa. Solo quedábamos el administrador del piso, Mark y yo. El administrador se me acercó y me preguntó si ya había acabado. Le contesté que en unos cinco minutos. Cuando terminé de poner la ropa en los percheros, empecé a caminar hacia los guardarropas para sacar mi abrigo. Vi a Mark trabajando en el mostrador de las carteras. Corrí escaleras abajo hasta el guardarropas, agarré mi abrigo y volví a subir las escaleras a toda velocidad, con la esperanza de ver a Mark nuevamente. Así fue: estaba hablando con el administrador. Yo sabía que esa sería la última vez que lo vería.

La puerta de la tienda se cerró tras de mí. Mientras caminaba por el estacionamiento y las calles de la parte trasera de la tienda, regañaba a los ángeles. Me sentía muy desvalida. De repente, aparecieron unos ángeles en medio de una luz brillante, me rodearon y se hicieron cargo de mi alma. No recuerdo nada de lo que sucedió después. No recuerdo cómo regresé a casa ni nada de lo que ocurrió esa noche. Al levantarme, al día siguiente, comprendí que los ángeles habían transportado mi alma, de tal manera que pudiera acompañar a Mark espiritualmente. Así, mi cuerpo y mi alma habían quedado conectados por un hilo.

Cuando salí de la cama, sentía el cuerpo tan ligero que me parecía que mis pies apenas tocaban el suelo. Sentía dentro de mí una gran calma. Me vestí lentamente y bajé las escaleras. Me sentía débil y no muy bien. En la cocina, mamá me preguntó si tenía algo, y me dijo que me veía muy pálida.

Me serví una taza de té, saqué una rebanada de pan y me fui al jardín, con el té y la tostada en la mano, a ver a mi conejo. Lo de visitar a mi mascota era una excusa, pues no quería causarle preocupación a mamá. Poco después, me despedí y salí a la calle a tomar el autobús. Entonces vi dos ángeles junto a mí: uno a cada lado, para sostenerme y llevarme.

Yo sonreí y dije:

—Gracias, ángeles. Por favor, ayúdenme a sentirme un poco mejor físicamente, porque no creo que pueda resistir todo el día.

—No te preocupes, Lorna —me susurraron al oído—. Te vamos a cuidar.

Había unas doce personas o más esperando el autobús cuando yo crucé la calle. Mientras me acercaba a la parada, dije a los ángeles:

—Por favor, consíganme una silla. No soy capaz de irme de pie.

A los pocos minutos llegó el bus. Estaba muy lleno, pero encontré una silla en el fondo. Me quedé dormida y me despertó un ruido de hojas. El hombre del asiento delante de mí estaba leyendo el periódico. El titular decía: "Joven baleado en Dublín". Cerré los ojos. Me sentía desolada.

Cuando el bus llegó a la última parada, me bajé con los demás pasajeros, crucé el puente y me dirigí hacia la calle Mary. Al pasar frente a una tienda llamada "Hector Greys", oí un radio a todo volumen. El locutor estaba diciendo: "Un joven fue baleado".

Comencé a correr. Al llegar a la calle adyacente a mi tienda, las lágrimas me rodaban por las mejillas. No había nadie por ahí. Para mi horror, vi marcas de tiza en el suelo y una cinta amarilla alrededor: este era el lugar donde Mark había sido asesinado. No había nadie allí: ¡ni siquiera policías! Sentí como si a nadie le importara. Sentí un gran frío y un profundo abatimiento.

Todo el mundo en el trabajo estaba hablando sobre el tema. Yo me mantuve alejada de todos, para no tener que oír. Sin embargo, no podía evitarlo. La gente pensaba que se trataba de un asesinato por fanatismo, quizás porque la novia de Mark era de Irlanda del Norte. Sin lugar a la menor duda, Mark se fue derecho al cielo. Yo vi su alma cuando el ángel se inclinó sobre él: era hermosa, azul traslúcida, sin una mancha. Cuando murió, los ángeles lo estaban acompañando, especialmente el Ángel de la Muerte, al igual que algunos familiares suyos que habían muerto antes que él. Todos ellos se llevaron suavemente a Mark al cielo.

Ese día, a la hora del almuerzo, llamé a Joe por teléfono y le pedí que viniera a buscarme al salir del trabajo en la puerta trasera de la tienda. Le dije que tenía libre el día siguiente y que podíamos salir esa noche. Me seguía sintiendo muy mal, y necesitaba que me abrazara para hacerme sentir mejor. Además, estaba muy débil y no me sentía capaz de caminar hasta la parada del autobús. Jamás he olvidado a Mark.

CAPÍTULO 10

Las bombas

A Joe y a mí nos encantaban los fines de semana. Cada cuatro semanas, yo tenía un fin de semana largo libre, y Joe arreglaba con papá para tener libres esos fines de semana también, cuando fuera posible. Yo le decía en broma que tenía suerte de trabajar con papá. Siempre planificábamos con tiempo nuestros fines de semana. Algunos de nuestros lugares favoritos eran las montañas de Dublín, las montañas de Wicklow y la bahía Brittas, una hermosa playa al sur de Dublín.

Una noche, mientras íbamos en el autobús hacia mi casa, Joe me dijo:

—¿Qué te parece si vamos a Sally Gap, en las montañas Wicklow, este fin de semana?

Así, el domingo en la mañana, Joe llegó a mi casa a las nueve en punto. Nos encontramos en la esquina, al otro lado de la calle, donde mi familia no pudiera vernos. Yo había empacado para nuestro picnic algunos sándwiches de jamón y queso, manzanas y una barra de chocolate. Joe me saludó con un beso y nos fuimos a la parada del autobús, justo a tiempo, pues ya venía en camino.

Cuando el autobús llegó a las montañas de Wicklow, todos nos bajamos y empezamos a caminar en la misma dirección. Me sorprendió ver tantas parejas con niños. Le comenté a Joe que no sabía lo popular que era esta zona. Aquel día subimos más o menos una milla hasta un área llena de enormes rocas. El paisaje era fabuloso: montañas por todas partes, y un aire fresco y sano. Subimos con dificultad las grandes piedras; eso me encantaba, pero Joe tenía que ayudarme, porque las rocas eran gigantescas y yo soy más bien menuda. Joe, en cambio, no tenía problema. Nos divertimos como niños.

Nos sentamos en una de las rocas y sacamos nuestro picnic. Hablamos durante horas, tomando el sol y contemplando la belleza de las montañas. Luego, empacamos lo que quedaba de comida y Joe me abrazó. Cuando íbamos a empezar a bajar de la roca, sucedió algo que me sorprendió. El ángel de Joe apareció detrás de él, un paso a su derecha. Le sonreí al ángel, que me dijo:

—Lorna, ¿ves donde está brillando el sol, en ese lago? Ve hasta allá.

Joe me preguntó:

—¿Y a qué se debe esa gran sonrisa?

No le podía decir que estaba sonriéndole a su ángel, pues todavía no había tenido el valor de decirle que podía ver ángeles y otras cosas. Temía que su reacción fuera negativa.

—Mira allá —dije—, en ese reflejo del sol entre los árboles y las rocas. ¿Eso es un lago?

—Ah, ¿cómo es posible que no lo hayamos visto antes? —dijo Joe.

Caminamos hacia el lago y al llegar allí nos encontramos con una pareja que estaba haciendo picnic. Nos invitaron a tomar el té con ellos. Ahí nos quedamos un rato, riéndonos y hablando a la orilla del lago.

Los ángeles me permitieron ver cosas hermosas ese día. Habría sido maravilloso poder compartir mi secreto con Joe en ese momento, y maravilloso que los ángeles le hubieran permitido a Joe ver lo que pasó después, pero no podía ser.

El lago era como un espejo; el reflejo de los árboles temblaba con el agua, lo mismo que el martín pescador que pasó por encima del lago. Luego vi otro martín pescador moviéndose bajo el agua, y vi cómo su reflejo salía del agua, produciendo un destello iridiscente con los colores del arco iris. De un salto, cruzó por la superficie del lago y produjo una onda; casi tocaba el extremo de la cola del otro pájaro. Parecía como si hubiera más de uno, como si detrás vinieran volando muchos más.

Entonces, los ángeles dijeron:

—Lorna, ya es hora de partir.

Le dije a Joe que ya estaba comenzando a oscurecerse y que debíamos regresar. La pareja que estaba con nosotros tenía una brújula y nos invitaron a ir por un camino diferente que conocían.

Nosotros aceptamos. No sé cuánto nos demoramos para regresar hasta la parada del autobús, pero llegué exhausta. Joe, con su caballerosidad de siempre, me acompañó hasta la puerta de mi casa, me dio un beso en la mejilla y se fue corriendo a tomar el "bus fantasma" hasta el centro de Dublín. Pedí a los ángeles que ayudaran a Joe a regresar a casa sano y salvo. También pedí a los ángeles mantener a Joe con buena salud. Él parecía lleno de ánimo y de energía, pero yo podía ver que sus órganos comenzaban a enfermarse. Se estaban empezando a marchitar y se veían un poco grisáceos. El cambio era ligero, pero muy claro para mí. Temía que este fuera el comienzo del deterioro de su salud, tal como había anunciado Elías.

* * *

Jamás olvidaré el día que mamá descubrió que yo salía con Joe. Ese día no tuve que ir al trabajo y estaba haciendo algunos oficios en casa y jugando un poco con mi conejo, Isabel. Mi hermana Emer también estaba aquella tarde y, como de costumbre, mamá no me prestaba mucha atención. Toda mi vida noté que si yo entraba en una habitación donde estaba mi madre hablando con alguno de mis hermanos, ellos dejaban de hablar. Si me quedaba en la habitación o me sentaba con ellos, la conversación se acababa. A veces me entristecía pensar que a mi familia no le gustaba compartir conmigo.

Joe y yo teníamos cita a las seis y media, así es que atravesé el jardín y entré en la casa para alistarme. Mamá estaba en la cocina y me preguntó para dónde iba. Le dije que iba a tomar el autobús de las cinco y seguí mi camino hacia las escaleras. Estando en mi habitación, oí a mamá y a mi hermana subir por las escaleras. Yo compartía la habitación con mi hermana, y pensé que iba a entrar, pero no lo hizo. Las dos se fueron a la habitación de mamá, desde donde las alcanzaba a oír, pero estaba tan emocionada de pensar en ver a Joe que no presté atención. Ahora comprendo que mamá debía estar interrogando a Emer. Cuando salí de la habitación, ambas estaban en el rellano. Emer me miró con cara de culpabilidad.

—¿Qué pasa? —pregunté.

—¿A dónde crees que vas? —gritó mamá.

¡Quedé estupefacta! Jamás había visto a mamá en ese estado. Le dije que iba a Dublín. Ella me preguntó con el mismo tono gritón si era verdad que yo iba a salir con uno de los empleados del taller de papá. Mamá estaba como una fiera.

—¿Estás saliendo con ese Joe? ¿Desde hace cuánto? ¡Quiero saber! ¡Eso se debe acabar ya mismo!

Mamá había perdido los estribos. Yo la miré y le dije con voz clara:

—Llevo meses saliendo con Joe y voy a seguir saliendo con él. Ahora nos vamos a encontrar.

Me di vuelta para seguir bajando las escaleras y mamá me agarró del brazo y me haló:

—¿Cómo te atreves a avergonzarnos saliendo con una persona de clase más baja?

Realmente me sorprendía ver a mamá tan descontrolada. Era una parte de mamá que yo no había visto jamás. En su mente, Joe era de una clase más baja. Yo la miré y seguí bajando las escaleras. Ella me volvió a agarrar del brazo y me dijo:

—No vas a tomar ningún autobús para ver a ese muchacho, Joe.

El ángel de la guarda de mamá estaba detrás de ella, llorando. Algunas lágrimas caían en la cabeza de mamá. Papá ganaba dinero ahora y teníamos una casa propia, pero mamá había olvidado que alguna vez fuimos una familia sin techo, que alguna vez nos consideramos afortunados por haber vivido en una casa subsidiada por el gobierno. Habíamos sido pobres, como muchas familias en Irlanda en aquella época. Quizá lo peor para mamá es que ella provenía de una familia acomodada, que consideraba que mamá se había casado con una persona de clase inferior.

Me tenía agarrada con tal fuerza que tuve que ser extremadamente firme con ella.

—Suéltame el brazo, que me estás lastimando. No quiero perder el bus. Tienes que aceptar el hecho de que Joe y yo salimos juntos.

El hermoso ángel de mamá se inclinó hacia ella y la abrazó. Entonces, mamá me soltó el brazo.

Seguí avanzando y dije:

—Mamá, te quiero.

Abrí la puerta y salí corriendo hasta la parada del autobús. Una vez sentada en él, pensé en mamá y en su ángel de la guarda.

Joe me estaba esperando en la parada de Dublín. Yo estaba tan contenta de verlo que le di un abrazo muy apretado, pero jamás le conté lo molesta que estaba. Tampoco le conté lo que había dicho mamá, pues podía herirlo mucho.

Caminamos hacia un *pub* cercano, el Maguire's, donde tocaban música. A mí me encantaba oír música. Joe se tomó una Guinness y yo, como rara vez tomo alcohol, me tomé una 7Up. Lentamente, la música y la sensación de Joe pasándome el brazo por encima me fueron calmando, y pude olvidarme casi por completo de mi madre.

Unos días más tarde, papá habló conmigo.

—Me contó tu mamá que Joe y tú son novios.

Dijo que había notado algo entre nosotros, pero que no se le había ocurrido que saliéramos juntos.

—¡Un secreto muy bien guardado! —añadió.

Papá dijo que lo importante era que yo fuera feliz. Él había hecho mucho por Joe: le enseñó el oficio y lo estimuló a salir adelante en la vida, lo cual era muy bueno para nosotros. Mamá jamás volvió a hablar sobre lo que pasó aquel día: es como si jamás hubiera ocurrido.

* * *

A veces los ángeles me preparan para las cosas que van a suceder; a veces me permiten tener visiones y, cuando eso sucede, todo a mi alrededor se desvanece. Es como transportarse a otro tiempo y espacio. A veces es como tener frente a mí una pantalla de televisión parpadeante; otras veces es como una película en cámara rápida. A veces es muy difícil para mí, porque no puedo entender lo que está pasando. La "película" puede detenerse un breve instante y, entonces, veo alguna persona o algún lugar. Las visiones se presentan de muchas maneras diferentes.

Cierta mañana de primavera, cuando supuestamente el clima se está volviendo más soleado y el ambiente más brillante, me levanté de la cama y me vestí para ir al trabajo. Descorrí las cortinas de mi habitación y miré hacia fuera. Todo parecía grisáceo, como si hubieran echado una capa de pintura gris por todas partes. Me quedé un instante mirando por la ventana. Vi a un vecino salir de su casa, despedirse de su esposa y alejarse en su automóvil. Él, su auto y todo lo que lo rodeaba tenía un toque gris. Otro auto pasó por la calle, y también tenía el mismo tono gris. Un joven pasó corriendo por nuestra casa y, aunque la atmósfera a su alrededor era vivaz, también se veía gris.

Bajé las escaleras, me preparé un té y le di a Tiger, el gato, un poco de leche. Antes de salir, me despedí en las escaleras. Mientras caminaba hacia la parada llamé a mis ángeles, pero no se me aparecieron físicamente. Entonces les pregunté:

—¿Por qué se ve todo tan extraño?

—No te preocupes, te estamos protegiendo —respondieron.

Al llegar a la calle principal, vi que el autobús se acercaba y corrí para llegar a la parada. Iba muy lleno, pero logré encontrar una silla. Me sentía muy extraña, como si la inmovilidad y el silencio se fueran apoderando de mí. La gente que iba en el autobús también tenía una capa gris. El autobús mismo estaba raro. Nada parecía real. Cuando llegamos a la terminal, en los muelles del río Liffey, volví a llamar a mis ángeles, pero no contestaron.

Me sentí muy liviana al entrar a mi trabajo por las puertas traseras de la tienda: es como si todo ocurriera en cámara lenta. Algunos empleados y administradores ya estaban trabajando. Solo en ese momento me di cuenta de que nadie tenía su ángel. ¡Y en el autobús tampoco! Esta sorpresa me produjo un estremecimiento.

La tienda por departamentos donde yo trabajaba también se veía gris. Bajé al guardarropas, con la esperanza de ver los ángeles de la guarda de algunas de las chicas con las que me hablaba. Sin embargo, las cosas en el guardarropa eran similares: los ángeles de las chicas no se veían, aunque yo sabía que debían estar ahí.

Seguí llamando a mis ángeles, pero ellos seguían sin responderme. Salí del guardarropas y subí al piso de trabajo. Me quedé en el departamento de ropa, junto a uno de los percheros móviles de la entrada. Vi que la administradora de la tienda y un guarda de seguridad abrían la puerta, y vi a los clientes entrar en ella. Lentamente, comencé a ver los ángeles de la guarda de la gente, pero esos ángeles no se veían como siempre: su brillo había desaparecido, se veían opacos, como cubiertos con el mismo gris que prevalecía en la atmósfera.

Sentí que me tocaban el hombro. El ángel Miguel estaba a mi lado, sonriendo. Se veía tan radiante como siempre. Le pregunté a Miguel qué pasaba.

—Esto me da miedo. Nunca había visto que esto les pasara a los ángeles. ¿A qué se debe tanto gris? Está por todas partes.

—Lorna, así va a ser durante un tiempo —respondió el ángel Miguel—. Vamos a mantenerte en un estado espiritual para protegerte. Seguirás yendo del trabajo a casa, y harás tus actividades habituales, pero las cosas tendrán para ti cierto aspecto irreal.

—Miguel —dije— ahora mismo las cosas tienen un aspecto irreal. Puedo sentir físicamente los cambios. Me siento muy liviana e inmóvil por dentro. La sensación ha empeorado a medida que avanza el día. Ese gris está prácticamente en todas partes. La calle está horrible. Miguel, ¿no podrías tú, y los demás ángeles, proteger a todo el mundo, así como me protegen a mí?

—No, Lorna —respondió Miguel—. A veces, tú eres protegida de una manera especial. Eso será un misterio hasta el día en que vengamos por tu alma. No más preguntas por ahora, Lorna. Simplemente escucha lo que te voy a decir. Al llegar al trabajo cada mañana, debes evitar salir de la tienda. Hazlo solo cuando sea la hora de regresar a casa. Ve directo a la parada de autobús. ¿Entiendes?

En ese momento, Valerie me llamó y Miguel desapareció. Yo caminé hacia la caja registradora, donde estaba con Pauline y otras dos chicas. Estábamos hablando sobre lo que teníamos que hacer ese día, cuando el administrador del piso llegó.

—Buenos días, chicas —dijo—. No quiero asustarlas, pero la gerencia nos ha informado que debemos estar atentos a la presencia de paquetes sospechosos, como bolsas de papel o paquetes de cigarrillos. Anoche, uno de los empleados de la limpieza encontró en otro almacén algo parecido a un paquete de cigarrillos, pero en realidad era una bomba incendiaria. Cuando cerremos esta noche, quiero que busquen en los percheros de ropa y en los probadores cualquier cosa que pueda parecer sospechosa. Si encuentran algo, me llaman inmediatamente. No olviden buscar en los bolsillos de las prendas. No queremos que se nos incendie la tienda y quedarnos sin trabajo.

Mientras el administrador del piso se alejaba, yo pensaba: "Así que eso era". Entré en uno de los probadores para los clientes y llamé al ángel Miguel, que apareció ahí mismo.

—¿Por qué no me contaste lo de las bombas? —pregunté.

El ángel Miguel nunca respondió mi pregunta. Lo que hizo fue extender los brazos y poner su mano en mi cabeza, para quitarme todas las preocupaciones. A decir verdad, no recuerdo muy bien qué ocurrió en las semanas siguientes. Es como si todo fuera un sueño, como si yo estuviera en otro tiempo y en otro espacio.

Joe estaba muy preocupado. En un momento dado me dijo:

—Estás rara. No hablas. Pareces en otra parte. ¿He hecho algo malo? ¿Ya no me quieres?

—Nada más estoy cansada —respondía yo—. Me pondré bien en un rato. No te preocupes.

Para ambos era difícil vivir sin que yo pudiera compartir mi secreto. Luego, las bombas estallaron. No tengo conciencia del día de la semana: el tiempo no contaba para mí. Una tarde, estaba yo de pie junto a los percheros, cuando me sobresalté con un ruido en la distancia.

Mientras escribo esto, vuelvo a vivir la experiencia de aquel día.

Estoy junto a un autobús, con un hombre moribundo en mis brazos. Veo a los ángeles reunir almas que abandonan su cuerpo humano; miran y hablan con pequeñas almas, como si nada hubiera pasado.

Veo a los ángeles de rodillas junto las personas, abrazándolas, acompañándolas, susurrándoles al oído que todo irá mejor.

Veo gente salir corriendo de las tiendas, ángeles pidiendo ayuda y tratando de llamar la atención de la gente que pasa por ahí.

Es horrendo.

No puedo sentir mi cuerpo. Es como si estuviera en dos lugares diferentes al mismo tiempo: en las calles de Dublín, donde está ocurriendo todo esto, y en la tienda donde trabajo, junto al perchero. Avanzo por las calles sin que mis pies parezcan tocar el suelo. Vuelan escombros por todas partes, vidrios rotos, hay gente gritando y llorando, almas que abandonan sus cuerpos. Pongo mi mano sobre la gente a medida que camino.

Ese día, mi alma abandonó mi cuerpo, y yo estaba en un mundo diferente, allá en la calle, con la gente que sufría. Lentamente, volví a mí misma en la tienda. Me di cuenta de que estaba apretando con tal fuerza la barra de uno de los percheros que tenía las manos muy rojas. La tienda estaba en silencio.

Enseguida, una muchacha entró precipitadamente en la tienda, gritando y en estado de terror. Gritaba por la tienda que habían estallado unas bombas y que había cuerpos por todas partes. Estaba buscando a su hermana, que trabajaba conmigo en la tienda. De algún modo, las dos hermanas se encontraron y la muchacha comenzó a calmarse.

Luego, alguien del personal administrativo fue a la oficina y anunció por el altavoz que todo el personal debería reunirse en la entrada posterior de la tienda, en cinco minutos, para irnos a casa.

¡En ese momento supe que todo había terminado! Ese día, no estallarían más bombas en Dublín. Bajé las escaleras para ir al guardarropas; un ángel me susurró al oído que fuera al teléfono que estaba en la entrada del personal y que llamara a mamá. Di media vuelta y me fui hasta el teléfono, llamé a mamá y le dije que estaba bien. Colgué, bajé corriendo las escaleras y saqué mi abrigo. Los demás empleados ya estaban subiendo las escaleras y saliendo por la puerta posterior.

Los camiones de reparto ya estaban listos, y cada conductor decía en voz alta el lugar de la ciudad hacia donde se dirigía. Yo me subí en la furgoneta que iba al sector de la madre de Joe. Me dejaron en la puerta de la casa. Todos estaban viendo las noticias por televisión. La madre de Joe me abrazó y dijo que estaban preocupados por mí. Nos tomamos una taza de té maravillosa y yo me empecé a sentir mejor. Me sirvieron la cena y yo comí con un hambre como si no hubiera probado bocado en muchos días. Luego llegó Joe y me abrazó. Todos en la casa estaban llorando, sintiendo el dolor de las familias que habían perdido a sus seres queridos y de todos los que habían sido heridos. Aquel día, el 17 de mayo de 1974, murieron en Dublín veintiséis personas y un bebé en el vientre de su madre; hubo cientos de heridos.

Nosotros, que vivíamos en la República de Irlanda, habíamos tenido poca experiencia de los horrores de la guerra, hasta ese día, pero en Irlanda del Norte, a menos de doscientas millas, más de tres mil personas murieron en el período de 1969 a 2000. Hasta entonces, teníamos una idea imprecisa sobre cómo podría ser la vida en Irlanda del Norte, o en cualquier otra parte del mundo, donde estallan bombas sin previo aviso.

En cierta ocasión, el ángel Elías me dijo: "Es fácil hacer la guerra; en cambio, es difícil mantener la paz. La gente cree que irse a la guerra les da control. Olvidan quién les dio el poder en un comienzo, y olvidan que Él puede tomar el control en cualquier momento".

Durante un tiempo largo después de que las bombas estallaron, mi cuerpo y mi alma fueron sacudidos por una especie de ondas espirituales, físicas y emocionales. Yo podía sentir el terror de aquellos que quedaron heridos y de aquellos que murieron, así como el dolor de sus familiares y sus amigos. Podía escuchar sus voces, su llanto. Durante meses, se me aparecían sus caras; no solo las caras de quienes habían muerto, sino también de quienes habían quedado gravemente heridos y luchaban por vivir; las caras de sus familias desoladas. Padecí un gran tormento con el horror de ese día.

Los ángeles hacían lo que podían para protegerme de la sacudida de estas ondas. Me envolvían en una especie de sábana, y la sensación a mi alrededor era suave, como de plumas, de una blancura nívea centelleante y cargada de energía. Era enorme: me sorprendía su tamaño.

El ángel Elías me tomó la cara entre las manos y me dijo:

—Lorna, sabemos cuánto te duele. Te hemos envuelto en una sábana blanca para ayudarte a soportarlo. Así se mantendrán juntos tu cuerpo y tu alma.

Luego, Elías me sopló en el rostro y desapareció. Yo me sentí un poco más fuerte.

Pasaron los días y pasaron las semanas, y yo seguía necesitando encontrar lugares donde esconderme para llorar. A veces, a la hora del almuerzo, me iba al estacionamiento. Cuando no había nadie en el baño de la tienda, me encerraba allá. En otras ocasiones, caminaba por los callejones para encontrar algún rincón donde pudiera sentarme. Muchas veces les decía a los ángeles que quería estar sola.

En una de esas ocasiones, apareció el ángel Elías. No me quería dejar sola. Nuevamente me tomó la cara entre sus manos. Luego, el ángel y yo nos fundimos en uno solo. Es como si pudiera ver a través de sus ojos. Podía ver el horror del mundo: las guerras, el hambre, la crueldad de unos seres humanos con los otros. Mi alma gritaba de dolor.

Sin embargo, el ángel me mostraba el otro lado de las cosas: la maravilla del amor, la risa y la dicha; la bondad que hay en el ser humano. Me reí. Lágrimas de felicidad rodaban por mis mejillas. Cuando el ángel Elías desapareció, yo seguía llorando de felicidad.

Volví al trabajo ese día sabiendo que en el interior de cada hombre, mujer o niño hay bondad, amor y dicha. Creo que un día lo bueno superará a lo malo y la humanidad evolucionará triunfante, con el cuerpo y el alma unidos.

CAPÍTULO 11

El Ángel del Amor Materno

Dos veces al mes, más o menos, iba a cuidar a las hijas de mi tío Paddy y su esposa Sara. Eran tres niñas. Vivían en Walkinstown, en los suburbios de Dublín. Yo tomaba el autobús directamente desde el trabajo hasta su casa, me quedaba por la noche y regresaba al trabajo por la mañana. Las chiquitas eran lindas y amorosas, así que no me molestaba cuidarlas. Eso les permitía a mis tíos tener algo de tiempo para ellos, aunque solo fuera para ir a cine.

Una noche en particular, yo iba a la casa de mis tíos y me senté en el autobús, perdida en mis pensamientos. De repente, una señora mayor me dio unos golpecitos en la rodilla:

—Señorita —me dijo—. Su sonrisa me llena de felicidad.

En ese momento, todo el mundo comenzó a ponerse de pie, pues habíamos llegado a Walkinstown. Yo me despedí de la señora.

Estando esa noche en casa de mis tíos, sonó el timbre. No esperaba a nadie y me preocupaba que el timbre fuera a despertar a las niñas. Cuando abrí la puerta, me llevé una gran sorpresa al ver a Joe.

—Cierra los ojos, ¡sin hacer trampa! —me dijo Joe, y me llevó hacia afuera—. Ahora sí: abre los ojos. ¡Sorpresa!

En la calle había un hermoso auto estacionado. Un Ford Escort verde oscuro. Joe estaba feliz. ¡Era su primer carro!

—Joe, ¿quién te vendió el auto? —pregunté.

—Uno de los vendedores que va al taller de tu papá —contestó Joe—. Hace dos semanas le dije que estaba pensando comprar carro, y hoy por la mañana llegó con este. Tu papá y el mecánico me ayudaron a revisarlo y dijeron que era una ganga.

Le di a Joe un gran abrazo. Yo también estaba muy emocionada. Me abrió una puerta y me senté dentro. Era fabuloso. Unos segundos después, le dije:

—Creo que es mejor que te vayas. Pasa a recogerme mañana al trabajo en tu carro nuevo.

Me despedí de Joe y cerré la puerta.

Tener ese auto nos dio mucha libertad. En las tardes largas del verano, que a mí me fascinaban, podíamos ir a diferentes lugares. Uno de los sitios que Joe y yo visitábamos con frecuencia era Celbridge House; caminábamos por la orilla del río y nos sentábamos a mirar a los pescadores, a los niños nadando y a los padres llevar de la mano a sus hijos más pequeños a chapotear en el agua poco profunda.

También veía a los ángeles salir del agua y subir; el agua subía con ellos, y luego volvían a bajar y ponerse junto a un niño. Algunos tenían alas y otros no, pero todos jugaban alrededor de los niños y parecían divertirse tanto como ellos.

Me encantaba ver a los niños haciendo salpicar el agua hacia el ángel, que rebotaba en él y se devolvía; me encantaba oír la risa de los ángeles mezclada con la de los niños. Era maravilloso ver a un niño hundirse en el agua y ver a un ángel hacer lo mismo al tiempo. En un determinado momento, los ángeles formaron un círculo en torno a los niños. Los ángeles reflejaban haces de luces y colores dorados, plateados y blancos. Luego, los haces de luces se convirtieron en bolas de todos los tamaños, bailando sobre el agua y en el aire. Un ángel se montó en una de las bolas. Era genial ver las alas de este ángel escurriendo agua, con sus cabellos dorados húmedos también. En otro momento, los ángeles inclinaban la cabeza de un lado a otro, en movimientos simultáneos con las alas, haciendo saltar gotitas plateadas y doradas.

Un día, estando a orillas del río, vi un ejemplo maravilloso de cómo nos cuidan los ángeles. Una madre estaba allí con su hijo, que no tendría más de dieciocho meses. El niño estaba muy emocionado jugando con el agua que le cubría los pies, y la madre lo sostenía por la cintura, tratando de enseñarle a mantener el equilibrio y sostenerse por sí solo. A veces retiraba una mano, para ver cuánto podía sostener el equilibrio el niño sin caerse. El ángel de la guarda del niño estaba sentado en el agua, debajo del pequeño. Las piernas del niño se tambalearon un poco y se cayó. La madre no pudo agarrar al niño a tiempo, ¡pero el ángel sí! Al caer en el agua, el niño quedó en las piernas del ángel, que estaba sentado. En lugar de llorar, el niño empezó a chapotear en el agua y a reírse. Yo sonreí. Joe me preguntó:

—¿Qué es lo que te pone tan feliz?

Le sonreí a Joe, pero no le dije nada. Volví a dejar pasar de largo la oportunidad de contarle a Joe un poco sobre las cosas que yo veía. Él era la única persona a quien yo hacía confidencias sobre mi vida, pero me daba miedo contarle sobre los ángeles, pues podría pensar que yo tenía una tuerca suelta.

—Caminemos otro poco por la orilla del río —sugirió Joe.

Luego se levantó y comenzó a caminar delante de mí. Un ángel me susurró al oído que los ángeles pueden ayudarnos a hacer *todo* en la vida. Incluso caminar, respirar, hablar y reírnos. Siempre están ahí para ayudarnos con cualquier acción física que llevemos a cabo con nuestro cuerpo. Los ángeles también nos ayudan a resolver nuestros problemas en nuestra propia mente. Responden a nuestras dudas. Nos susurran todo el tiempo, dándonos respuestas en nuestra mente y en nuestro pensamiento, pero la mayor parte del tiempo estamos tan ocupados haciendo preguntas que no nos detenemos a escuchar las respuestas. Oí que Joe me llamaba para que me diera prisa. Yo corrí y lo alcancé.

Caminando por la ribera en Celbridge, conocimos a una pareja de ancianos. Él se llamaba John y ella, Mary. Nosotros nos los encontrábamos con frecuencia, pues sacaban a pasear a Toby, un perro de raza ordinaria pero adorable. La pareja había vivido toda la vida en Celbridge y acababa de celebrar su trigésimo aniversario; sus hijos ya habían crecido y se habían ido de casa. Ahora aprovechaban todo el tiempo libre para hacer sus cosas.

Los conocimos una tarde y nos quedamos a hablar con ellos. Hacia el final de la conversación, John le dijo a Joe en tono de travesura:

—¿Cuándo le vas a proponer matrimonio a esta jovencita?

Yo me puse roja. Estaba tan avergonzada que no sabía para dónde mirar. No me atreví a mirar a Joe, así que no sé cómo reaccionó él.

Mary dijo:

—No molestes a estos novios —y, diciendo esto, agarró a John de un brazo y empezó a caminar.

Joe y yo remontamos el río por la orilla y nos sentamos en unas piedras. Yo me quité las medias y los tenis y metí los pies en el agua. Joe de repente se bajó de la roca y se metió vestido en el agua, dobló una rodilla y se arrodilló. El río tendría unos treinta centímetros de profundidad, y Joe estaba apoyado en una rodilla en medio de una fuerte corriente. Estaba realmente mojado. Yo me reí.

—Esto es en serio —me dijo—. Quiero proponerte matrimonio

Tenía una mano apoyada en mi rodilla, para mantener el equilibrio.

—Lorna, ¿aceptas mi propuesta de matrimonio?

Yo no podía dejar de reírme. Me reía tanto que me caí de la roca y fui a dar al agua. Joe me tomó entre sus brazos. Los dos estábamos empapados y muertos de la risa. Joe me ayudó a ponerme de pie y yo le dije:

—Sí —nada más. Me reía tanto que no podía decir nada más.

Regresamos por la ribera y todavía nos reíamos mientras escurríamos la ropa. Gracias a Dios era una tarde cálida. Luego, en un momento dado, Joe dijo:

—Tengo que pedirle tu mano a tu papá. ¿Qué tal si dice que no?

Yo lo pensé un instante y al recordar lo que me habían dicho los ángeles sobre Joe y yo, le dije:

—No te preocupes, que papá no dirá que no. Yo sé que se alegrará por nosotros.

Mientras caminábamos por la orilla del río, la gente nos miraba con curiosidad; un niño le dijo a su madre: "Yo creo que ellos se cayeron al río porque tienen la ropa mojada".

Un grupo de pescadores nos dijo algo sobre nadar con la ropa puesta. Debíamos vernos como unos patos mojados. Nosotros los saludamos con la mano y nos reímos. En ese momento, pensé algo:

—Espero que tengas las llaves del auto en el bolsillo y no se hayan caído al río.

Joe se puso las manos en los bolsillos y negó con la cabeza. A lo mejor se habían caído en el lugar donde me propuso matrimonio.

—Bueno, te apuesto una carrera. Veamos quién llega allá primero y encuentra las llaves —dije, y comencé a correr.

Joe me llamó y yo me detuve a mirar hacia atrás. Ahí estaba, con las llaves en la mano y riéndose de mí. Yo corrí hacia él, agarré las llaves y dije:

—Te apuesto una carrera hasta el carro.

Como era natural, Joe llegó hasta el auto antes que yo, pues sus piernas eran como el doble de largas que las mías.

De camino hacia mi casa, Joe y yo hablamos sobre nuestra boda. Decidimos no contarle a nadie hasta que Joe hablara con papá. Cuando llegamos a casa, Joe no quiso entrar. Dijo que le daba vergüenza que lo vieran con la ropa mojada. Nos dimos un beso de despedida y se fue.

Al día siguiente en el trabajo, poco antes de la hora de almuerzo, la tía Sara entró en la tienda y me preguntó si podía ir a cuidar las niñas de nuevo esa noche. No era habitual que fuera a verme a la tienda, y era evidente que mis tíos tenían mucho interés en salir juntos esa noche. Yo acepté, aunque esa era la noche en que Joe hablaría con papá.

La tía Sara se puso feliz. Me dijo que ella y el tío Paddy tenían muchas ganas de salir a cenar y luego ver un espectáculo. Le prometí estar en su casa lo más temprano que pudiera. Nos despedimos y vi que una luz de dicha rodeaba a la tía Sara. Estaba que no cabía de contento.

A la hora del almuerzo, fui a la entrada posterior de la tienda, donde había un teléfono público. Llamé al taller y papá contestó. Le dije:

—Hola, papá, ¿puedo hablar con Joe?

—Está afuera, ya te lo llamo —respondió papá. Su voz sonaba feliz, y se lo dije—: pareces muy feliz hoy.

Papá se rio y dijo:

—Aquí está Joe.

Hablé unos minutos con Joe y le expliqué que la tía Sara me necesitaba esa noche. Le pregunté si había hablado con papá sobre nuestro matrimonio.

—No —me contestó—. Lo dejaré para mañana. Te recojo después del trabajo, hablamos, luego vamos a tu casa a las nueve y hablo con tu papá para pedirle tu mano.

—Joe, me pareció notar en la voz de papá que estaba contento. ¿Estás seguro de que no sabe nada?

—No, no he hablado con él ni con nadie, pero tu papá sí está de muy buen humor hoy. A lo mejor tiene buenas noticias.

—Espero que no nos esté oyendo —dije.

—No, salió a donde el mecánico.

Alguien entró en la oficina, así que nos despedimos y colgamos.

Tenía una hora de almuerzo y decidí salir a tomar el sol. Al darle la espalda al teléfono público, me tropecé con un ángel y me fundí con él. Me rodeaba por completo. Era el Ángel del Amor Materno. Muchas veces me había abrazado en mi infancia, pero esta vez el sentimiento era más poderoso que nunca.

El Ángel del Amor Materno es redondo como el sol y de un tamaño enorme. Tiene las alas en torno a su cuerpo, pero extendidas, como una mamá gallina. Sus brazos siempre están dispuestos a cubrirte. Sus colores son una mezcla de blanco y crema, y esta vez tenían un poco de rosado. Es translúcida, y puedes ver una luz muy brillante que alumbra en su interior, pero no puedes ver a través de ella.

Su rostro irradia amor. Sus ojos son enormes como platos, centelleantes con la luz del amor de una madre, y tiene unos suaves cabellos rizados de color blanco. Irradia abrazos de amor todo el tiempo. Dan muchas ganas de abrazarla y ser abrazado por ella. Este ángel siempre intensifica el amor de la madre, por mucho amor que te prodigue tu propia madre.

Ese día, temía pensando en la reacción de mamá al enterarse de nuestra boda, y el Ángel del Amor Materno sabía que yo necesitaba sentir amor materno en ese momento; sentir más amor del que mamá podía darme.

Yo me sentía tan feliz con nuestro compromiso que no podía evitar la sonrisa en los labios. Valerie me preguntó:

—¿Qué pasa? Pareces muy contenta.

Todo el día se lo pasó insistiendo para tratar de sacarme el secreto. Hacia el final del día, cuando estábamos ordenando los pantalones en el perchero móvil, soltó:

—¡Ya sé! Joe y tú están comprometidos. ¡Es eso!

Yo me puse roja

—Sshh, es un secreto —le dije. No les digas a las demás.

Yo no quería que nadie supiera, hasta no tener un anillo, pero me gustaba tener la oportunidad de contarle a alguien.

—¿Dónde está el anillo? —me preguntó.

—Todavía no lo hemos conseguido; eso es lo que trataba de decirte. Tal vez Joe y yo vayamos a buscarlo en las próximas semanas, no sé. Todavía tenemos algunos asuntos por resolver. Joe tiene que hablar con papá primero. Prométeme que no les dirás nada a las otras chicas. Tú serás la primera en ver el anillo y en pedir un deseo.

Valerie estuvo de acuerdo. Nos quedamos allí charlando y ordenando ropa un rato y luego ella se fue a la caja registradora. De cuando en cuando me miraba con una sonrisa en el rostro, pero no le dijo nada a nadie.

Después del trabajo tomé el bus para ir donde mi tía. En el camino, les pedí a los ángeles que no permitieran que se me notara la emoción, pues no quería que la tía Sara o el tío Paddy me hicieran preguntas. Los ángeles me ayudaron a mantenerme calmada y mis tíos no notaron nada. Al día siguiente tomé el autobús para el trabajo. La mañana me pareció muy larga, y a la hora del almuerzo me fui a caminar por las calles de la parte posterior de la tienda.

Esas calles siempre me parecían un oasis; un lugar donde yo podía ordenar mis pensamientos, donde podía ser yo misma, escapar durante un breve instante de cualquier cosa que los ángeles me estuvieran pidiendo en ese momento. Yo me sentaba en una pequeña barda, en una caja o en la entrada de alguna puerta. Sin embargo

había una calle que yo siempre evitaba: aquella donde habían aba-
tido a Mark.

Al terminar el trabajo, bajé corriendo las escaleras hasta el
guardarropa, saqué mi abrigo, volví a subir y salí por el estacionamiento. Joe ya me estaba esperando en su auto. Me puse muy
feliz de verlo. Fuimos hasta el parque Phoenix, estacionamos y nos
pusimos a hablar. Joe me dijo que si quería podíamos ir a buscar
un anillo de compromiso el fin de semana. A mí me pareció bien,
pero solo para mirar los anillos, no para comprar. Los ángeles ya
me habían dicho que Joe encontraría un buen anillo para mí, pero
no de una manera normal.

Joe me preguntó si le podía contar a su madre sobre nuestro
compromiso. Yo le dije que no, que prefería esperar hasta que tuviéramos el anillo. Los dos estuvimos de acuerdo en este punto. Joe
dijo:

—Cuando entremos a casa y tú tengas el anillo de compromiso
en el dedo, ella se alegrará mucho por nosotros.

También decidimos que, aunque no nos casaríamos antes de un
año, comenzaríamos a buscar un lugar donde vivir.

Nos estacionamos frente a mi casa. La puerta delantera estaba
abierta. Papá salió y nos saludó con la mano, antes de volver a entrar. Dejó la puerta abierta. Eso hizo las cosas un poco más fáciles
para Joe y para mí: nos hizo sentir bien recibidos. Pasamos directamente a la cocina. Mamá estaba ahí. Joe la saludó y yo comencé a
hacer té.

—¿Qué pasa? —preguntó mamá.

—Joe quiere hablar con papá —contesté yo.

—Estaba esperando este día —dijo mamá. En la cara se le veía
su desacuerdo.

—Tu papá está en el comedor leyendo el periódico —dijo sin
mucho entusiasmo—. Le diré que Joe quiere verlo.

Mamá entró en el comedor y cerró la puerta. Esto puso más nervioso a Joe.

—¿Por qué tiene que ser tan difícil? —dijo.

Mamá regresó un minuto después y le dijo a Joe que papá lo estaba esperando. Mamá se quedó conmigo en la cocina, mientras hacía té y untaba unos panes con mantequilla y mermelada. No dijo ni media palabra. Luego, salió de la cocina y se fue al comedor.

Unos cinco minutos más tarde, cuando ya tenía lista la bandeja, la llevé al comedor. Me parecía que Joe necesitaba mi apoyo, y no me quedé esperando hasta que él saliera; además, me moría de la curiosidad de saber qué había respondido papá.

Al abrir la puerta del comedor, vi que papá y Joe estaban conversando en el sofá, y que mamá estaba de pie a cierta distancia. No se había sentado. Yo sonreí cuando vi a Joe y a papá juntos, pues los dos se veían muy contentos. Papá era una sola sonrisa; se levantó del sofá, me abrazó y me felicitó. Mi preocupación se convirtió en felicidad. Ni siquiera la reacción de mamá podía estropear el momento.

Papá estaba emocionado de ver que yo iba a contraer matrimonio con un hombre bueno y digno de fiar. De algún modo, creo que le aliviaba pensar que ya no tendría que responsabilizarse por mí, y creo que mamá también sentía alivio, aunque tuviera dificultad para demostrarlo. En un momento dado, papá dijo: "Nunca pensé que llegaría este día".

Aunque yo estaba comprometida en matrimonio, por la manera como me miraban, sé que ellos todavía se sentían aprehensivos. Papá empezó a hacernos muchas preguntas a Joe y a mí sobre nuestros planes. Mamá, que hasta entonces no había dicho nada, preguntó si habíamos pensado en una fecha para la boda, y los dos respondimos al tiempo que no.

—Tal vez en agosto del año próximo —dijo Joe.

—Haremos la recepción de la boda en la casa —dijo mamá.

A mí me horrorizó la propuesta, pero no dije una palabra. Papá sugirió que habláramos del tema más adelante.

Pero eso no ocurrió. Terminamos el té, Joe se despidió de papá y mamá y yo lo acompañé hasta el auto. Allí, Joe me dijo:

—No te preocupes. Si no quieres la recepción en tu casa, podemos buscar un hotel.

Esa semana, Joe y yo fuimos a buscar anillos de compromiso, pero no vi nada que me gustara en ninguna de las joyerías. Le dije a Joe:

—Me gustaría algo diferente. Todos los anillos de compromiso son parecidos, en todas las joyerías. Yo quiero esperar hasta encontrar un anillo que de veras me guste.

—¿Estás segura? —me dijo.

Unas seis semanas después, yo me había quedado trabajando hasta tarde y no esperaba ver a Joe, pues él debía hacer inventario en el taller. Yo iba a tomar el autobús de las ocho para ir a casa, pero me llevé una gran sorpresa al ver a Joe en el estacionamiento.

—Ven, vamos a comernos un helado —dijo.

—Estás de muy buen humor —respondí—. Todavía estoy de uniforme, como para ir a comer helado.

—Eso no importa. Para mí, te ves hermosa. Vamos a comernos ese helado.

Caminamos agarrados de la mano hasta la heladería y nos sentamos frente a frente, en uno de nuestros puestos favoritos. Yo pedí un *banana split* y Joe pidió un *sundae*. Íbamos por la mitad de nuestros helados cuando Joe se metió la mano en el bolsillo de la chaqueta y dijo:

—Te tengo una gran sorpresa.

Sacó una cajita y la abrió. ¡Yo no lo podía creer! Era un fabuloso anillo de compromiso, con forma de rosa, con pétalos de oro y un diamante en el centro. Era muy diferente de los demás anillos de compromiso que había visto. Joe me tomó la mano, me puso el anillo en el dedo y dijo:

—Te amo. Quiero casarme contigo y envejecer contigo.

Los ojos se me llenaron de lágrimas al oír estas palabras de Joe. Yo estaba feliz y, sin embargo, recordaba las palabras que el ángel Elías me había dicho muchos años atrás: que nos casaríamos, que Joe se enfermaría, que yo tendría que cuidarlo y que jamás envejeceríamos juntos.

—No llores —me dijo Joe, y me besó la mano. Yo lo miré a los ojos y, al ver su felicidad, me olvidé del futuro. Me incliné un poco sobre la mesa y le di a Joe un gran beso.

—¿Dónde conseguiste el anillo?

—A que no te imaginas —me dijo—. ¡En el taller! Estábamos muy ocupados y yo salí a ayudar en las bombas de gasolina, cuando un auto entró para arreglar una llanta pinchada. Le cambié la llanta al hombre y llevé la llanta pinchada a reparar. Mientras le decía que la reparación tomaría unos veinte minutos, vi que en el asiento trasero había montones de cajitas.

El hombre le contó a Joe que estas extrañas cajitas contenían joyas y que él era joyero. Joe le dijo al hombre que estaba buscando un anillo de compromiso, pero de un modelo completamente diferente. El hombre dijo que tenía una pequeña caja con diferentes diseños.

—Cuando abrió la caja, de inmediato supe que este era el perfecto para ti. Le pregunté si me podía vender el anillo y él me respondió que debía verificar con su jefe. Entramos en la oficina para telefonearlo, y allí le mostré el anillo a tu papá. Él me dijo que estaba muy bien, y que este anillo te haría feliz, que era un lindo anillo. Cuando el hombre terminó de hablar por teléfono, me dijo que podía venderme el anillo.

Le sonreí a Joe con gran felicidad.

—No quiero que me digas cuánto te costó. No quiero saberlo. Gracias por encontrar este hermoso anillo de compromiso para mí.

Yo estaba dichosa. Me sentía como en una nube mientras regresábamos al estacionamiento.

—Me muero de ganas de mostrarles el anillo a mi madre y a mis hermanos —dije.

No recuerdo qué pasó durante el recorrido hasta mi casa, pero sí recuerdo entrar por la puerta de la cocina, con Joe detrás de mí. En la cocina no había nadie y yo abrí la puerta del comedor. Papá preguntó:

—¿Por qué te demoraste tanto en llegar hoy?

—Ah, pues creo que ya no necesito mostrarte a ti mi anillo de compromiso, porque ya lo viste.

Papá se rio y me dio un gran abrazo. Le mostré a mamá el anillo y le dije que pidiera un deseo. Mamá también me dio un gran abrazo y me dijo:

—Está divino.

Joe se tomó una taza de té antes de irse a su casa y yo le dije:

—No le digas a tu madre sobre nuestro compromiso hasta mañana, después del trabajo. Iremos a tu casa juntos, a cenar como de costumbre, y ahí le damos la sorpresa. A ver si me ve el anillo.

Al día siguiente, hicimos tal como habíamos planeado. Estábamos sentados a la mesa y, cuando la madre de Joe me puso el plato al frente, dijo con voz emocionada:

—¡Lorna, tienes un anillo de compromiso! Ponte de pie, para poder darle un abrazo a mi futura nuera.

La madre de Joe siempre me hacía sentir muy querida.

Yo estaba fascinada, pues en cuestión de minutos los miembros de la familia de Joe que vivían cerca comenzaron a llamar a la casa para felicitarnos. En una hora, los familiares que vivían más lejos también comenzaron a llegar. Yo era el centro de atención, cosa que rara vez me ocurría. Me encantaba todo ese alboroto.

Hacia las once de la noche, le dije a Joe que ya debía regresar a casa, pues debía trabajar al día siguiente. Me despedí de la madre de Joe y ella me dio un gran abrazo. Yo podía sentir su dicha y su felicidad. Ahora podía estar más tranquila, de ver que su sueño se había materializado: su hijo menor estaba comprometido en matrimonio. Su abrazo era tan apretado que yo podía ver y sentir a su ángel de la guarda abrazándome también. La madre de Joe se quedó en la puerta despidiéndonos con la mano, mientras nos alejábamos en el auto. Yo podía ver a su ángel de la guarda junto a la puerta, emitiendo una luz ondeante.

A medida que nos alejábamos, yo me volteaba más en mi asiento, para no perder de vista a la madre de Joe y a su ángel. De hecho, lo único que alcanzaba a ver era la luz del ángel. Joe se rio de mí y me dijo:

—¿Qué haces? ¿Quieres voltear el asiento para el otro lado?

—Quiero ver a tu mamá todo el tiempo que pueda.

De camino a casa, Joe me dijo:

—Estás muy silenciosa.

—Estoy pensando en el día de mañana —le dije—. Pensando cómo va a ser llegar al trabajo con mi anillo de compromiso. Si la emoción es como fue en casa de tu mamá, va a ser terrible. Me siento muy nerviosa al respecto, pero por otro lado me muero de ganas de mostrarles el anillo a las chicas.

Llegamos a casa muy pronto. Cuando salía del auto, Joe me dijo:

—Ven acá y dame un beso. Disfruta de tu día de trabajo mañana, y muéstrales a las chicas tu anillo. Te veré después del trabajo.

Nos despedimos y yo entré en la casa. Estaba oscuro. Me fui de puntillas hasta mi habitación, sin hacer ruido, y me metí en la cama.

No dormí muy bien esa noche, pues estaba muy emocionada. Pensé que nunca amanecería, pero al fin amaneció.

Me levanté un poco más temprano que de costumbre, para llegar antes que las demás chicas de mi departamento, esperando que Valerie estuviera ahí para compartir con ella mi emoción y mostrarle el anillo. Pero yo era muy tímida. Al llegar a la puerta posterior de la tienda, respiré profundamente y entré.

Bajé hasta el guardarropa y marqué mi tarjeta. El guardarropa era un espacio cuadrado con casilleros en todas las paredes, y una hilera de casilleros que separaban el guardarropas en dos mitades. Miré un poco y allí estaba Valerie. Al verme, saltó de su silla y dijo:

—Lo sé por la expresión de tu cara. Déjame ver ese anillo de compromiso.

—Te dije que cumpliría mi promesa —le dije—, así como tú cumpliste la tuya. Puedes pedir el primer deseo.

Valerie sacó el anillo suavemente de mi dedo, se lo puso ella y le dio tres vueltas con los ojos cerrados y moviendo los labios en silencio. Yo podía ver claramente a su ángel, pero solo parte del mío, pues estaba detrás. Luego, levanté la mirada y vi que las cabezas de los dos ángeles se tocaban. Miré hacia abajo y vi que sus pies se tocaban. Los ángeles parecían abrazarse. Las alas de mi ángel de la guarda parecían extenderse hacia las alas de ángel de la guarda de Valerie; entre los dos, formaban una figura ovalada. El piso bajo nuestros pies había desaparecido. Vi cuando Valerie abría los ojos. Yo podía sentir una maravillosa paz. ¿Habría ella sentido algo similar? Respiró profundo y mientras se dibujaba en su rostro una amplia sonrisa, dijo:

—Gracias, Lorna.

Otras chicas empezaron a llegar, y de repente me vi rodeada de gente que me felicitaba y se acercaba a ver el anillo y a pedir deseos. Pauline, en particular, estaba muy emocionada. Ella era muy romántica, y le encantaban las buenas historias de amor. Había conocido a Joe muy brevemente, pero lo encontraba muy guapo y estaba contenta por mí.

Era fabuloso recibir tanta atención. Les pedía a los ángeles conceder la mayor cantidad posible de deseos, no solo para las chicas, sino para sus familiares y sus amigos.

La supervisora entró en el guardarropa y preguntó:

—¿Qué es todo este alboroto? Yo quiero ver.

Al ver a las chicas agolpadas en torno al anillo, pidiendo un deseo, dijo:

—¿Quién se ha comprometido?

—Lorna —respondieron todas al mismo tiempo.

—Bueno, muchachas, yo soy la próxima en pedir un deseo —dijo. Tomó el anillo, sin importarle quién iba de turno, se lo puso y pidió un deseo.

—Felicitaciones, Lorna. Y ustedes, muchachas, a trabajar.

Las chicas bromearon con ella y se empezó a reír.

—Lorna, está muy lindo el anillo —dijo—. ¿Cómo se llama tu prometido?

—Joe —dije.

—Te deseo a ti y a Joe toda la felicidad del mundo. ¿Cuándo es el gran día?

—Estamos pensando en agosto del año próximo. Todavía no es seguro.

—Mi consejo es que no tomen ninguna decisión precipitada —dijo la supervisora—. Tómense todo el tiempo necesario. Bueno, y ahora vamos a trabajar.

Más tarde, ese día, cuando estaba haciendo fila en la cafetería para el té, las chicas del mostrador me dijeron:

—Lorna, supimos que estás comprometida. Felicidades.

La supervisora de la cafetería comentó que todo el mundo quería ir a mi mesa durante la pausa para ver el anillo y pedir un deseo. Así fue durante la siguiente semana. Me ponía feliz que la gente se alegrara por mí y por Joe: hasta el vigilante del estacionamiento felicitó a Joe cuando llegó a recogerme aquel día.

Por primera vez en mi vida, sentí que yo era el centro de atención. Sin embargo, papá y mamá jamás se sentaron conmigo y con Joe para planear la boda. De hecho, mi familia no mostró mayor interés en mi boda.

Después de hablar con Joe, decidí pedirle a Pauline, mi amiga del trabajo, que fuera mi dama de honor. Yo sabía que a ella le fascinaría la idea, y sería un gran apoyo para mí ese día. Ella se parecía un poco a mí, pues era muy callada. Mientras que las demás chicas en el departamento de ropa salían a tomarse una copa después del trabajo, a nosotras no nos interesaban esas cosas.

Al día siguiente le conté a mamá que quería decirle a Pauline que fuera mi dama de honor. Mamá pareció sorprendida y me sugirió que mi hermano Barry debía ser el padrino. Esa noche, Joe y yo hablamos sobre nuestra boda. Joe sabía que yo no estaba muy satisfecha con los preparativos. Él quería sentarse a hablar con mis padres, pero yo le dije que no.

—En lo posible, no quiero que nuestra boda les cueste mucho dinero a mis padres.

Nosotros también estábamos ahorrando mucho para comprar una casa, así que tampoco queríamos gastar mucho dinero.

Joe me dio un gran abrazo y me dijo:

—Hagamos los arreglos para hablar con el párroco y fijemos una fecha para la boda.

La familia de Joe era totalmente diferente de la mía en lo que respectaba a nuestra boda. La madre de Joe me preguntó cuáles amigas iba a invitar y yo le dije que me gustaría decirles a Pauline, Valerie y Mary, del trabajo, pero que no sabía lo que iban a pensar de que la recepción de la boda fuera en la casa de mis padres.

—Desde que empecé a trabajar en la tienda, muchas chicas se han casado, y todas ellas han hecho sus recepciones en hoteles. Mamá insiste en que se haga en casa, y yo no quiero herirla diciéndole que no me gusta la idea. Joe y yo estamos de acuerdo en que no queremos que la boda les cueste mucho dinero a mis padres, si es posible.

La madre de Joe respondió:

—No te preocupes. Todos colaboramos con algo.

Luego, las cosas empezaron a fluir. Unas semanas más tarde, mientras almorzábamos con Valerie y Mary, me preguntaron si ya habíamos fijado una fecha para la boda. Yo les respondí:

—Sí, el dieciocho de agosto, y están invitadas.

Estaban fascinadas, y preguntaron dónde sería la recepción. Les dije que todavía no estaba decidido, pues no quería contarles que se haría en casa de mis padres.

Más tarde, ese mismo día, le pedí a Pauline que fuera mi dama de honor. A ella le pareció excelente. Le dije que Bárbara, una hermana de Joe, le haría el vestido.

CAPÍTULO 12

Una casa campestre

Comencé a sugerirle a Joe que buscara trabajo en otra parte, para tener un poco más de independencia. Le dije que debíamos ser capaces de sostenernos por nosotros mismos.

—Habla con papá. Yo sé que él te dará buenas referencias.

Joe consiguió otro trabajo sin problema, con la CIE, la empresa de trasporte público de Irlanda. En este nuevo puesto, Joe no podía recogerme después del trabajo con la misma frecuencia de antes, así que casi todas las noches yo me iba a casa en autobús. Una noche en particular, cuando entraba a casa por la puerta de la cocina, supe que algo iba a ocurrir.

Vi que el periódico de papá, *The Irish Press*, estaba en la mesa del comedor. Cuando los ángeles me dijeron que lo abriera, yo estaba reticente, pero de todas formas saqué una silla, me senté y comencé a pasar las páginas. Mis manos temblaban. Tenía la sensación de moverme en cámara lenta. Me daba miedo que los ángeles fueran a resaltar algo angustiante en el periódico.

—No tengas miedo, Lorna —dijeron mis ángeles—, tú nada más pasa las páginas, y nosotros te diremos cuándo parar.

Yo pasaba las páginas lentamente, una por una. Sentía la mano del ángel Hosus en mi hombro.

—Ahora —me susurró al oído— mira las casas que están a la venta.

Así lo hice. Eran cientos de casas a la venta, y yo no entendía nada de lo que había en la página: todo parecía patas arriba. Levanté la mirada y vi a un grupo de ángeles sentados a la mesa. ¡Qué imagen! Eso me hizo sonreír.

—Hola —dijo el ángel Elías, sentado justo al frente de mí, al otro lado de la mesa. Estiró la mano hacia el periódico y con la punta del dedo tocó la página. Todo se aclaró de inmediato—. Ahora mira, Lorna.

Leí la frase: "Casa de campo a la venta en Maynooth".

—Lorna, una casita de campo con un gran jardín —dijo Elías—. Es perfecto para ti y para Joe. Sigue leyendo.

Era un anuncio diminuto de tan solo tres líneas. Seguí leyendo: "Venta por subasta" y luego un número telefónico.

—Ahora, Lorna, encierra en un círculo el anuncio y arranca la página —dijo Elías, y yo obedecí—. Muéstrale el anuncio a tu padre cuando estés lista. Él puede ayudarles.

Los ojos se me llenaron de lágrimas de felicidad. El ángel Elías se levantó, se inclinó hacia delante y con la punta de los dedos tocó mis lágrimas

—Lágrimas de felicidad —dijo. Luego, los ángeles se fueron.

Al día siguiente, mientras caminábamos por el canal, le mostré a Joe el anuncio de la casa en Maynooth.

—Hablaré con papá esta noche, cuando vuelva de pescar —dije.

Doblé la hoja y la volví a poner en mi cartera. Más tarde, esa noche, cuando Joe ya se había ido, papá regresó después de su día de pesca. Puso sus aparejos de pesca en el suelo y sacó con orgullo de su bolsa dos truchas de río, rosadas y frescas, y las puso en la mesa de la cocina. Mamá estaba fascinada. Cuando terminó de ordenar el equipo de pesca, se sentó en su lugar habitual.

—Papá —dije—, vi un anuncio en el periódico de una casa de campo en Maynooth. La venden por subasta. ¿Cómo se hace en esos casos?

Papá me miró bastante sorprendido. Tal vez pensaba que yo no tenía idea de buscar una casa. No supe qué pensar de la cara que puso papá, pero, sin dudarlo, me dijo:

—Muéstrame el anuncio.

Saqué el papel de mi cartera y lo puse frente a él en la mesita. Papá me preguntó dónde estaba.

—Lo encerré en un círculo con tinta negra. Ahí está, papá, en la parte de abajo de la página, a la derecha.

Papá volvió a mirarme con cara de sorpresa, y leyó cuidadosamente el anuncio antes de decirme nada. Al fin dijo:

—Bien hecho. ¿Le contaste a Joe sobre el anuncio?

—Sí —respondí—. Hoy estuve con Joe y le mostré el anuncio. Los dos estamos muy emocionados, pero no sabemos qué hacer.

—Primero lo primero —dijo papá—. Deben conseguir un préstamo.

—Joe y yo tenemos dinero en el banco. ¿Lo pedimos allá? —pregunté.

—Sí —contestó—, y también pueden intentarlo en otros lugares, como el ayuntamiento, para un préstamo de vivienda, que sale más barato que en el banco. Yo me encargo de la subasta. Llamaré por teléfono.

—Gracias, papá —dije. Me encantaba que papá nos ayudara, y estaba muy emocionada con la posibilidad de comprar esa casa.

Al día siguiente no tenía que trabajar, y me fui caminando hasta la cabina de teléfono. Llamé al ayuntamiento y les dije que necesitaba información sobre préstamos para una pareja de recién casados. Dije que todavía no nos habíamos casado, pero que lo haríamos pronto. La chica se comprometió a enviar los formularios. Le agradecí y colgué. Enseguida, llamé a papá y él me contó sobre la subasta. Sería dentro de dos días, y debíamos darnos prisa para ver la casa lo más pronto posible. Él sugirió que fuera esa misma noche. Le dejé a Joe un mensaje en el trabajo, para que fuera a Leixlip tan pronto como terminara su turno. Yo estaba muy emocionada. Llamé a casa y le conté a mamá lo que papá me había dicho.

—No te ilusiones demasiado —dijo mamá—. No es fácil obtener un préstamo, y tú y Joe no tienen mucho dinero.

Esa noche, papá y Joe llegaron a casa con cinco minutos de diferencia. Papá dijo que no había tiempo para cenar, pues no iba a haber electricidad y tendríamos que ver la casa con luz del día.

Todos nos subimos al auto de papá, incluyendo a mamá, y nos fuimos a la casa. Quedaba a unos quince minutos.

Cuando nos estacionamos frente a la casita de campo, apenas si podíamos verla, pues los setos vivos estaban muy altos. La puerta de la cerca estaba cerrada con llave y papá tocó en la casa de los vecinos, pues el hombre de la subasta le había dicho que el vecino tenía la llave.

Papá abrió la puerta de la cerca y le entregó las llaves a Joe. El jardín era grande y estaba terriblemente descuidado. Nos dirigimos hacia la puerta de la casa por el caminito. Joe puso la llave en la cerradura y abrió. Un horrible olor nos golpeó como una bofetada. Estaba húmedo y mohoso. Era evidente que nadie vivía allí desde hacía mucho tiempo. La casa era pequeñita, pero a Joe y a mí no nos importaba, siempre y cuando pudiéramos comprarla.

Mientras recorríamos la casa, Joe y yo le dijimos a papá que nos preocupaba la subasta: ¿qué ocurriría si obteníamos la casa pero los subastadores nos pedían un depósito? ¿Tendríamos que sacar dinero del banco anticipadamente, dado que no teníamos chequera? Papá dijo que si todo salía bien, él pagaría el depósito y nosotros le pagaríamos después. A veces, yo me devolvía sola a alguna de las habitaciones para hablar en silencio con los ángeles sobre todas las cosas que pasaban por mi cabeza.

A medida que Joe, mi padre, mi madre y yo íbamos visitando cada una de las habitaciones, los ángeles se empeñaban en halarme el pelo. Mamá me preguntó para qué me ponía las manos en la cabeza todo el tiempo. ¿Para que no se me formaran telarañas? La pregunta me hizo sonreír.

Solo estuvimos algunos minutos en la casa. Al salir, Joe cerró con llave y luego puso la llave en el buzón de correo de los vecinos. De camino a casa, mamá dijo:

—Está en condiciones lamentables.

Papá le echó una mirada a mamá y luego nos preguntó a nosotros si nos interesaba la casa. Los dos dijimos que sí al tiempo.

Ese miércoles por la mañana, hacia las nueve, salí de casa con mis padres y fuimos a recoger a Joe. Papá se estacionó frente a la casa de Joe y me dijo:

—Bájate y golpea.

Joe abrió la puerta, se dirigió hacia el auto y les preguntó a mis padres si querían pasar un instante a saludar a su madre. Ellos se negaron. Yo, sin embargo, entré a saludarla. Nos deseó la mejor de las suertes y dijo:

—Otro día conoceré a tu mamá. Un domingo de estos invitamos a tus padres a cenar.

La madre de Joe tenía muchas ganas de conocer a mis padres. Se despidió de nosotros con la mano, parada en la puerta.

En el carro, le tomé la mano a Joe. No dijimos una palabra. Los dos estábamos muy nerviosos, y yo no paré de rezar. En un abrir y cerrar de ojos, papá estaba estacionando el auto.

La subasta tenía lugar en un viejo hotel. Como llegamos temprano, nos sentamos en el salón del hotel a tomar un té y a relajarnos un poco. Reconocí a un grupo de gente en el salón. Eran clientes del taller. Eran unos constructores de apellido Murphy. Papá se levantó de la mesa y se acercó a ellos. Se dieron la mano y comenzaron a hablar. Lo invitaron a un trago, y la conversación parecía muy animada. Desde allá, papá nos miró y nos sonrió. A juzgar por la expresión de su rostro, todo iba muy bien.

Le pregunté la hora a Joe. Eran las diez y cuarenta y cinco. La subasta comenzaría a las once. En ese momento, papá regresó a nuestra mesa. Todos nos moríamos de curiosidad por lo que tenía para decirnos. Papá preguntó si queríamos saber primero la noticia mala o la noticia buena.

—Por favor, la buena —dije yo.

—Hace algunos años, durante la huelga de las gasolineras, yo les hice un favor a los Murphy, para que no les faltara ni el diesel ni la gasolina —dijo papá—. Ahora les toca a ellos el turno de hacerme un favor. Tuvimos una buena charla y les dije que ustedes tenían mucho interés en comprar la casa.

Ninguno de nosotros se había dado cuenta de que también había terreno para la venta, además de la casa. El principal interés de los Murphy en la subasta era la tierra. También querían la casa, ubicada arriba en la calle, para usarla como oficinas y para estacionamiento de camiones. Sin embargo, después de hablar con papá, se comprometieron a no pujar por la casa y a hacer todo lo posible para ayudarnos a obtenerla.

La gente empezó a salir del salón y a cruzar el corredor, para ocupar el salón donde se llevaría a cabo la subasta. Este salón no estaba muy iluminado. Había montones de sillas en varias filas y un escritorio con su silla al frente del salón. Habría unas veinte personas presentes. Nos sentamos en una fila en el centro, hacia la derecha, y los Murphy, a la izquierda. Vendieron varios lotes antes de llegar a nuestra casa. Uno de ellos era el terreno aledaño a la casa, que los Murphy compraron.

Después de un tiempo que pareció una eternidad, llegó la subasta de la casa, que era el último bien a la venta. La subasta comenzó; una mujer levantó la mano y dijo un precio; papá levantó la mano y dijo un precio mayor; luego, los Murphy dieron otro precio, después papá y así siguieron las cosas un rato. La mujer se retiró y dejó de pujar. Papá hizo una oferta y luego los Murphy hicieron otra más. Luego se detuvieron.

—Dos mil quinientas libras —dijo papá, y nadie más pujó.

Cuando el subastador dijo "vendida", yo pude volver a respirar.

El subastador le indicó a papá que se acercara, y papá se dio media vuelta hacia donde estábamos Joe y yo:

—Vengan\ustedes dos, que son los verdaderos compradores de la casa.

El subastador le pidió el nombre a papá y él dijo muy orgulloso que su papel era simplemente pujar, pero que los compradores éramos Joe y yo. El hombre tomó nuestros nombres y pidió el depósito. Sin dudarlo, papá explicó que él se haría cargo de eso.

Recuerdo que miré a papá sacar su chequera: en ese momento, un depósito del diez por ciento, por doscientas cincuenta libras, me parecía una gran cantidad de dinero. Sentí un enorme amor y afecto por papá mientras lo veía hacer el cheque. Estaba feliz de que hiciera esto por nosotros y sentí ganas de abrazarlo.

Papá y mamá nos llevaron de vuelta a casa de la madre de Joe. Cuando llegamos, la madre de Joe estaba de pie junto a las barandillas del jardín, hablando con una vecina. Joe invitó de nuevo a mis padres a una taza de té, pero ellos volvieron a declinar la invitación. Salimos del auto y la madre de Joe se acercó a la puerta exterior. Mis padres se despidieron con la mano y se fueron. Nosotros le contamos la buena noticia de inmediato.

—Primero entremos —dijo ella—. Cuéntenme toda la historia con una taza de té. Quiero conocer cada detalle y acabo de hornear algunas tartas de manzana.

Entramos en la cocina y la madre de Joe puso a hervir el agua. Las tazas y los platos ya estaban puestos en la mesa, lo mismo que la leche, el azúcar y las tartas de manzana. En cuanto el té estuvo listo, los tres nos sentamos a la mesa de la cocina. La madre de Joe tenía tal curiosidad de saber todo lo que había pasado que la conversación duró un buen tiempo. Siempre había mucha actividad en esa casa, pues vivían entrando y saliendo familiares. Todos querían conocer la buena noticia sobre la casa. Algunos decían que Maynooth quedaba muy lejos, y que jamás se acostumbrarían a la idea de que viviéramos en el campo. A mí me daba risa y decía:

—Cualquiera diría que nos vamos a mudar a miles de millas de distancia. Solo queda a veinticinco millas.

La madre de Joe preguntó:

—¿Cuándo puedo ir a ayudarles a limpiar la casa?

Joe me miró y yo dije:

—El fin de semana después del próximo es mi fin de semana largo.

Joe también tenía libre el sábado, así que quedamos en encontrarnos en la casa ese sábado por la mañana. Poco después, Joe me llevó a mi casa. Los dos estábamos muy emocionados con todo lo que había ocurrido ese día.

Algunos días después de comprar la casa, Joe y yo decidimos caminar hasta Maynooth desde Leixlip y comenzar a trabajar en la limpieza. Estábamos muy contentos. Al llegar, la puerta de la cerca estaba abierta. Buscamos la llave y nos tomó un tiempo encontrarla. Finalmente, Joe la encontró debajo de una piedra, al fondo del lote de la casa.

Nuestros vecinos debieron oírnos, pues una mujer se fue hacia la cerca y dijo:

—Hola, soy su vecina.

—Hola —dije yo, también avanzando hacia la cerca—. Soy Lorna, y esperamos vivir aquí después de nuestra boda, que será en seis meses.

—Maravilloso —dijo ella con una gran sonrisa—. Será muy bueno tener vecinos. Yo soy Elizabeth.

Invité a Elizabeth a pasar. Caminamos por el césped terriblemente alto del frente, doblamos a la derecha y entramos por la puerta principal. Joe estaba allí y yo lo presenté como mi prometido. La vecina estaba encantada de conocerlo.

—Hacen muy bonita pareja —dijo.

Joe dio vuelta a la llave y nosotras dos seguimos hablando mientras entrábamos.

—Me aterraba lo que podrían pensar al ver el mal estado de la casa —dijo Elizabeth—. Ha estado desocupada mucho tiempo. La anciana que vivía aquí, la señora Costello, murió hace mucho tiempo.

—No hay problema, Elizabeth —dije yo, mientras mirábamos las habitaciones.

—En poco tiempo la pondremos bien —dijo Joe—. Habrá que refregar, quitar el papel de colgadura, quitar el linóleo del suelo y sacar los muebles viejos.

Joe miró a su alrededor y continuó:

—Tal vez habrá que conservar algunos muebles: la mesa de la cocina se ve bien, y tal vez esos sillones, y la cómoda.

La verdad es que no teníamos muebles, y tampoco teníamos mucho dinero para comprarlos. Tendríamos que conformarnos con los muebles que pudiéramos recuperar y con los muebles usados que pudieran regalarnos.

—Se verán casi como nuevos al limpiarlos —dijo Elizabeth—, y mi marido podrá echarles una mano con una parte del trabajo pesado.

Antes de que Joe y yo pudiéramos decir nada, Elizabeth salió a buscar a su marido. Nosotros nos reímos. Era una señora adorable, un poco redonda, diría yo. Tenía una sonrisa hermosa y la energía que la rodeaba era una energía de amor y atención. Ella era la sal de la tierra.

A los pocos minutos, ya estaba de regreso con un hombre alto y delgado, de complexión pálida y con profundas arrugas en la cara. Era un rostro lleno de carácter.

—Hola, ¡qué tal! —dijo.

—Este es mi esposo, John —dijo Elizabeth y nos presentó a su marido. Le explicó que nos casaríamos dentro de poco y luego nos mudaríamos.

—Bueno, Joe, tienes trabajo como un endemoniado —dijo John—. Hay trabajo por montones aquí.

—Así es —dijo Joe—. Vamos atrás a mirar cómo están los cobertizos.

Los dos salieron al jardín y Elizabeth y yo nos quedamos en el salón. Era bastante pequeño y tenía una chimenea. Luego fuimos a inspeccionar el dormitorio. El lugar apestaba.

—Ay, Dios, mira las cortinas —dije yo—. Están horribles, y no tenemos dinero para cortinas nuevas

—Mira, Lorna. No te preocupes —contestó Elizabeth—. Yo bajaré esas cortinas durante la semana. No tengo nada que hacer en el momento, así que yo las lavaré.

Yo no lo podía creer y le dije a Elizabeth:

—Pero son montones de cortinas para lavar, Elizabeth.

—Las lavaré y las colgaré otra vez. Mientras tanto, le diré a John que limpie las ventanas.

Teníamos un dormitorio, un pequeño salón, una cocinita y otra habitación, que podía usarse como dormitorio, pero no había cuarto de baño.

—El tamaño de la cocina es bueno para una familia que comienza —dijo Elizabeth—, pero más vale que hagan un baño en esa pequeña habitación. Lo necesitarán si van a tener niños.

—Claro que tendremos niños —dije sin dudar. Al fin y al cabo, el ángel Elías me lo había dicho—. Pero por el momento tendremos que apañarnos con el baño exterior. ¿En qué condiciones estará?

Salimos a la parte trasera de la casa a mirar. Había maleza por todas partes. No podíamos ver casi nada, porque el seto no había sido podado en mucho tiempo. Había hierba crecida por todas partes, ortigas y zarzas que me llegaban hasta la cintura. Con dificultad, nos abrimos paso hasta donde Elizabeth decía que estaba el baño. No veíamos por ahí a John ni a Joe, pero sí encontramos el baño. Era un baño en un cobertizo con una puerta. No había inodoro, pero se podía usar y no estaba tan mal. Le pregunté a Elizabeth por una cabaña que había justo al lado.

—Es otro cobertizo. Nosotros tenemos el mismo.

En ese momento, oímos a John y a Joe.

—No mires en ese cobertizo —me advirtió Joe, pero la tentación era muy grande.

—Solo una miradita —dije. En efecto, había montones de cosas apiladas—. ¿Qué hay en los otros cobertizos?

—Tampoco vale la pena verlos —dijo John—. Allá hay otro cobertizo y más allá un establo para cerdos. Es un cobertizo pequeño con un muro exterior y una puerta que da a un jardincito. Sería un lugar ideal para criar pollos. Claro que hay mucha basura, pero le daré una mano a Joe para limpiar un poco y quemar muchas cosas.

—Ay, Dios, John. Es muy generoso de tu parte —dije.

John se dio media vuelta y dijo:

—Bueno, creo que es hora de irnos, Elizabeth. Dejémoslos tranquilos.

Cuando se iba alejando, Elizabeth se detuvo y nos dijo:

—Si quieren, antes de irse, pasen a nuestra casa a tomarse una taza de té.

—¿Te gustaría? —le pregunté a Joe. Él asintió con la cabeza—. En unos cinco o diez minutos vamos. Nos falta ver unas cosas.

Nuestros vecinos se fueron. Joe y yo estábamos muy contentos.

—¿No te parece una maravilla que esta casa sea nuestra? Tenemos que trabajar duro, pero podemos hacerlo.

Entramos en la casa y Joe comenzó a arrancar pedazos del papel de colgadura, para ver cuánto trabajo le costaría. No parecía tan difícil. El linóleo del piso estaba todo roto y los dos comenzamos a levantarlo. Nos llevamos una sorpresa, pues debajo de la capa de linóleo había otra. Debajo de esa, había una espesa capa de periódicos: cientos de periódicos pegados con goma. Nos miramos sorprendidos.

—Traigamos algo a ver si podemos levantarlos.

Conseguimos un palo. Debajo de todas esas capas de linóleo y periódicos, había paja y arcilla. Finalmente, debajo de todo aquello, por increíble que parezca, había tablas, bastante decentes, por cierto. Más adelante, Elizabeth nos contó que todas esas capas las habían puesto para aislar la habitación, para mantener el calor.

Fue muy agradable ir a tomar el té con Elizabeth y John. Ella me contó un poco más sobre la señora Costello, que vivía antes en aquella casa, y que se parecía a la señora Tiggywinkle, la de la historia escrita por Beatrice Potter, con un gran sombrero, un gran abrigo y una cartera grande que siempre llevaba. Vivía sola y nunca la visitaba nadie.

John invitó a Joe a ver su jardín. Los miré por la ventana y, junto a ellos, vi a los ángeles jugando. Sonreí.

—Pareces muy feliz, con esa sonrisa —dijo Elizabeth.

—Estoy muy, muy feliz —contesté. Era fabuloso estar en su casa, tener unos vecinos como ellos, ver la luz que emanaba de Elizabeth y John. Además, tenían un hijo adorable. No sé qué edad tendría: tal vez unos diez años.

—Cuando nos necesiten, en cualquier momento, nos llaman —dijo generosamente Elizabeth. Nosotros les agradecimos y nos fuimos caminando tomados de la mano.

Al siguiente sábado, Joe trajo a su mamá a nuestra casa. Yo ya los estaba esperando. Cuando la madre de Joe salió del auto, me dio un gran abrazo, miró a su alrededor y dijo:

—¡Dios mío! Se ve que tienen mucho trabajo por delante.

La madre de Joe le pidió abrir el maletero del auto, donde había traído todos los productos de limpieza necesarios. Entre los tres los llevamos a la casa.

—Bueno —dijo al entrar—. Esta casita tiene todo para ser un hogar maravilloso.

Durante los dos días siguientes hicimos una buena labor de limpieza. Pasar ese tiempo juntas me permitió conocer más a la madre de Joe, y nos divertimos mucho. Esos dos días fueron maravillosos, y adelantamos mucho trabajo. La madre de Joe era extraordinaria.

Cuando llegó el día de nuestra boda, la casa estaba mínimamente habitable.

CAPÍTULO 13

Contarle a Joe

C ierta mañana, Pauline y yo estábamos abajo en el guardarropa, hablando sobre vestidos de novia y ella le pidió a la
supervisora que nos diera a las dos la pausa para el almuerzo a la misma hora, para que pudiéramos ir a la tienda de telas. La
supervisora aceptó y nos puso en la misma pausa.

A la hora del almuerzo, Pauline y yo fuimos a la cafetería, almor-
zamos en cinco minutos y salimos a visitar tiendas. Miramos
montones y montones de modelos de vestidos y rollos de telas. Era
muy entretenido. Finalmente, después de pasar muchas pausas
para el almuerzo mirando telas y modelos, encontré una tela que
realmente me gustaba y que me parecía apropiada para un vestido
de novia: era de color crema, con flores silvestres de color vinotinto esparcidas por aquí y por allá. Pauline encontró una tela muy
linda que hacía juego con los colores de las flores de la mía. Sin
embargo, no compré nada, pues sabía que mamá querría acompañarme a visitar las tiendas para hacer las compras de mi vestido de
matrimonio.

A pesar de haber pasado mucho tiempo con Pauline buscando
las telas, todavía no me atrevía a contarle que la recepción se haría

en casa de mis padres. Me aterraba pensar en el momento de decírselo a ella y a las otras dos chicas. Un día, les pregunté a los ángeles cuál sería el mejor momento para contarles a mis amigas y ellos respondieron:

—Ya mismo.

—O sea, ¿ahora, durante la pausa de la mañana? —pregunté.

—Sí —respondieron los ángeles.

Cuando entré en la cafetería vi a Valerie y a Mary sentadas en nuestra mesa de siempre. Fui por un té y unas galletas y me senté con ellas. Al verme, Valerie me dijo:

—Lorna, nos estamos muriendo de curiosidad por saber dónde va a ser la recepción.

Mis dos amigas estaban muy emocionadas y no dejaban de sonreír.

—La haremos en la casa de mis padres, en Leixlip —dije. Podía ver por la expresión de su cara que la noticia les había caído como baldado de agua fría.

—¿En serio, Lorna? —dijo Mary.

—Sí, en serio —respondí yo—. No me gustaría bromear con algo tan importante como mi boda.

Me hicieron toda clase de preguntas, entre ellas por qué mamá y papá querían hacer la recepción en su casa. Le dije que era una especie de costumbre en la familia de mi madre, y que ella insistía en eso. Luego preguntaron quién más iría a la boda.

—Casi todos son familiares. Mis padres, mis hermanos, algunos tíos, la familia de Joe, por supuesto, ustedes dos y Pauline, que es mi dama de honor. Seremos unos treinta en total para la comida. Algunos vecinos irán a la iglesia.

Unos días más tarde, mientras almorzaba en la cafetería con mis amigas, Val dijo que se le había ocurrido una idea para la recepción de mi boda.

—Lorna, ¿qué te parece si nos vamos después de la comida a un *pub* de Dublín, para celebrar con música y baile?

—Me parece una idea genial, y creo que Joe estará de acuerdo —dije—, porque en la casa no podremos bailar. ¿Cómo van a llegar a la iglesia de Leixlip esa mañana?

—Vamos a encontrarnos en Dublín —respondió Val—, y tomamos el autobús hasta la iglesia. Ojalá no llueva, porque no queremos llevar abrigo. Y espero que no haya que caminar mucho hasta la iglesia, porque vamos a estar en tacones.

—Son dos minutos —les dije—. No vayan a llegar tarde, ¿eh?

Ellas se rieron y dijeron que esperaban con emoción ese día.

Al final de ese mismo día, cuando Pauline me estaba ayudando a ordenar el perchero, antes de cerrar el departamento de ropa, le dije:

—Creo que ahora sí tengo que decirte dónde va a ser la recepción de mi boda.

—Me contaron las otras chicas que va a ser en casa de tus padres —dijo Pauline—. Me parece muy bien.

Me pareció muy amable de su parte decir eso y se lo dije.

Cuando volví a casa esa noche, mamá sugirió que fuéramos a comprar el material para mi vestido en mi día libre, que era al día siguiente. Yo tenía muchas ganas de ir con mamá a Dublín a buscar el material y el molde de mi vestido de novia, aunque yo ya lo había escogido y sabía exactamente lo que quería comprar. Por supuesto que a ella no le dije nada. Yo sabía que mamá gozaría mucho visitando las tiendas, y por eso me quedé callada.

Fue divertido visitar los almacenes de telas de Dublín con mamá, aquella mañana. Sin embargo, ya se estaba poniendo molesta porque no me gustaba nada de lo que veía, y a ella le habían gustado varias cosas.

—No quiero un vestido tradicional —le dije a mamá—. ¡Y para nada quiero un vestido blanco! Hay otra tienda de telas, mamá. Una vez me llevaste allá. Queda en una calle secundaria junto a Clerys.

Después de tomarnos una taza de té, mamá se fue directo a la tienda de telas. Vimos cantidades de telas en sus rollos gigantes, algunas puestas verticalmente y otras en los mostradores. Cuando llegamos a la tela que yo quería, le dije a mamá:

—Esta tela me parece hermosa. Me gusta el color crema y las flores vinotinto esparcidas por ahí. Y mira, esta otra tela sería perfecta para el vestido de la dama de honor.

—Sí —dijo mamá—. Está bonita. Irían muy bien juntas.

Cuando mamá dijo estas palabras, llegaron los ángeles a rodearnos. Luego, mamá preguntó:

—¿Cuánto cuesta esta tela?

Yo casi suelto la risa, pues podía oír a los ángeles cantar en coro: "no hay etiqueta de precio, no hay etiqueta de precio". Yo sabía que los ángeles había hecho desaparecer la etiqueta.

Mamá decidió preguntar el precio a algún empleado. Todos los ángeles se quedaron quietos y empezaron a agitar los brazos como diciendo "no". Comprendí que debía atajar a mamá, pues ella iba a pensar que la tela era muy cara y trataría de hacerme comprar algo más barato. Yo no lo permitiría, pero tampoco quería herirla.

—No te preocupes, mamá —le dije—. Yo pago la tela, el molde y todo lo que se necesite para el vestido. Miremos en los libros de moldes.

Los ángeles tomaron a mamá del brazo, mientras caminábamos hacia el fondo de la tienda, donde estaban los moldes. Mamá abrió uno de los libros y comenzó a mirar. Para ahorrar tiempo, me ofrecí a mirar otro libro. Debí buscar en cinco libros antes de encontrar el molde que me gustaba. Por fin, dije:

—Mira, mamá. Este molde es ideal para la tela que escogí.

Mamá era muy buena para hacer ropa y sabía interpretar los moldes y ver cuánta tela se necesitaba para hacer cada vestido. Cuando mamá terminó de calcular la cantidad de tela necesaria, fuimos al mostrador y le pedí a la vendedora las telas. Ella sacó ambos rollos, los puso sobre el mostrador y midió la tela, yarda por yarda. La muchacha cortó y dobló la tela perfectamente y la puso en una bolsa. También puso allí los moldes y los accesorios necesarios.

—En total, son £25,99 —dijo la vendedora.

Saqué el dinero para pagar y mamá dijo que ella quería pagar el material para mi vestido de novia. A mí me dio mucho gusto que se hubiera ofrecido a pagar, pero le dije:

—No, mamá. Es demasiado.

Sin embargo, mamá siguió insistiendo y yo, finalmente, la dejé pagar. Se veía muy contenta y orgullosa al pasarle el dinero a la vendedora. Le dimos las gracias y nos dispusimos a salir de la tienda. Uno de los ángeles estaba en la puerta. Yo le agradecí al ángel con un susurro y nos fuimos a casa. De camino a la parada del autobús, con las bolsas en la mano, le di las gracias a mamá.

Me sentía como una niña, muy emocionada y con ganas de mostrarle a Joe las telas y llevarlas a casa de su madre. Luego, una noche, la mamá de Joe dijo:

—Tengo que conocer a tu madre y a tu padre. ¿Quieres decirles que los invito a cenar el domingo?

Cuando Joe me dejó en mi casa esa noche, entré por la puerta de la cocina, como siempre. Me sorprendió ver que mis padres todavía estaban en el comedor, y aproveché la oportunidad:

—Hola. No sabía que estaban despiertos. A propósito, la madre de Joe los invita el domingo a cenar, a las cinco de la tarde.

Mamá no reaccionó de ninguna manera, pero papá dijo:

—Claro que sí. Dile a la madre de Joe que allí estaremos a las cinco.

Eso me puso contenta, y les ofrecí una taza de té. Papá rechazó la oferta y dijo:

—Mejor vete a la cama.

Les di las buenas noches. Al día siguiente, después del trabajo, tomé el autobús hacia la casa de la madre de Joe y le dije que mis padres vendrían el domingo. Ella se puso contenta, aunque le daba un poco de nervios. Sé que hizo un gran esfuerzo para que la cena fuera perfecta aquel domingo. Cuando llegamos con mis padres a la casa de Joe, papá golpeó. Me dio gusto ver que Joe abría. Les dio la bienvenida a mis padres y me abrazó. Entramos en el comedor. La mesa estaba puesta como para una reina. Era fabulosa. Joe presentó a su madre, a su hermana Bárbara, a su cuñado y a sus sobrinos. Una cosa divertida ocurrió al comienzo. Bárbara le insistía a mamá en que se quitara el abrigo, pero mamá le decía que así estaba bien. Yo llamé a Joe aparte y le expliqué que no era un abrigo separado del vestido, sino que hacía parte del vestido.

—Dile a Bárbara que no le siga insistiendo, o me voy a atacar de la risa.

Joe me dijo que jamás había visto un abrigo pegado al vestido. Cuando volvió al comedor, su hermana estaba preguntándole a mi madre de nuevo si quería quitarse el abrigo. Joe simplemente interrumpió y le ofreció un asiento a mamá.

La cena estuvo maravillosa: era un rosbif con papas asadas, repollo y zanahoria. De postre, nos comimos la fabulosa tarta de manzana con crema de la madre de Joe. Todo le salió a pedir de boca.

* * *

Todo el verano que precedió a nuestra boda, los ángeles me estuvieron diciendo que le contara a Joe una parte de mi secreto. Muchas veces les dije que me sentía nerviosa. Quería compartir mi secreto con alguien, y especialmente con Joe, pero me daba miedo su reacción. ¿Qué tal si no me creía?

—Comparte solo una parte de tu secreto —me dijeron los ángeles—. Un poco cada vez. No más. Ten presente, Lorna, que jamás podrás revelar la totalidad de tu secreto. Una parte de este no podrá ser contada jamás. La próxima vez que se presente una buena oportunidad, te ayudaremos.

Unas noches más tarde, Joe me llevaba en su auto a mi casa y me propuso que fuéramos a las montañas.

—Va a ser una noche hermosa —dijo Joe—. La luna está llena y ojalá el cielo esté despejado para ver las estrellas. Conozco un lugar donde podemos estacionar y tener una vista hermosa de Dublín y del mar.

Cuando llegamos al mirador, había muchos otros autos.

—Caminemos un poco; tal vez podamos sentarnos un rato en aquel muro —dije.

El muro era simplemente un montón de piedras apiladas, pero allí nos sentamos y Joe me abrazó. Nos besamos y yo me sentí segura. No sé cuánto tiempo nos quedamos allí, pero de repente noté que el cielo estaba lleno de estrellas. Luego, empezaron a girar y a caer; cuando se acercaban a la tierra, vi que eran ángeles. Entonces los oí decir: "Este es el momento de compartir parte de tu secreto con Joe".

Joe me tenía abrazada y yo lo miré. Le dije que debía contarle algo. Él me miró y me preguntó si era algo relacionado con la boda.

—No —le dije—. Es sobre mí. Quiero explicarte algo. Yo veo cosas que la gente normalmente no ve. A veces veo ángeles.

La cara que puso era de total incredulidad. Me miró y se rio.

—Lorna, hasta donde yo sé, solo las monjas y los curas ven ángeles. ¡Eso es ridículo! La gente común y corriente como tú y yo no ve ángeles.

Lo miré con nerviosismo. Esto era justamente lo que me temía. Pedí auxilio en silencio a los cientos de ángeles que me rodeaban.

Joe me abrazó y no dijo nada más al respecto.

—Vamos, que ambos tenemos que ir trabajar mañana.

En la vuelta a casa no hablamos nada, salvo algunas palabras. Joe me miraba de vez en cuando mientras conducía, como si pensara "con quién me habré metido".

Yo estaba enojada con los ángeles, y les decía:

"Joe no reaccionó nada bien".

Cuando estacionamos frente a mi casa, Joe dijo:

—Lorna, me has pedido que crea en algo que jamás se me había cruzado por la mente.

Pero me sentí un poco más tranquila cuando me abrazó y me dio un beso.

Me dirigí hacia la puerta de la cocina, regañando a los ángeles. El ángel dijo:

—No te preocupes, Lorna. Joe está comenzando a conocerte.

Me preguntaba cómo lo convencería de que me creyera, pero muy pronto tuve una oportunidad.

Aunque Joe ya no trabajaba con papá, a veces iba a ayudarle al taller. Un jueves por la noche, mientras terminaba de trabajar, tuve una visión. En ella, había muchos vidrios, ventanas grandes; la luz parecía brillar en ellas y bloquear mi visión. Sin embargo, parecía oscuro.

—¿Qué es esto? —pregunté a mis ángeles.

—Cuéntale a Joe —fue su respuesta.

—La verdad es que no me gustaría —dije.

—Recuerda tu visión, Lorna —insistieron los ángeles—. Ahora, ¿puedes ver dónde es?

—Sí, en el taller de papá.

Esa noche, le conté a Joe sobre mi visión.

—Eso no significa nada —contestó él.

No se dijo nada más, y me enojé de nuevo con los ángeles. El viernes, tuve otra vez la visión. Esta vez vi a Joe conduciendo un auto hacia las bombas de gasolina. Vi que unos hombres se acercaban a Joe y él bajaba la ventana. Luego, la visión desaparecía.

Le dije a Joe que había tenido la visión otra vez, y le expliqué detalladamente lo que había visto.

—No quiero que te pase nada malo. La visión es una advertencia.

—Yo no creo en esas cosas —dijo Joe—. Tu papá llamó por teléfono y me dejó un mensaje. Necesita que trabaje con él este fin de semana. El tipo que hace el turno de la noche se fue, y tu padre no tiene a nadie para trabajar sábado y domingo, en el turno de las doce de la noche a las siete de la mañana.

Volví a tener la visión nuevamente y pude ver más detalles. Vi que Joe bajaba la ventana y uno de los hombres lo golpeaba en la cara. Luego vi a Joe en la estación de policía, y los policías les creían a los dos hombres y no a Joe. No pude saber bien de qué se trataba todo ese asunto; estaba preocupada y muy enojada con los ángeles.

—Lo único que le va a pasar a Joe —me dijeron los ángeles— es que le va a sangrar la nariz. Nada más. Recuerda la visión, Lorna. Puede que la policía no le crea, pero finalmente todo se arreglará.

Después del trabajo, fui a la casa de la madre de Joe, y Joe y yo fuimos a dar una vuelta por el barrio. Le rogué a Joe que me creyera. Estaba furiosa con él.

—¿Por qué no me haces caso? —le dije.

Todo el tiempo, su ángel de la guarda le susurraba al oído. A mí me daban ganas de gritarle: "tu ángel de la guarda te está hablando, pero no le haces caso". Joe me prometió, en vista de mi preocupación, que sería muy cuidadoso el fin de semana.

En efecto, la visión se desarrolló tal como yo la había visto.

Por la noche, Joe estaba arreglando el auto de un cliente y se fue a ponerle gasolina. Un amigo del dueño iba pasando por ahí y creyó que Joe se estaba robando el auto. Le gritó a Joe y cuando Joe bajó la ventana, el hombre lo golpeó en la cara. Luego llamó a la policía. La policía no le creó a Joe y lo arrestó. Papá pagó la fianza y todo se arregló, pero esa noche Joe comprendió mejor cómo era yo.

* * *

Dos semanas antes de mi boda, Pauline, Valerie y Mary me llevaron a una despedida de soltera. Nunca había salido con ellas después del trabajo. Primero me llevaron a Smyth's, el *pub* donde iba Valerie casi todos los viernes por la noche, y que estaba lleno de gente que trabajaba en nuestra tienda por departamentos. Valerie y Mary conocían prácticamente a todo el mundo en el *pub*. Se oían risas por todas partes. Ellas estaban acostumbradas a beber, pero yo no. Me insistieron en que me tomara una copa de vino, que se me subió inmediatamente a la cabeza. A mis amigas, esto les pareció muy gracioso. Para mí, una copa era más que suficiente, pues realmente sentía su efecto, así que después me dediqué a tomar 7Up.

Fuimos a pie de un *pub* a otro, hasta que terminamos en Murphy's, el *pub* favorito de Mary. Allí el ambiente estaba muy animado. El suelo era de concreto con agujeros. No había mesas sino bancos en la barra y el lugar estaba lleno de gente cantando canciones de los rebeldes irlandeses. Me encantaba la música y me gustaba cantar, así que todas empezamos a participar. Luego nos fuimos al estudio de Mary, en el centro de la ciudad, y nos tomamos un té con galletas, mientras hablábamos sobre nuestra salida de la noche. Mis amigas me decían que nos podrían gastar algunas bromas a Joe y a mí el día de nuestra boda. Nos reímos mucho. Pasé una noche muy divertida, pero me alegraba regresar a mi casa y meterme en la cama.

Cada vez se acercaba más el día de nuestra boda. Ya casi todo estaba listo, y el pastel de bodas ya había llegado a la casa de mis padres. Una de mis tías nos lo había hecho como regalo de bodas. Era un fabuloso pastel de tres pisos. Mi tía había hecho un excelente trabajo. Todavía tengo guardadas en una caja las decoraciones que le puso.

Faltando dos días para la boda, la casa estaba impecable y las dos familias estaban listas. La víspera de la boda, los vecinos acudieron a ofrecer su ayuda para cualquier cosa de último minuto que se pudiera necesitar. Anne, nuestra vecina, me aseguró que llegaría temprano en la mañana para peinarme.

Es maravilloso ver la felicidad que producen las bodas en las familias, los amigos e incluso los vecinos; es lindo ver cómo sale a flote la emoción que hay en cada uno. Siempre que se va a celebrar una boda, yo les pido a todos los ángeles del universo que esa boda llene de felicidad y de emoción a todas las personas que participan en ella.

¡Finalmente, llegó el día de mi boda! Casi no dormí la noche anterior y me levanté temprano: todos nos levantamos temprano. Estaba demasiado nerviosa para desayunar, así que solo me tomé un té. Uno de los momentos más hermosos fue cuando papá llevó a todos a la iglesia antes de llevarme a mí. Yo me quedé esperándolo en el pasillo, con una de las vecinas. Cuando papá llegó por mí a la casa, me acompañó hasta el auto y se sentó junto a mí en la silla trasera. No dijo una palabra, pero me tomó de la mano. Cuando nos estacionamos frente a la entrada de la iglesia, papá dijo: "No te muevas" y salió del auto. El conductor se había bajado para abrirme la puerta, pero papá insistió en abrirla él. Al salir del auto, me puse muy feliz de ver la sonrisa de papá. Me tomó de la mano. Cuando empezábamos a subir por la nave central de la iglesia, me dijo en voz baja que estaba muy orgulloso de llevar a su hermosa hija hasta el altar el día de su boda.

Tomada del brazo de papá, caminé hasta el altar sintiendo que los ángeles jugaban con mi pelo, después de todo el esfuerzo que mi vecina había hecho en la mañana para peinarme. Veía a Joe junto al altar, mirándome mientras avanzaba. ¡Estaba muy guapo! A su lado, su ángel de la guarda tenía una enorme sonrisa. Luego, los ángeles comenzaron a aparecer en el altar: Miguel, Hosus, Elías, Elisa... todos los ángeles que me habían acompañado a lo largo de los años. El altar estaba lleno de ángeles.

El sacerdote nos estaba esperando. Joe y yo nos acercamos al altar y nos paramos delante del sacerdote. La ceremonia comenzó. Cuando Joe me puso el anillo de matrimonio en el dedo, el ángel Hosus me haló el vestido y dijo al tiempo conmigo: "Acepto".

Una vez fuera de la iglesia, se tomaron muchas fotos. De vuelta en nuestra casa, tuvimos una comida fabulosa, con todos los familiares y amigos en torno a una gran mesa.

Por la noche, Joe y yo nos fuimos con nuestros amigos a tomarnos unas copas en el *pub* local. Estaba llenísimo, y no había lugar para los recién casados, así que nos fuimos a un *pub* en el centro de Dublín. Joe y yo no nos quedamos mucho tiempo, y nos fuimos a nuestra casa en Maynooth. En las primeras horas de la madrugada, Joe me alzó en sus brazos para cruzar el umbral de nuestro nuevo hogar.

CAPÍTULO 14

No sabía que tenía un ángel de la guarda

A veces los ángeles no me advierten cuando va a ocurrir algo. Una noche, cuando ya llevábamos tres meses de casados, sucedió una cosa extraña. Serían las once de la noche; Joe ya se había acostado y estaba leyendo; yo me estaba preparando para acostarme. En esa época no teníamos baño dentro de la casa, así que yo me lavaba frente al fuego. No habían pasado cinco minutos desde que me había metido en la cama, cuando sentí la necesidad de ir al baño. Entonces salí de la cama.

Abrí la puerta de la habitación y casi me da un síncope. Estuve a punto de estrellarme con alguien.

—¡Dios mío! ¿Qué hace usted aquí? —exclamé.

La señora Costello, la mujer que había vivido anteriormente en esa casa hasta su muerte, ¡estaba parada frente a mí! Se veía tal como Elizabeth me la había descrito. Llevaba un abrigo, un lindo sombrero con velo y con unas especies de frutas, y tenía una gran cartera debajo del brazo.

—Adiós —dijo—. Ya me voy.

Me sonrió. Se veía hermosa, perfecta, tal como la señora Tiggywinkle. No sé por qué tenía que despedirse de mí, y si eso era lo que necesitaba hacer, yo no tenía problema. ¡Pero me dio un susto tremendo!

Di media vuelta y me metí en la cama.

—¿Qué pasa? —preguntó Joe.

—Casi me estrello con ella —le dije a Joe, olvidando que todavía no le había dicho que también veía espíritus—. Me encontré con la señora que vivía aquí antes que nosotros. Vino a despedirse.

Joe se sentó en la cama y me miró sorprendido. Me dijo que me volviera a meter debajo de las cobijas.

Lo hice sin decir nada, esperando que Joe no comentara mayor cosa sobre el incidente. Así fue. Se volteó y se dispuso a dormir. Era evidente que mis ángeles estaban trabajando duro. Joe jamás volvió a comentar nada al respecto.

Yo me quedé acostada hablando con los ángeles, preguntándoles por qué la señora Costello casi me hace atropellarla. No me gusta tropezarme con una persona muerta, con un espíritu que todavía no se ha ido al cielo. Es una sensación desagradable, como de choques eléctricos por todo el cuerpo. Un espíritu que todavía no se ha ido al cielo no ha sido purificado y da una sensación totalmente diferente de la que da un espíritu que ya ha ido al cielo y ha vuelto, como mi hermano Christopher. Con los espíritus que regresan del cielo, siento la fuerza vital de su alma.

Los ángeles me dijeron que, por alguna razón que jamás explicaron, la señora Costello no podía irse de la casa sin antes haber hecho contacto conmigo, y que ella necesitaba ese contacto para poder ir al cielo. No puedo explicar esto, pero suelo encontrarme con almas que todavía no han dejado esta tierra y no han podido ir al cielo, y por alguna razón yo desempeño un papel en este paso.

* * *

Unos meses más tarde, quedé embarazada. Joe decidió vender el auto, para poder comprar todas las cosas que necesitaríamos para el bebé. Así que, una vez más, nos veíamos obligados a transportarnos en autobús. A los dos nos dio risa eso.

Me pareció muy duro el embarazo, y me sentía enojada con los ángeles y con Dios todo el tiempo. Los ángeles simplemente se reían y me recomendaban descansar.

El bebé decidió llegar a este mundo antes de lo previsto: fue un niño hermoso que pesó casi siete libras. Estábamos muy contentos. Yo le había contado a Joe sobre mi hermano Christopher, muerto siendo aún bebé, y de mi deseo de ponerle ese nombre a nuestro primer hijo. Entonces, decidimos bautizarlo Christopher.

Sin embargo, nunca le conté a Joe sobre mis encuentros con el espíritu de mi hermano; jamás se me había permitido relatar esos encuentros hasta la escritura de este libro. Le pedí a Joe no decirles a mis padres la razón por la que quería ponerle Christopher a nuestro hijo. Cuando mis padres fueron al hospital a visitarme después del parto, mamá dijo que deberíamos ponerle el nombre de Christopher al bebé, igual que su padre, mi abuelo. Le sonreí a Joe y le dije a mamá que ya habíamos escogido el nombre de Christopher. Joe me estrechó la mano.

Cuando salimos del hospital y llegamos a casa con Christopher, yo actuaba como cualquier madre primeriza, nerviosa y preocupada por el bebé. Él era sano y fuerte; sin embargo, en un momento dado, los ángeles aparecieron a mi alrededor y me dijeron que tenía un pequeño problema.

—He notado que no digiere bien la leche. ¿Estoy en lo cierto? —pregunté.

—Sí —dijeron los ángeles—. Cubre bien a Christopher, ponlo en el cochecito y ve hasta la cabina telefónica.

Hice tal como me indicaron. Al llegar a la cabina me alegró ver que no había nadie haciendo fila. Llamé al médico para que viniera a ver a Christopher. El doctor fue a visitarnos esa tarde. Hacía mucho frío y llovía a cántaros. La llave estaba pegada en la puerta principal y el médico entró diciendo:

—¿Hay alguien en casa?

Yo estaba sentada junto al fuego con Christopher en mi regazo, y lo estaba alimentando. Le sonreí al doctor, pues todos los ángeles lo seguían. Se sentó en la silla y mientras se calentaba las manos frente al fuego dijo que la casa estaba muy acogedora. Jugó un rato con el bebé y luego me preguntó cuál era el problema. Yo le dije que creía que Christopher no estaba digiriendo bien la leche. Me miró sorprendido. Los ángeles, que estaban detrás de él, me dijeron que tuviera cuidado con lo que le decía.

—Es que vomita demasiado —añadí.

—Lorna —dijo el médico riéndose—. Todos los bebés vomitan.

Mientras el médico acercaba la silla para examinar a Christopher, uno de los ángeles le tocó la barriguita al bebé y eso lo hizo vomitar. Más o menos voló leche por toda la habitación. El médico me miró y dijo:

—Eso no es normal.

El doctor puso el estetoscopio en el estómago de Christopher y comentó que, según su experiencia, los bebés que hacían lo mismo que Christopher siempre terminaban padeciendo enfermedad celiaca. Luego me dio una carta para que viera a un especialista en el hospital infantil de la calle Temple, en Dublín.

En efecto, Christopher resultó ser celiaco, así que fue necesario ponerlo en una dieta especial. Eso significaba que debíamos ir muchas veces al hospital y a veces teníamos que internar a Christopher algunos días, lo que era difícil para él y para nosotros.

Joe trabajaba en el jardín siempre que tenía un momento libre, y debo decir que realmente estaba tomando forma. Un día, mientras yo miraba a Joe trabajar en el jardín, su ángel de la guarda apareció un breve instante, y luego los otros ángeles aparecieron alrededor de Joe, como si le estuvieran dando apoyo. La luz que lo rodeaba era muy tenue.

Comencé a llorar, pensando que no era justo.

Yo sabía que los ángeles me estaban mostrando que Joe se iba a enfermar.

Así fue. Poco después se enfermó de una úlcera gástrica y se puso más grave de lo que se pone la gente con la misma enfermedad. Por alguna razón que nunca entendí bien, a Joe siempre le pasaba igual: cuando se enfermaba de algo, se ponía peor que las demás personas.

A pesar de seguir una dieta especial y tomar montones de medicamentos, Joe estuvo muy enfermo e imposibilitado para trabajar durante seis meses. En consecuencia, perdió su trabajo con la compañía de transporte y tuvimos que aprender a sobrevivir con lo que nos daban de asistencia social.

Fueron tiempos muy difíciles para nosotros y, aunque yo no lo sabía entonces, así sería por el resto de su vida.

Cierto día, cuando Christopher tenía unos dieciocho meses, llevé al bebé al jardín frontal a jugar, cerré la puertita de la cerca del jardín y entré en la casa, dejando la puerta de esta abierta. Mientras tendía las camas, el ángel Elisa se apareció un momento.

—Hola, Lorna. Nada más te quiero decir que vas a recibir visita.

Antes que pudiera responder cualquier cosa, el ángel Elisa desapareció. Yo me reí y dije:

—Qué visita más corta.

Elisa no volvió a aparecer. Yo no pensé más en el asunto y seguí tendiendo las camas, mirando de vez en cuando hacia fuera a ver cómo estaba Christopher. Al entrar en el salón, vi una luz en las escaleras de la entrada y oí una risita. El espíritu de una niña siguió al pasillo. Tenía el pelo largo, ondulado y oscuro, y los ojos de un azul profundo. Tenía puesto un abrigo con un cuello negro, un sombrero, unas medias hasta la rodilla y unos zapatos negros. Se fue bailando hasta la cocina y me sonreía. Yo la seguí.

El espíritu de la niña estaba acompañado por su ángel de la guarda. Rara vez he visto a un espíritu con su ángel de la guarda; por lo general solo permanecen con nosotros un corto tiempo después de la muerte, pues un espíritu no necesita la ayuda del ángel de la guarda, una vez ha cruzado las puertas de eso que nosotros llamamos Cielo.

La niña parecía de carne y hueso, como cualquier persona. Era una niña que había vivido en el pasado, pero yo no sabía muy bien cómo había muerto. Su ángel de la guarda era transparente, como una gota de lluvia llena de vida, que reflejaba todos los colores y la rodeaba. La apariencia de todos los ángeles de la guarda es similar, aunque cada uno tiene sus características peculiares. Son como los hermanos de una misma familia, que se parecen pero tienen rasgos diferentes. No me cuesta ningún trabajo diferenciar a un ángel de la guarda de otro tipo de ángeles.

El ángel de la guarda se movía alrededor de la niña, como para protegerla del mundo humano y de todo lo que hay en él. Ni siquiera le permitía tocar el suelo con los pies. A veces, su ángel de la guarda me sonreía y se ponía el dedo en la boca, para señalarme que no dijera una palabra.

La niña dio un salto para pasar de la cocina al pasillo y luego salió por la puerta de la casa. Tanto el espíritu como el ángel desaparecieron con un destello de luz. En los meses que siguieron, la niña y su ángel de la guarda aparecieron en muchas ocasiones. Solo me visitaba cuando la puerta de la casa estaba abierta, lo cual sucedía el noventa y nueve por ciento del tiempo. La primera vez que me habló me dijo que había muerto sola. Luego miró a su ángel de la guarda y dijo: "En realidad no sabía que tenía un ángel de la guarda. No sabía que estabas ahí".

Los ojos de la niña se llenaron de lágrimas; su ángel de la guarda acercó su mano y limpió las lágrimas. Yo sentía mucho amor y emoción, y también mis ojos se llenaron de lágrimas. La niña no dijo nada más y desapareció por la puerta.

En otra ocasión, me dijo que su nombre era Annie. Yo nunca podía hacerle preguntas, pues su ángel de la guarda siempre se ponía el dedo en la boca, para indicarme que guardara silencio.

Una mañana, el ángel Elisa volvió a aparecer:

—No te atrevas a desaparecerte como hiciste la vez pasada —dije de inmediato.

—Sentémonos en las escaleras de la entrada —dijo el ángel Elisa.

—Elisa —comencé a preguntar—, ¿por qué vienen a visitarme el espíritu de esta niña y su ángel de la guarda?

—Lorna —respondió Elisa—. Annie necesita saber que alguien la quería cuando estaba viva. Murió sola y pensó que nadie la quería, ni siquiera su padre y su madre, pues no los vio en el momento de su muerte. Su ángel de la guarda la trajo a ti, para que tú actúes como su madre. Sé que es demasiado pedir, Lorna.

—¿Sabes una cosa, ángel Elisa? —dije—. Está funcionando. Pienso con ilusión en el momento en que voy a volver a ver a Annie, aunque es un espíritu y no una niña de carne y hueso. Creo que me estoy encariñando con ella. Yo sé que su ángel de la guarda está haciendo que este cariño se convierta en amor entre las dos. Gracias, ángel Elisa.

—Y ahora me voy, Lorna. Adiós.

Con estas palabras, el ángel Elisa desapareció.

Las visitas de Annie se volvieron más frecuentes: casi diarias. Luego, un buen día, me llamó por mi nombre.

—Lorna —me dijo—. Yo morí en un incendio. No pude encontrar a nadie. Grité pero nadie me oyó. ¿Dónde estaban mamá y papá? Yo no les importaba a ellos; no me querían. Recuerdo que estaba acostada, llorando, y cuando me desperté estaba en el Cielo.

—Annie, cuando vuelvas al Cielo —contesté—, te encontrarás con tu papá y tu mamá, y sabrás que ellos te aman.

Cuando dije estas palabras, Annie extendió los brazos y me tocó un instante. En ese abrazo sentí su cuerpo físico.

—Eso es todo lo que necesito saber: que sí fui amada en el mundo humano —dijo Annie, dio media vuelta con su ángel de la guarda y salió por la puerta.

Di gracias a Dios. Me sentía feliz de saber que ahora Annie estaba en el cielo con sus padres.

A veces, parece ser que Dios y los ángeles no pueden convencer a un espíritu que sí fue amado en vida. Por eso, Dios mandó a Annie a nuestro mundo con su ángel de la guarda, para que alguien le dijera que sí la habían amado en vida. Es algo difícil de entender, pero ella necesitaba saber que había sido amada.

CAPÍTULO 15

El poder
de la oración

Volví a quedar embarazada. Yo tenía veinticinco años y Christopher, dos y medio. Esta vez, los primeros tres meses del embarazo fueron muy buenos. No sentía náuseas matutinas. Una mañana, decidí quedarme en la cama, con Christopher a mi lado, después que Joe se fue para el trabajo. Me desperté más o menos una hora después. Christopher estaba profundamente dormido; le di un beso y salí de la cama sin hacer ruido. Me fui hasta el salón y allí estaba el ángel Hosus, sentado en una silla. El ángel me invitó a sentarme.

—Ángel Hosus, no me digas que pasa algo malo —dije.

—No, Lorna, no es nada grave. Hay una marca en el costado izquierdo del bebé. Los médicos se preocuparán, y mandarán llamar a un especialista de otro hospital. Debes recordar que todo estará bien: el bebé es perfecto, pero quiere nacer muy deprisa. Ese bebé no ve la hora de que tú lo tengas en tus brazos. Nosotros, los ángeles, y tu ángel de la guarda haremos todo lo posible por mantener al bebé en el lugar que le corresponde, durante el mayor tiempo posible, justo allí, Lorna.

El ángel Hosus me tocó la barriga y yo sentí al bebé moverse.

—Mi bebé sabe que tú me tocaste —le dije a Hosus—. Sentí al bebé moverse cuando tenía seis semanas de embarazo, pero mi médico dice que eso no es posible. Yo sé que sí. A veces, cuando me paro frente al espejo, le pido a Dios que me deje ver, y entonces puedo percibir toda la energía moviéndose como en un remolino. A veces se abre momentáneamente y veo que mi bebé es perfecto.

Luego le pregunté al ángel Hosus:

—¿El bebé por qué quiere salir antes de tiempo?

No respondió a mi pregunta, pero me dijo:

—Desde ahora, vas a tener muchas dificultades, y pasarás la mayor parte de tu embarazo en el hospital.

Unos días más tarde fui al hospital para hacerme una ecografía y pude ver al bebé.

—Su bebé parece muy activo —me dijo el médico—. Todo parece bien. El bebé no es más grande que la uña de mi dedo pulgar, pero está moviendo los brazos y las piernas. Incluso abrió los ojos y se metió los dedos en la boca.

El médico consideró que era mejor que me quedara en el hospital, descansando unos días, y me llevaron a una habitación. Joe se fue a casa, pero regresó por la noche con todo lo que yo necesitaba. Terminé quedándome una semana en el hospital, y me puse muy feliz cuando el médico me dio el alta.

Dos semanas después de estar en casa, tuve que volver al hospital. Mamá se hizo cargo de Christopher para que Joe pudiera seguir yendo al trabajo: había conseguido un puesto con el ayuntamiento del condado. Christopher se preocupaba mucho, y no era fácil para mamá consolarlo. Sin embargo, Joe telefoneaba a casa de mamá después de llegar del trabajo y antes de ir a visitarme al hospital. Los fines de semana, Joe se llevaba a Christopher con él.

En el hospital, debían mantenerme con suero y no me daban permiso de levantarme de la cama. Los médicos no entendían por qué yo empezaba a hacer trabajo de parto prematuramente. Pasé el resto de mi embarazo en el hospital. Una semana antes de Navidad —ya iba yo por mi séptimo mes—, las habitaciones empezaron a desocuparse, y a todo el que podía moverse lo enviaban a casa. No era probable que a mí me dieran salida, pero seguí rezándole a Dios para que me dejaran pasar esa Navidad con Christopher y Joe. Llegó el día de Navidad y, poco antes del almuerzo, uno de los médicos se acercó a mi cama y me dijo que me podía ir a casa dos o tres días, con la condición de regresar inmediatamente si me sentía mal.

Esa noche, papá llevó a Joe y a Christopher a que me recogieran al hospital, y yo me sentía muy bien. En nuestra casa había un ambiente acogedor; Elizabeth, nuestra maravillosa vecina, había mantenido vivo el fuego. Antes de irse, papá nos dijo que estábamos invitados a comer el día de San Esteban, el 26 de diciembre, y que nos recogería a las doce. Christopher fue con su padre a cerrar la puerta, después de que su abuelo se fue. Yo estaba cómodamente instalada frente al fuego. Christopher se sentó en mis piernas, y yo lo abracé. Joe estaba haciendo el té. Realmente no recuerdo mucho esa Navidad en particular, ni sé muy bien cómo se las arregló Joe. Solo tengo el recuerdo de abrazar a Christopher frente al fuego y luego el día de San Esteban, en casa de mi madre, diciéndole a mi padre que no me sentía bien y que me llevara al hospital.

Así fue. Dos semanas más tarde, ya en mi octavo mes de embarazo, nació mi segundo hijo, Owen. Por increíble que parezca, pesó casi ocho libras, aunque había nacido cuatro semanas antes del tiempo.

* * *

No sé cómo fue que mamá y papá empezaron a participar en grupos de oración, pero lo cierto es que a papá le hacían mucho bien. Empezó a ayudar a la gente. Siempre lo había hecho, pero ahora ayudaba más que antes. Si sabía que alguien estaba en problemas, hacía todo lo posible por ayudar.

Una noche en particular, papá llegó a nuestra casa y nos preguntó si nos gustaría ir al grupo de oración que se reunía en Maynooth College.

Miré a Joe y los dos asentimos con la cabeza. Me parecía agradable salir un poco de la casa, y también me llamaba la atención la idea de orar en grupo. Siempre me han gustado las iglesias, e iba a misa siempre que podía.

—¿Cómo son los grupos de oración? —pregunté.

—Nos prestan un salón en Maynooth College —respondió papá—. Rezamos juntos y leemos pasajes de la Biblia. Luego, le podemos pedir al grupo que rece por nuestra familia o por alguna persona que esté en problemas. Después de eso, nos tomamos un té con galletas y charlamos socialmente.

—Y también se hacen nuevos amigos —dije yo.

Elizabeth se ofreció a cuidarnos los niños y, desde ese día, era ella quien lo hacía mientras nosotros íbamos al grupo de oración.

Me fascinó ese primer grupo de oración, aunque estaba muy nerviosa. Para ser sincera, estaba tan nerviosa que lo recuerdo muy poco. Sin embargo, adquirimos la costumbre de ir periódicamente y tratábamos de asistir con la mayor frecuencia posible.

La oración es muy poderosa: cuando oramos, no lo hacemos solos: nuestro ángel de la guarda también lo hace, y lo mismo cualquier otro ángel que pueda estar con nosotros en ese momento. Incluso nuestros seres queridos que ya están en el Cielo participan en la oración.

No hay nada tan pequeño o trivial que no merezca una oración. Tampoco hay oraciones demasiado cortas: no importa si es una sola palabra o si son muchas. Podemos orar en cualquier parte: mientras conducimos, al caminar, durante una reunión, en medio de una muchedumbre o estando solos. A veces rezamos sin darnos cuenta, especialmente cuando pensamos en una persona amada que está enferma o en un amigo que está pasando dificultades. Cuando una oración viene de lo profundo de nuestro ser, es increíblemente poderosa, y el credo o la religión de la persona no importa: Dios escucha por igual las oraciones de todos sus hijos.

La oración es especialmente poderosa cuando un grupo de gente reza en el mismo lugar, tal como lo hacíamos nosotros, o si la gente de todo el mundo reza por una intención especial al mismo tiempo. Estas oraciones producen una tremenda intensificación del poder espiritual.

Siempre disfrutábamos la caminata hasta el lugar donde se reunía el grupo. Joe me hablaba sobre las diversas cosas que ocurrían en su trabajo en el ayuntamiento del condado y también hablábamos sobre el grupo. Un miércoles, mientras íbamos caminando a nuestra reunión, yo le iba diciendo a Joe que esperaba que el grupo fuera grande esa noche: normalmente éramos unas diez personas y a veces, especialmente en el verano, era más pequeño. Cuando se acababa la época de las vacaciones, el grupo de oración volvía a hacerse más grande y, por esta razón, a veces se reunía en un extremo del campus y otras veces en el otro extremo.

Papá iba a muchos grupos de oración, pero solo había ido a algunas reuniones en Maynooth. Él nos llevó a nuestra primera reunión, y no había vuelto desde entonces, así que me alegró verlo esa noche y corrí a saludarlo. Subimos las escaleras juntos y entramos en uno de los salones de la izquierda. Ya había allí algunas personas, y veinte sillas en círculo. Saludamos y nos sentamos. Ya casi no quedaban sillas libres. Le dije a Joe: "Esto me gusta".

Entraron otras personas más, seguidas por un sacerdote que se presentó como el padre David. Luego preguntó si al grupo le molestaba que esa noche participaran algunos seminaristas y monjas. Todos dijimos en coro que eran bienvenidos. Como ya había cerca de veinte laicos en el salón, el sacerdote sugirió que encontráramos otro salón. El padre regresó en unos minutos, diciendo que había encontrado un salón que no dependía directamente de la universidad, y que debíamos llevar las sillas, incluyendo las que estaban apiladas contra la pared. Todo el mundo se dispuso a ayudar. El nuevo salón era mucho más grande que el anterior. Pronto, empezaron a llegar montones de seminaristas, además de otros sacerdotes, tal vez unos siete. También llegaron algunas monjas, junto con una muchacha joven que se estaba quedando en la casa que las monjas tenían en el campus. También llegaron más laicos.

El salón parecía muy iluminado y lleno de energía. Yo podía ver muchos ángeles, aunque no muy claramente, y sentía una gran emoción en mi interior. Mi alma estaba henchida de dicha. Mis ángeles me susurraron al oído que alguien muy especial iba a venir.

—Yo sé —dije—. Yo sé quién viene.

Quería saltar de la felicidad, pero los ángeles sujetaron mis pies al suelo y me impidieron moverme.

—No —me dijeron—. No te creerían.

Yo estaba de pie a la derecha, junto a la puerta, con los pies pegados al suelo, mirando las sillas que se iban arreglando en círculos concéntricos y, a medida que el grupo se agrandaba, se iban añadiendo más sillas. En un momento vi que la idea de las sillas en círculos no iba a funcionar y se empezaron a organizar en forma ovalada, con cinco o seis filas desde el centro hasta los extremos, y cada vez llegaba más gente con sus sillas.

Joe me llamó para que me sentara a su lado. Ya había seis filas de sillas dispuestas en forma ovalada en el salón. Los ángeles me soltaron los pies y me pude mover. Alcanzaba a ver la silla vacía junto a Joe, pero era difícil llegar hasta ella. Algunas personas se levantaron de sus sillas y las corrieron hacia atrás para dejarme pasar. Finalmente llegué a mi silla y me senté junto a Joe.

John, uno de los laicos del grupo, dio la bienvenida a todos los presentes en el grupo de oración. Luego, todos empezaron a alabar a Dios en voz alta, cada uno con sus propias palabras. (La gente rezaba de la manera que le resultara más significativa). El ambiente estaba adquiriendo una vibrante energía; con el movimiento de las alas de los ángeles, la luz también se estaba volviendo más radiante. Yo disfrutaba mucho alabando a Dios con todo mi corazón y toda mi alma, y quería cerrar los ojos, pero los ángeles me dijeron que no. Me protegieron los ojos de la luz intensa y me pusieron las manos en la barbilla, para sostenerme la cabeza. Yo estaba empezando a entrar en éxtasis. Veía que todo el mundo a mi alrededor tenía la cabeza inclinada hacia delante. Todos estaban rezando y alabando a Dios. Los ángeles brillaban a cada lado, detrás y delante de cada persona. El salón estaba lleno de ángeles, desde el suelo hasta el techo. No había un solo espacio que no estuviera lleno de ángeles.

Entonces, un ángel me susurró al oído:

—Oye a todo el mundo, Lorna.

Agucé el oído y era increíble. Podía oír a cada uno individualmente: algunos rezaban en lenguas, otros repetían oraciones una y otra vez y otros cantaban himnos y alabanzas a Dios desde lo profundo de su ser, desde su alma.

Lentamente, los ángeles permitieron que mi cabeza se inclinara un poco, y yo ya no sentía la silla donde estaba sentada. Les pedí a los ángeles que no me dejaran cerrar los ojos mientras agradecía y alababa a Dios. Los ángeles me susurraron al oído que me cerrarían los ojos un poco nada más. Luego, el salón quedó en silencio. Los ángeles hicieron silencio.

Una nube de una luz brillante y blanca, llena de vida, empezó a inundar gradualmente el salón, rodeando a todos y a todo, purificando y limpiando todo a su paso. Poco a poco, en la nube del centro, Dios se materializó en el cuerpo de un hombre y se hizo visible; reconocí que esa poderosa presencia era la misma de aquel día de mi infancia en que iba caminando hacia la casa de mi abuela en Mountshannon.

El joven... Dios... estaba allí, vestido con una túnica blanca. Podía ver la punta de los dedos de Sus pies: parecían dorados. Tenía los brazos abajo y las manos abiertas, con los dedos extendidos hacia abajo; de ellos salían rayos de una luminosidad dorada. Su cara resplandecía y Sus ojos eran de un color brillante, que irradiaban la eternidad de la vida. El pelo rizado de color bronce le llegaba hasta los hombros. Las palabras no me alcanzan para describir esta luz fulgurante... la luz de la vida misma... llena de amor, compasión y esperanza.

Dios miró lentamente a cada uno y sin movimiento, quiero decir, sin el movimiento tal como lo conocemos, Dios se movía en medio de las personas que estaban en la primera fila ovalada. La gente estaba alabando y agradeciendo a Dios en silencio, meditando, orando, entregada a Él. Mientras Dios se movía entre la gente que estaba detrás de mí, yo sentía Su presencia, muy poderosa. Yo estaba llena de la paz que habita en Dios. Esta era mi oración: que la presencia de Dios entre nosotros sea así todo el tiempo.

Cuando terminé mi oración, sentí el contacto de Su mano con mi hombro. Dios tocó mi alma físicamente con esa luz resplandeciente. ¿Cómo puedo describir lo que vio mi alma? Pureza en toda su infinitud; claridad total.

Luego, como en un relámpago, Dios desapareció y el salón volvió a quedar como antes. Yo tenía los ojos completamente abiertos y vi que la nube resplandeciente de vida —el resplandor de la presencia de Dios entre nosotros— se había ido. Sonreí con los ojos llenos de lágrimas.

Un momento más tarde, todo el mundo dejó de rezar y levantó la cabeza. Algunos hablaron y dijeron que rezar y meditar en un grupo grande los había llenado de una increíble paz y júbilo. Luego habló un sacerdote (en realidad no sé si era un sacerdote o un seminarista). Tenía el pelo castaño claro, no era muy alto y le despuntaba una barba, ¿o era que estaba sin afeitar? No estoy muy segura. Se sentó en una silla en el centro del círculo.

—¿Alguien lo sintió? —preguntó.

Yo sabía exactamente lo que iba a decir y les pregunté a los ángeles si podía decir que yo también lo había sentido, para ayudarle al muchacho, pero los ángeles dijeron que no.

—Sentí a Dios caminar entre nosotros —dijo el seminarista—, y sentí que me tocaba. ¿Tocó a alguien más?

Yo me moría de ganas de decir: "Sí, a mí también me tocó", pero los ángeles me indicaron permanecer callada. Lo triste es que nadie más tuvo el coraje de decir: "sí, Dios me tocó", nadie más tuvo el coraje de reconocer a Dios. ¡La verdad es que Dios los había tocado! Nos da miedo decir que Dios está en nuestra vida; nos da miedo reconocer abiertamente a Dios, hablar sin tapujos.

No sé quiénes eran las otras personas a quienes Dios tocó, pero sí recuerdo al seminarista, y espero que nunca haya dejado de agradecer esa maravilla.

Cuando se terminó la oración, tomamos té y galletas como de costumbre. Mientras los demás se tomaban su té, yo salí del edificio con la bebida en la mano. Me fui caminando hasta unos árboles, todavía temblorosa por la intensidad de la experiencia, y los ángeles me acompañaban.

—Yo sé que ese muchacho buscaba desesperadamente que reconociéramos la presencia de Dios —les dije a los ángeles que me rodeaban, sin dirigirme a ninguno en particular.

Les pedía a los ángeles y al ángel de la guarda del muchacho que le conservaran su fe, su creencia en Dios, sin importar si llegaba a ordenarse como sacerdote o no. Luego les pregunté:

—¿Qué tal si le cuento a Joe que vi a Dios caminar entre nosotros y tocar a algunos?

—No, Lorna. Sería pedirle a Joe demasiada comprensión —contestaron los ángeles—. Llegará un momento en que puedas compartir más cosas con Joe, aunque no todo. Esta es una de las cosas que nunca compartirás con él.

Me sentí un poco triste. Mientras caminaba de vuelta a la entrada del edificio, el ángel Elisa se apareció y me sostuvo la puerta:

—No te sientas triste —me dijo con una sonrisa. Y, en efecto, se me pasó la tristeza.

Me encontré con papá en el pasillo y me dijo que ya era hora de marcharnos. Le dije que iría por Joe y que en unos minutos nos encontraríamos en el auto. Llegamos pronto a casa, y ninguno de los dos dijo nada sobre lo ocurrido en el grupo de oración, así que supuse que no habían visto nada.

CAPÍTULO 16

El túnel

El jardín de nuestra casa en Maynooth por fin logró tener buen aspecto cuatro años después de mudarnos. Cultivábamos muchas hortalizas y teníamos algunas gallinas; ¡lo único difícil era descubrir dónde ponían los huevos! Finalmente, pusimos una malla en el lugar del jardín donde estaba el gran cobertizo, y lo convertimos en gallinero. Así se acabó el problema. Joe también puso cuerdas para extender la ropa. Recuerdo bien ese día: él estaba subido en una escalera de tijera, con un mazo en la mano, y yo sostenía el poste. Nos reímos mucho.

Una tarde, Christopher y Owen hicieron una tienda con palos, sábanas y cuerdas, y se divirtieron mucho allí mientras yo extendía la ropa. De repente, un gran rayo de luz cayó a mis pies y me sacudió. Por poco me voy al suelo. ¡Naturalmente era el ángel Hosus! Me dio risa, pues yo sabía que el ángel Hosus hacía esto por bromear.

—Lorna, tengo que decirte algo —dijo—. Es, al mismo tiempo, alegre y triste. Dios te va a enviar un bebé. Quedarás embarazada en el Año Nuevo, pero el alma de este bebé no permanecerá: volverá a Dios.

—Me siento triste desde ya —dije—. ¿Para qué me dices esto, ángel Hosus? ¿Por qué no lo dejas ocurrir, simplemente, sin decirme nada? Para mí sería más fácil no saberlo.

—A Joe le hará muy feliz saber que estás embarazada, Lorna. Y cuando este bebé vuelva con Dios, Joe vivirá esto de tal manera que podrá comprender tus dones.

—¿Tú crees que entienda? —pregunté.

—Claro que sí —contestó Hosus—. Entenderá. Le parecerá un poco difícil de creer, pero, con el tiempo, verá que es verdad, por causa de otras cosas que pasarán en la vida de ustedes. Es hora de que hables con Joe otra vez.

—Lo haré —dije—. Tal vez salgamos a caminar más tarde.

Los niños seguían jugando en su tienda y corriendo por el jardín cuando Joe llegó del trabajo esa noche. Abrió la puerta de la cerca. Christopher y Owen se fueron corriendo a saludarlo, él los abrazó a ambos y se los llevó alzados hasta la casa. Más tarde, esa misma noche, le pedí a Elizabeth hacerse cargo de los niños, mientras Joe y yo salíamos a caminar un rato.

Paseando por el canal, hablábamos de toda clase de cosas. En un momento dado, le dije a Joe:

—Quisiera compartir algo contigo. Es algo que me muestran los ángeles.

Al pasar junto a unas flores silvestres que crecían en la orilla del canal, le hablé a Joe sobre la energía que veo alrededor de las plantas.

—Dame la mano, y tal vez los ángeles te ayuden a ver la energía alrededor de estas flores —dije, mientras le apretaba la mano a Joe—. Mira aquella flor. ¿Ves cómo salen de ella bolas de energía? Esa energía emana de la flor. ¿Ves los diferentes colores: amarillo, blanco y azul?

Me di media vuelta, sin soltarle la mano a Joe, y les pedí a los ángeles que lo dejaran ver.

—Mira esa amapola roja. ¿Ves las espirales que van subiendo desde la base de la planta? Son como fuegos artificiales, que se suceden uno tras otro y solo duran unos segundos.

Joe miró hacia donde yo le indicaba, pero por la expresión de su cara comprendí que no veía nada, y que incluso dudaba de lo que yo veía. Sentí una terrible decepción.

—Anda, vamos a casa —dijo Joe.

De repente, aparecieron unos ángeles que parecían flotar sobre el canal. Los ángeles soplaron suavemente en las flores. Joe ya se iba, pero yo lo tomé de la mano y le dije:

—Mira la brisa que sopla en las flores. ¿Ahora sí ves, Joe?

Joe quedó como una estatua, y dijo sorprendido:

—Jamás había visto nada igual.

Luego, me describió lo que estaba viendo. Yo sonreí. *Esta era la primera vez que recibía confirmación de que las otras personas podían ver lo mismo que yo.*

Joe me sonreía asombrado y me dijo:

—Algunas cosas son difíciles de creer, pero sé que de ti no puedo dudar.

Joe volvió a mirar de nuevo, y se sintió un poco frustrado al ver que la energía en torno a las flores había desaparecido.

—Yo misma no lo entiendo —le dije—. Es como si la energía se prendiera y se apagara, y el ojo humano solo pudiera verla por instantes.

Nos tomamos de la mano y regresamos a casa llenos de satisfacción. Acostamos a los niños y luego, más tarde, nos sentamos a hablar. Joe me hizo muchas preguntas, y algunas de ellas no las pude responder.

Con el paso del tiempo, papá comenzó a participar en más grupos de oración, tanto en Dublín como en la zona donde vivían mis padres, incluyendo un grupo de "cristianos renacidos". Ocasionalmente, cuando los niños y yo íbamos de visita donde mis padres, llegábamos cuando un visitante de uno de los grupos de oración se iba. Un día en particular, cuando llegamos, se abrió la puerta de la casa y un hombre salió.

Se quedó mirándonos y le preguntó a mamá:

—¿Quién es ella?

Mamá respondió que yo era su hija, y que los niños eran sus nietos. El hombre le sugirió a mamá llevarnos un domingo a un grupo de oración. Yo saludé, pero seguí caminando con los niños y entramos en la casa por la puerta de la cocina. Le pregunté a mamá quién era este hombre. Me dijo que era uno de los pastores del grupo de oración de cristianos renacidos de Dublín. Yo no hice más preguntas y mamá tampoco me dio más información.

Más tarde, los niños y yo tomamos un autobús y regresamos a nuestra casa en Maynooth. Mientras yo me lavaba en la cocina, miraba de reojo a Christopher, que estaba entretenido con algunos juguetes en el comedor, y a Owen, que estaba dormido. Pensaba en la invitación que nos habían hecho para participar como familia en este grupo de oración en Dublín. En ese momento, la puerta de la cocina se abrió ligeramente, produciendo un chirrido. Supe de inmediato que era el ángel Miguel.

Los ángeles no suelen intervenir en las cosas materiales que ocurren en nuestro mundo, pero por alguna razón sí lo hacen conmigo, de manera sutil. Por ejemplo, Miguel me ayuda a levantar cosas y Hosus sopla la ropa lavada. También he conocido historias en las que los ángeles son autorizados a intervenir físicamente en circunstancias extraordinarias. Una mujer que acudió a mí me contó que, en cierta ocasión, debía ayudar a su anciana madre a salir de una habitación cerrada con llave. La mujer no lograba hacer dar vuelta a la llave, por más que lo intentaba. El caso era desesperado. Le rezó a Dios y les pidió ayuda a los ángeles. De repente, la puerta se abrió sin que ella la tocara. Esto es lo que llamamos un milagro: no podemos explicarlo pero sabemos que no fue obra nuestra. Es poco común, pero ocurre con mayor frecuencia a medida que la gente evoluciona espiritualmente y acude a los ángeles.

—¿Eres tú, Miguel? —pregunté, sin darme vuelta. Al entrar, el ángel me tocó el hombro.

—Lorna, tú me llamaste —me dijo el ángel Miguel.

—No me di cuenta —contesté.

—Lorna, todavía no te has dado cuenta —dijo—, pero desde hace tiempo no necesitas llamarnos por el nombre cuando nos necesitas. Todos los ángeles de Dios están contigo todo el tiempo.

—¿Y entonces cómo supiste, ángel Miguel, que quería hablar precisamente contigo? —pregunté.

—Lorna, tu mente y tu alma están conectadas —explicó Miguel—. Tu alma sabe, antes que tu conciencia, que tu lado humano necesita hablar conmigo.

Me dio risa la idea de que mi alma sabe anticipadamente, y Christopher vino desde el comedor a la cocina a preguntarme:

—Mamá, ¿de qué te ríes?

Luego, se puso las manos en los ojos y dijo:

—Mamá, ¿de dónde salió esa luz tan brillante?

Le hice cosquillas y no respondí su pregunta. Lo mandé seguir jugando.

—¿Sabes, Miguel? —dije—, una de las cosas que me encanta hacer es ir al grupo de oración de Maynooth. Allí he conocido gente maravillosa.

El ángel me sonrió y me dijo:

—¿En qué estás pensando de verdad?

Respiré profundo y le conté a Miguel que había estado en Leixlip, en casa de mamá, y que el hombre que iba saliendo nos había invitado como familia a participar en su grupo de oración de cristianos renacidos, en Dublín.

—Es que siempre me pone nerviosa la idea de hacer algo nuevo —dije.

El ángel Miguel se rio mucho y luego me tocó la mano.

—Lorna, no tienes que pararte en la cabeza ni hacer cosas por el estilo —me dijo—. No te preocupes.

Los dos nos reímos. Miguel continuó:

—Recuerda: cuando vas al grupo de oración en Maynooth rezas y alabas a Dios. Haz lo mismo. Sé libre en tu oración y tu alabanza. Allá habrá muchas familias, y en ese sentido será diferente. Cuando llegue el momento, irás con tu familia a ese grupo de tus padres, pero eso no ocurrirá muy pronto.

Como siempre, el ángel Miguel tenía razón. Fuimos juntos a ese grupo muchos años más tarde. Cuando ocurrió, mi vida tomó un giro que me acercó mucho a mi padre.

Christopher volvió a asomarse por la puerta de la cocina.

—Ahí está la luz otra vez, mamá.

El ángel Miguel desapareció. Yo alcé a Christopher y jugamos a la carretilla un rato.

* * *

En el Año Nuevo, tal como habían anunciado los ángeles, quedé embarazada. Joe y yo estábamos muy contentos con este acontecimiento, aunque, al tiempo, también me daba una gran tristeza, pues sabía que el bebé no se quedaría con nosotros.

Cuando una mujer queda encinta, el alma del bebé ya sabe si la madre no podrá llevar el embarazo a término: si abortará, si el bebé nacerá muerto o nacerá deforme. Pase lo que pase, el alma del bebé ama a sus padres y siempre estará a su lado. Los ayudará a llevar la vida. Si alguna vez has perdido un bebé, nunca olvides que el alma de ese bebecito te escogió a ti como madre, o como padre. Te escogió aun antes de haber sido concebido. Esa pequeña alma te ama y la llena de dicha saber que tú la concebiste.

En la Biblia se dice que Dios ya te conocía antes de que fueras concebido. Esto se debe a que ya éramos seres espirituales en el Cielo, donde todos esperamos el turno para dejar el Cielo y nacer en la tierra.

Hay montones de abortos en el mundo, pero debes recordar que aunque una madre decida tener un aborto, esa pequeña alma ya sabe que su madre puede hacerlo y, aun sabiéndolo, la escoge a ella; incluso si eso significa que solo será concebida y nunca nacerá. Esa pequeña alma ha escogido a esa madre y la amará por encima de todo. Es amor incondicional. Quisiera que todas las madres recordaran esto, y en particular las mujeres que han tenido un aborto. Quizá una muchacha joven tuvo un aborto porque tenía miedo de la vida, o del mundo, o tal vez temía la reacción de sus padres, o sentía que no tenía nadie en quien confiar. Recuerda que el alma de ese bebé te ama y jamás te reprochará el no haberle dado a luz. Ya sabía lo que iba a ocurrir, y te cubre de amor.

Algunos años más tarde, cuando la gente empezó a acudir a mí en busca de ayuda, una mujer me contó su historia. En un momento dado, me dijo:

—Tuve algunos abortos espontáneos.

—Sí —respondí—. Los ángeles me lo están diciendo. En ese momento, me di vuelta hacia la puerta de la cocina. Allí, sentados en el suelo, había cinco niños, cinco almitas rodeadas de luz. Eran hermosos: las almas y los niños eran hermosos. Todos le sonrieron a su madre. Ella no los podía ver, pero yo le contaba lo que sucedía, y ella estaba dichosa. Pude decirle que algunos eran niños y algunas eran niñas, y también le dije cómo eran. Eso la puso feliz. Las almas me pidieron decirle a su madre que ellos siempre la acompañan y están a su lado.

—¿Sabe una cosa? —me dijo la mujer—. Yo siempre sentí que ellos estaban a mi lado. A veces me parecía, incluso, sentir que me tocaban una pierna con sus manitas. Siento que me tocan ahora mismo.

Yo no pude evitar sonreír, pues en ese momento estaban a su alrededor, y la estaban tocando.

—Así es —dije sonriendo—, y es una bendición que puedas sentir el contacto de tus hijos, enviados por Dios a visitarte. Recuerda, cuando te llegue tu hora, esas cinco pequeñas almas acudirán a ti para llevarte con ellas al Cielo.

—Gracias —dijo la mujer—. Yo jamás le había contado a nadie sobre la presencia de mis bebecitos a mi alrededor, y jamás le había dicho a nadie que los sentía tocarme. Me daba miedo decirlo. Me daba miedo que la gente pensara que yo estaba loca.

Es muy importante recordar que millones de personas tienen experiencias espirituales, pero les da miedo hablar al respecto. Muchas personas creen que los ángeles les ayudan y a veces los sienten, pero luego se dicen a sí mismas que tal vez son cosas de su imaginación. Es maravilloso reconocer su presencia y decir: "Sí, creo en los ángeles. Creo en Dios". Perdemos muchas oportunidades de hacerlo. Muchas veces solo decimos estas cosas cuando nos sentimos desolados, cuando estamos enfermos o muy desesperados. Solo entonces nos acordamos de Dios y rezamos. Nos da miedo reconocer la presencia de Dios y sus ángeles. A medida que vas creciendo espiritualmente, vas descubriendo que no te da miedo reconocer la presencia de Dios, de sus ángeles o de cualquier ser espiritual que provenga del Cielo.

Durante los primeros meses de mi embarazo, Joe tampoco se veía muy bien de salud. Se quejaba mucho de dolor de estómago y los médicos lo mandaban al hospital para hacerle diversos análisis. Ellos decían que tenía el apéndice inflamado, pero que no estaba tan enfermo como para operar, así que lo mandaban a casa con medicamentos. Joe seguía con mucho dolor. Él, que ya era delgado, comenzó a perder peso.

Yo veía cómo se deterioraba Joe: ese halo gris alrededor de sus órganos que yo había visto antes de casarnos se había oscurecido, y en la zona junto al apéndice veía una masa roja inflamada.

Yo estaba muy enojada con los ángeles. Les decía que era injusto ver a Joe sufrir de esa manera mes tras mes. Les rogué que lo ayudaran. El médico dijo que no podía hacer nada. Le pidió excusas a Joe, pero le dijo que en el hospital no aprobaban el procedimiento para operar el apéndice a menos que estuviera en estado crítico.

Perdí al bebé a los tres meses de embarazo. Una semana antes de que mi bebecito dejara este mundo, los ángeles me tocaban el estómago; de allí salían haces de luz. Muchas veces pregunté si no era posible que el bebé se quedara con nosotros. La respuesta siempre era negativa. Muchas veces Joe me preguntaba por qué estaba triste, y yo le decía que era por las hormonas, y que no me hiciera caso. Jamás le conté lo que me habían dicho los ángeles.

Por muy enfermo que estuviera, Joe siempre ayudaba en la casa. Aquel día funesto, yo había acompañado a Joe a apilar la turba en el cobertizo y le dije que quería volver a casa a sentarme en el sofá, porque me sentía cansada. Me quedé dormida un rato y Joe entró diciendo que ya había terminado el trabajo. Los niños estaban jugando afuera. Yo me iba a levantar para hacer té, pero Joe se ofreció a hacerlo.

Joe estaba en la cocina cuando empecé a sentir un dolor horrible. Sentía que la vida se me escapaba del cuerpo. Llamé a Joe con urgencia. Él llegó de inmediato y se sentó a mi lado. Me dijo que estaba muy pálida. Luego, fue a buscar una almohada en la habitación y me la puso debajo de la cabeza.

Sentí que mi alma sostenía al alma de mi bebé, salía de mi cuerpo y subía hacia una luz hermosa. Yo sabía que mi bebé había muerto y *que yo estaba muriendo también.*

Ascendía hacia la luz, llevando a mi bebé. El dolor había pasado. Yo iba por un túnel plateado y dorado; era un túnel enorme formado por ángeles blancos y brillantes. No podía ver el final del túnel, pues hacía una curva. Sin que nadie me lo dijera, yo sabía que iba hacia el Cielo. No sentía temor, sino una dicha inmensa.

También veía otras almas que iban al cielo. Tenían apariencia humana, y llevaban túnicas blancas y resplandecientes. Lo llamo blanco porque no conozco otra palabra, pero era un color mucho más brillante. A través de las túnicas se veía también la luz de su alma, que les iluminaba la cara, con lo cual se veían mucho más puros y radiantes de lo que jamás pudieron verse en esta tierra.

Al llegar a un punto determinado, un hermoso ángel se puso delante de mí y me impidió seguir avanzando. Yo sabía por qué no me dejaría pasar, pero el ángel me habló con la voz más dulce, amable y compasiva que sea posible imaginar.

—Lorna, no puedes venir con el bebé. Tienes que regresar.

—No quiero regresar —le dije al ángel hermoso. Pero muy dentro de mi alma sabía que no me había llegado la hora de ir al Cielo.

—Da media vuelta, Lorna. Mira al otro lado del túnel —dijo el ángel.

Me di vuelta y vi a Joe, abrazando mi cuerpo inerte en el sofá, buscándome el pulso, la respiración, sacudiéndome y diciendo:

—Regresa, regresa. No te me mueras.

Hablaba y rezaba al mismo tiempo.

Yo miré al ángel y le dije:

—Amo a Joe y a los niños, pero todavía no quiero volver al mundo humano. ¿Para qué? Aquí estoy en presencia de Dios. Aquí estoy perfecta en todos los sentidos. Me siento increíblemente viva. No siento ningún tipo de tristeza o dolor. ¿Por qué tengo que irme?

—Tienes que hacerlo —dijo el ángel hermoso—. Tienes que regresar, Lorna.

Miré el alma de mi bebé, a quien llevaba en brazos. Él me sonrió. Sus ojos azules centellearon; refulgía de vida. El ángel hermoso extendió sus brazos para llevarse al bebé.

Una poderosa autoridad entró en mi alma. Yo sabía que no había más remedio, que debía regresar, que no podía seguir allí.

Besé a mi bebé y lo abracé con fuerza; luego, muy a mi pesar, lo puse en los brazos del ángel hermoso. Realmente no quería soltarlo, aunque sabía que algún día lo volvería a ver y que, entretanto, este hermoso ángel blanco como la nieve se haría cargo de él.

En cuanto entregué mi bebé, es como si Dios hubiera tomado mi alma y la hubiera hecho regresar suavemente por el túnel, hasta nuestra casa en Maynooth, hasta el sofá donde estaba mi cuerpo.

Mi alma comenzó a entrar lentamente en mi cuerpo, pero el dolor era horrible. Sentía cada poro, cada órgano, cada hueso, cada músculo. La vida volvía a llenar un cuerpo que había estado muerto unos minutos. El dolor era espantoso pero, por alguna razón que no puedo entender, no podía llorar. No podía emitir ni un sonido.

Al fin, oí la voz de Joe.

—Lorna, gracias a Dios estás viva. Creí que te habías muerto.

Logré sonreírle un poco.

Me quedé acostada allí durante horas, con los ángeles conteniéndome, y no permití que Joe me dejara, ni siquiera para llamar un médico o una ambulancia. Muy dentro de mí yo sabía que viviría, que ese era mi destino. Jamás le dije a Joe que había estado muerta esos breves minutos. Él no necesitaba saber eso, y solo habría conseguido asustarlo más de lo que ya estaba. Al cabo de un tiempo Joe fue a la cabina telefónica y llamó a mis padres para decirles que vinieran.

Le pedí a Joe no contar nada de lo ocurrido. Lo único que les dije a mis padres es que me había estado sintiendo mal ese día y que había comenzado a sangrar. Joe y papá me llevaron al hospital, y mamá se quedó cuidando a Christopher y a Owen.

En el hospital, los médicos y las enfermeras estaban muy preocupados por mi debilidad. Por supuesto que a ellos tampoco les dije nada de lo que había ocurrido ese día. Me hicieron una ecografía y me dijeron que no se veía nada; que no había señales del bebé. El doctor me tomó la mano y me dijo que lo lamentaba mucho.

—Usted ha perdido al bebé. No alcanzó a llegar al hospital.

Cuando el médico salía, papá entró y me dijo:

—Siento mucho que hayas perdido al bebé. Sé que significaba mucho para ti.

Tenía los ojos llenos de lágrimas. Jamás había visto a papá tan afectado por lo que me pasaba.

Los médicos me dijeron que debía hospitalizarme. Papá y Joe se quedaron hasta que me llevaron a una habitación y luego se fueron. Unos días más tarde me hicieron un legrado.

Joe iba a visitarme todas las noches. Se sentía preocupado por mí y triste por la pérdida de nuestro bebé. Dos semanas después me dieron el alta, pero seguía muy débil y debía pasar mucho tiempo en cama. Yo estaba feliz de estar de nuevo en casa y de poder abrazar y besar a mis hijos.

Varios años más tarde le conté a Joe algunos detalles de lo que había ocurrido aquel día en que yo había muerto, había empezado a recorrer el camino hacia el Cielo y había regresado. Se lo dije para consolarlo en sus últimos meses de vida.

Muchas personas temen la muerte, pero no es necesario. En el momento de la muerte no hay dolor, no hay molestia. Algunas personas padecen dolor hasta el último instante de su vida, pero luego desaparece. No sientes temor ni ansiedad... Te vas libremente. La muerte es como el nacimiento; sé que tc parecerá extraño, pero naces a otra vida. En realidad no "mueres". Simplemente abandonas un cascarón físico.

Sé que hay un lugar llamado Infierno, que existe realmente, pero Dios jamás me ha mostrado a nadie que haya sido enviado allá. Solo puedo hablar de lo que he visto yo, y, según lo que he visto, Dios perdona a todos, sin importar lo que hayan hecho. Sé que esto es difícil de entender. Muchas veces buscamos justicia y venganza. Por eso es difícil entender, pero cuando nuestra alma queda frente a Dios después de la muerte, siente tanto amor y tanto deseo de estar con Él que quiere permanecer allí, y pide perdón de una manera muy profunda y real. Perdón por todo lo que hizo en esta tierra por causa de la fragilidad de la condición humana.

Dios, en su infinita misericordia, perdona a su hijo. Todos somos hijos de Dios, nuestro padre.

Tu alma es perfecta; cuando tu alma se separa de tu cuerpo, puede viajar por el universo a lugares que jamás habrías imaginado. ¿De qué manera podría ayudarte a comprender la maravilla de este sentimiento? La verdad es que no hay manera. Es imposible decírtelo, a menos que lo hayas experimentado por ti mismo. Para esto, casi todos los seres humanos deben esperar hasta el momento de la muerte.

Cuando mueres, no estás solo. Todo el tiempo te acompañan los ángeles y los espíritus de quienes han partido antes que tú. No querrás regresar. ¿Para qué vas a querer regresar a tu cuerpo humano, si dejarás de sentir dolor y tristeza? Por eso, cuando la gente muere, el único que puede hacer regresar el alma a su cuerpo es Dios, porque todavía no le ha llegado la hora a esa persona.

Nos hemos convertido en una sociedad muy materialista, y por eso muchas veces nos preguntamos ante la muerte: "¿Eso es todo? ¿Me pudro y luego no hay nada más?". Te aseguro que sí hay más: mucho más. Espero poder comunicar esta idea a través de mis libros, y ayudar a la gente a comprender. A creer en lo que digo. Creer que sí hay más, mucho más, aunque no pueda probarlo ahora. Cada cual recibirá la prueba al morir. Algunas personas consideran que eso sería demasiado tarde: esperar hasta la muerte para tener una prueba. La verdad es que la gente recibe pruebas en vida, pero es necesario mirar y escuchar con mucha atención para reconocerlas.

CAPÍTULO 17

Tres golpes en la ventana

U nos días después de mi salida del hospital, el clima se empezó a poner muy frío. Joe había vuelto a trabajar con el ayuntamiento local, aunque esta vez con un contrato temporal. Yo estaba afuera, en el cobertizo, recogiendo un poco de turba para prender el fuego, cuando oí que me llamaban por el nombre. Me di vuelta, pero no vi a nadie. Llevé el cubo lleno de turba hasta la casa. Allí, sentado en la silla junto a la chimenea, había un ángel.

Me asustó un poco, pues era muy llamativo, muy diferente de los demás ángeles que había visto. Es como si estuviera hecho de pedacitos de vidrios rotos, perfectos y de idéntico tamaño, que reflejaban la luz. Su cara y sus rasgos eran muy angulosos, y medía unos tres metros, pues la cabeza le llegaba casi hasta el techo. Como cosa bastante rara, parecía emitir música por todas partes: una música embelesadora, delicada, en nada similar a todo lo que había escuchado hasta entonces. No era una música humana, sino una clase de música que quizá pueda considerarse como música celestial.

—Hola, Lorna —me dijo con voz suave—. Mi nombre es Kafa. Algo muy especial va a ocurrir, algo muy bueno para ambos, pero especialmente para Joe.

—Ángel Kafa, ¿puedes decirme cuándo? —pregunté.

—Pronto, Lorna. Lo sabrás cuando los ángeles bajen a tu hogar —terminó diciendo el ángel Kafa. Luego se levantó de la silla y desapareció.

Pasaron varias semanas, no sé cuántas, y el clima se puso aún más frío. Joe seguía muy triste con la pérdida de nuestro bebé. Yo también lo lamentaba, pero como sabía desde antes lo que iba a suceder, había tenido tiempo para prepararme. El clima estaba horrible y hacía muchísimo frío afuera. Para completar, nevaba como nunca. Al salir del trabajo, Joe había parado a comprar unas cosas en el supermercado y lo recuerdo llegando a casa con montones de bolsas. Cuando iba entrando dijo:

—¡Dios mío, qué frío!

Al decir la palabra Dios, los ángeles descendieron sobre nuestro hogar.

Parecía como si los ángeles entraran en nuestra casa por todas partes: por el techo, por las paredes e, incluso, por el suelo. Cada milímetro de la casa parecía lleno de ángeles. Era algo que ya me había ocurrido antes, y que me ocurre todavía cuando algo muy especial va a pasar. Yo sabía que esto era lo que había anunciado el ángel Kafa: algo especial para Joe.

—Es mejor estar preparados —continuó Joe—. A lo mejor mañana no podemos salir con tanta nieve.

Ya se había acumulado bastante nieve afuera, y en la radio habían anunciado el cierre de algunas carreteras; el tráfico estaba bloqueado en Leixlip, por causa de la nieve y el hielo.

Esa noche, teníamos la chimenea encendida (habían cortado la energía y esa era nuestra única luz) y recuerdo que me sentía muy a

gusto en nuestro hogar. Los niños estaban dormidos, teníamos su-
ficientes combustible y comida, y la sensación era muy agradable.
Me sentía segura. Hacia las diez de la noche, Joe y yo estábamos
sentados frente al fuego, disfrutando un té y unos sándwiches, y hablando sobre el bebé que habíamos perdido. Esa noche le pusimos
un nombre.

El pequeño salón de estar brillaba con los ángeles; algunos fueron a nuestro dormitorio y luego regresaron al salón. En ese momento, los oí decir que Christopher y Owen dormían como un par
de angelitos.

El silencio era total; no se oía ningún ruido. Me levanté de la
silla y miré por la ventana. Afuera estaba oscuro como boca de lobo,
salvo por la nieve, que parecía brillar en medio de la oscuridad. Yo
estaba un poco nerviosa y muy entusiasmada. No sabía qué nos iban
a mostrar los ángeles, pero sabía que sería algo especial.

Un minuto más tarde, sonaron tres golpes en la ventana. Por
supuesto, Joe y yo casi saltamos hasta el techo del susto.

—Ay, Dios, debe haber alguien afuera —dijo Joe.

Cuando se estaba levantando de la silla, se oyeron tres golpes
en la puerta.

—Se deben estar congelando —dije yo—. Deben ser papá y mamá. Tal vez tenían que venir a alguna cosa.

—Es una locura salir en una noche como esta —dijo Joe.

Joe estaba rodeado por un montón de ángeles pero, obviamente, no se daba cuenta. De repente, comprendí lo que estaba pasando
y empecé a reírme.

—¿De qué te ríes? —preguntó Joe.

—No hay nadie allá afuera —dije—. Yo sé quién era.

—¿Quién?

—Era nuestro bebé —contesté—. Se estaba despidiendo. Te estaba dando una señal física, para ayudarte a creer.

—Deja ya de decir esas cosas absurdas —dijo Joe.

—Sal a la puerta y verás que no hay huellas en la nieve.

Me volví a reír al ver la expresión en la cara de Joe. El salón estaba lleno de ángeles. Sé que los ángeles habían llevado al alma de mi bebé a tocar en la ventana y ahora estaba de nuevo con los demás ángeles. Yo no necesitaba ver a nuestro hijo: esto lo hacía por su padre, para ayudarle a creer.

Joe abrió la puerta de la casa. Había casi treinta centímetros de nieve en el suelo. Parte de la nieve se metió hasta el felpudo, y el viento helado también se coló en la casa. Joe miró hacia fuera, incrédulo: no había huellas en la nieve. Volvió a mirar mejor, para ver si había huellas de algún animal o de algún ave. Salió a la nieve y quedó blanco. No lo podía creer. Me miró y sacudió la cabeza diciendo:

—¡Dios mío, esto es demasiado!

Finalmente, volvió a entrar y cerró la puerta. Yo le dije:

—No te preocupes, siéntate frente al fuego y caliéntate. Era tu hijo, nuestro bebé, despidiéndose. Ahora puede irse con los ángeles al Cielo, donde debe estar. Ya puedes dejarlo ir.

Joe lloró frente al fuego. Nos abrazamos y empezamos a llorar los dos. Sin embargo, era un llanto sereno.

—¿No te parece maravilloso ese regalo que nos hizo nuestro bebé? —le dije—. Es maravilloso que los ángeles permitieran que eso pasara, para que nosotros sepamos que nuestro bebé está bien. Nuestro bebé nos estaba dando las gracias por ser sus padres.

* * *

Papá tenía la costumbre de caernos de sorpresa, casi siempre hacia el final de la tarde. A mí me encantaba eso. Un día, yo estaba trabajando en el jardín, arrancando la mala hierba y limpiando con el azadón los surcos entre las papas (ahora cultivábamos casi todas las hortalizas y frutas que consumíamos) y Christopher me estaba ayudando. Aunque solo tenía cinco años, siempre estaba dispuesto a ayudar.

Oí el auto de papá cuando estacionó frente a la casa y me volteé a mirar. Los dos niños gritaron "¡abuelito!". Christopher corrió por entre las papas y fue a abrir la puerta de la cerca, mientras Owen trataba de alcanzarlo. La puerta de la cerca estaba amarrada con un cordel. Alcé a Owen y le ayudé a Christopher a desamarrarla. La puerta se abrió y Owen movió piernas y brazos para que lo pusiera en el suelo. Christopher saludó a papá, que se estaba bajando del auto. Venía con su atuendo de pesca y llevaba su sombrero favorito: un sombrero de *tweed* con llamativas moscas artificiales de colores. Tenía ese sombrero desde hacía muchos años y se lo ponía siempre que tenía la oportunidad. Lo cuidaba muchísimo.

Papá saludó a los niños dándoles palmaditas en la cabeza. Siempre lo hacía y yo a veces comentaba: "no les des palmaditas como si fueran perros, papá", y él se reía.

—El jardín va muy bien —dijo papá, mientras Christopher lo llevaba de la mano hacia el cultivo de papas.

—Cuando los niños acaben de mostrarte la huerta, entra a tomarte un té —dije.

Owen, que para entonces tenía tres años, fue el primero en llegar a la cocina, tambaleándose. Había nacido prematuramente y, como no se había desarrollado por completo antes de nacer, sus caderas rotaban mucho más de lo normal. Se movía muy rápido y yo contenía el aliento al verlo; se caía tres o cuatro veces y siempre se volvía a levantar. Es como si tuviera las articulaciones excesivamente flexibles de la cintura para abajo. Muchas veces, cuando veía a Owen tambalearse y contenía mi respiración, aparecían ángeles revoloteando en torno a él para protegerlo. Por la forma como se caía uno podría pensar que se romperían los huesos, pero nunca fue así. Los médicos del hospital decían que las caderas de Owen no se desarrollarían adecuadamente sino hasta la edad de siete años. Yo le decía muchas veces a Joe que no veía la hora de que Owen cumpliera los siete años para sentirme más tranquila.

—Lorna —dijo mi padre—, ¿qué te parecería ir con Joe y los niños a unas vacaciones de verano con tu mamá y conmigo a una casita de campo de Mullingar?

La idea me pareció fabulosa. Joe y yo jamás habíamos tenido vacaciones; ni siquiera nos habíamos ido de luna de miel. Me parecía fantástico poder hacer una pausa.

—Claro que sí —dije—. Nos encantaría. Espero que Joe pueda sacar tiempo libre.

Joe se había recuperado de su apendicitis, pero yo seguía viendo la misma masa roja de energía alrededor del apéndice. Sabía que volvería a enfermarse de nuevo. Hacía poco había conseguido un puesto en la fábrica local de alfombras. Era un trabajo físico duro, en condiciones poco agradables, lavando y tiñendo lana, y casi siempre debía trabajar en los turnos de la noche. Muy probablemente este trabajo no era bueno para su salud, pero necesitábamos el dinero.

Una de las pocas ventajas de este trabajo, aparte de los ingresos —exiguos pero constantes— era que Joe podía comprar a muy bajo precio lana sin teñir. Tejí muy poco de niña, pero ahora que tenía acceso a esta lana empecé a tejer como loca, aunque todos los suéteres que tejía eran de un solo color: ¡el color de las ovejas! Tejí suéteres trenzados para los niños, para Joe y para mi padre. A papá le encantaba su suéter y se lo ponía mucho cuando no estaba trabajando.

Aquel día, papá y yo nos sentamos a tomarnos una taza de té y a hablar unos minutos. Los niños también estaban felices. Le hacían a su abuelo muchas preguntas sobre la casa de campo: dónde quedaba, cómo era, qué árboles había en el jardín.

—El jardín parece una selva, con montones de árboles, y el pasto es más alto que ustedes —decía papá—. También hay un camino viejo. Se van a divertir mucho.

—¿Cuándo vamos a ir? —preguntaban los niños.

—Cuando el papá y el abuelito tengan vacaciones —les dije yo.

Papá se terminó el té y salió un rato al jardín con los niños. Luego se despidió:

—Nos vemos, Lorna. Me voy.

El día antes de comenzar nuestras vacaciones hacía mucho sol y no soplaba nada de brisa. Sin embargo, cuando estaba colgando la ropa en las cuerdas, de repente sopló un viento muy fuerte. Yo sabía que no era una brisa común y corriente y me empecé a reír.

—Apuesto a que eres tú, Hosus —dije—. ¿Por qué me soplas así la ropa? ¿Qué estás tramando?

Hosus apareció. Como siempre, me estaba gastando bromas para hacerme reír. Luego desapareció otra vez, como una luz que se desvanece en el aire. Es un ángel maravilloso. Ese día, vi a mi hijo Christopher parado allí, mirando fijamente en la misma dirección, y por la expresión de sus ojos supe que veía lo mismo que yo. Jamás lo mencionó, ni entonces ni después. Tal vez lo haya olvidado; tal vez lo recuerde al leer este libro... no lo sé. Ya veremos.

El día que salimos de vacaciones, me preocupaba que no fuéramos a caber en el auto de papá. El auto no era muy grande y nosotros teníamos muchas maletas, con la ropa para los niños y todo. Los niños estaban en el jardín, esperando con impaciencia a que llegaran los abuelitos. Cuando el auto apareció frente a la cerca, los niños gritaron de felicidad.

Christopher y Owen se subieron enseguida al carro con sus juguetes, mientras papá y Joe trataban de acomodar todas las cosas en el maletero. Finalmente, arrancamos hacia Mullingar, en County

Westmeath, a unas cincuenta millas de Maynooth. Joe habló bastante, pero yo estuve más bien callada, jugando con los niños.

Llegamos tarde a la casa de campo; ya casi había oscurecido. Sin embargo, había una hermosa luna llena y un cielo despejado lleno de estrellas. La casa de piedra era linda y muy acogedora. Me sentía feliz de estar allá. Papá y mamá dormían en la planta baja y nosotros, en la planta superior. Esa primera noche dormí muy bien.

Durante las vacaciones, papá y Joe pescaron mucho en diferentes lagos que había en la zona. Papá también nos llevaba a los niños y a mí a pasear en un bote. A los niños les fascinaba montar en el bote, que se movía de un lado para otro, aunque no nos alejábamos mucho de la orilla.

Papá había tenido un accidente en el taller algunos años atrás, y desde entonces había quedado imposibilitado para hacer trabajo físico pesado. Aunque Joe no estaba exactamente en su mejor forma física, esas vacaciones hizo buena parte del trabajo que papá no podía hacer. Yo también ayudé. Pusimos paneles de cartón-yeso en las paredes para proteger la casa de la humedad. Era un trabajo difícil, pues una de las paredes era muy alta y los paneles eran muy pesados. Durante dos días seguidos trabajamos hasta la noche, pero al final de las vacaciones habíamos logrado terminar el trabajo.

Papá y Joe fueron a pescar algunas noches. Una noche le dije a Joe que quería salir a caminar sola y le pedí que se quedara con los niños. No quería compañía, pues tenía ganas de hablar con los ángeles; no mentalmente sino en voz alta, para que pudieran caminar junto a mí bajo una forma humana. Serían las ocho de la noche cuando salí. Sabía que no habría mucha gente a orillas del lago a esas horas. Crucé la carretera principal y doblé a la izquierda por una carretera secundaria que conduce al lago. En lugar de girar nuevamente a la izquierda para ir al lago, seguí todo recto. Mientras caminaba, les dije a los ángeles:

—Ya pueden caminar a mi lado. Yo sé que están bajo su forma espiritual, pero necesito que se aparezcan en su forma física, porque quiero hablarles.

El ángel Miguel apareció a mi lado, siguiéndome el paso. Me puso la mano en el hombro y me gustó esa sensación. Mientras caminábamos, el ángel Miguel me dijo:

—Lorna, un poco más allá, por este camino, hay un bosque a la derecha. Vamos a caminar allá.

Al llegar al bosque, vi que era muy oscuro y espeso.

—No quiero caminar en ese bosque —dije. Miguel me tomó la mano y continuamos. Las zarzas se apartaban y se formaba un camino. Llegamos a un claro del bosque, desde donde se alcanzaban a ver los campos en la lejanía y el lago. A veces es agradable simplemente caminar y saber que los ángeles están junto a mí y que no hay nada que temer. Sin embargo, esa noche, mientras caminaba por el bosque, tenía la sensación de que algo o alguien me miraba.

En cualquier caso, yo no le presté mucha atención y tampoco le pregunté a Miguel nada al respecto.

A la mañana siguiente, después del desayuno, papá invitó de nuevo a Joe a pescar con él y se fueron con sus cañas y sus aparejos. Les dije que nos trajeran pescado para comer con el té. Papá dijo que lo intentaría, pero que no prometía nada, y se fueron al lago. Mamá estaba ocupada en el jardín, arreglando unas macetas de flores. Cuando acabé de limpiar, me fui con los niños al camino viejo y al pequeño bosque. A los niños les encantaba este lugar que parecía, en cierto modo, selvático.

Más tarde, mamá y yo fuimos a caminar con los niños hasta el lago, para disfrutar de nuestro último día de vacaciones. Hablábamos con la gente que nos encontrábamos en el camino: algunos estaban allí de vacaciones, como nosotros, y algunos eran habitantes de la zona que mamá había conocido. Había muchas familias en la orilla del lago. Los niños y yo jugamos en el agua. A ellos les fascinaba recoger guijarros, tirarlos, ver las gotas salpicando y sentir las ondas del agua en sus piernas. A la hora de volver a casa hubo lágrimas.

Poco después, llegaron papá y Joe con unas truchas. Papá sacó las truchas y les enseñó a los niños a cortar la cabeza y la cola, y a limpiar los pescados. A los niños les parecía un poco impresionante.

—Es muy fácil de hacer —dije yo—. Yo aprendí a limpiar y cocinar el pescado cuando era niña. Es genial aprender a hacerlo, especialmente si puedes prepararlos en una fogata.

No acabé de decir esto cuando Christopher ya estaba pidiendo que prendiéramos una fogata para hacer las truchas. Por desgracia, tuvimos que decirle que no, pues esa noche debíamos volver a Maynooth. Eso sí, nos comimos las truchas, que estaban buenísimas, pero las hicimos en la cocina. Al terminar el té, limpiamos todo y empacamos las cosas en el auto. Mamá y papá nos dejaron en Maynooth y siguieron su camino. Era el final de las vacaciones.

* * *

Nunca nos sobraba nada. A veces, yo le preguntaba al Señor cómo es que lográbamos sobrevivir, pero así era. Yo manejaba la casa con muy pocos recursos. Utilizaba hasta el último centavo y cultivaba nuestras propias hortalizas. Nunca compraba ropa nueva para Joe o para mí. De vez en cuando mi madre nos anunciaba que tenía una bolsa llena de ropa (no sé de dónde la sacaba), pero a mí nunca me quedaba buena: era demasiado grande o me hacía ver como una abuelita. A veces, pero no siempre, había pantalones o suéteres que le podían servir a Joe. Los dos nos reíamos y decíamos: "A caballo regalado no se le mira el diente".

Muchas veces, mi anillo de compromiso fue nuestra salvación. Las prenderías eran una bendición para nosotros, y también para muchas familias irlandesas en aquella época: siempre había que hacer fila. En ocasiones, recuerdo que salía de la prendería con los billetes en la mano, sintiéndome millonaria. A veces no teníamos dinero ni para comprar pan. Entonces, Joe se iba a Dublín a dedo, con mi anillo de compromiso en el bolsillo, y se iba directo a la prendería. Le daban unas diez libras por él. Luego, ahorraba poco a poco y lo volvía a recuperar. ¡Ese anillo fue nuestro salvavidas!

Un vecino le regaló a Joe su bicicleta. Era un hombre mayor que vivía en nuestra calle. Un día le pidió a Joe que le ayudara a limpiar su casa y su jardín; en señal de gratitud, le regaló su vieja bicicleta. Solo necesitaba una buena limpieza y unos arreglos menores. Agradecí a Dios y a los ángeles por esta bicicleta, y a nuestro vecino por escuchar a sus ángeles. Ahora Joe podía ir en bicicleta hasta la fábrica de alfombras.

A pesar de la falta de dinero, aquellos años fueron maravillosos. Fueron tiempos estupendos, en que era un placer estar con vida, viendo a mis hijos sonreír y a Joe disfrutar de la vida que le quedaba.

En el verano que siguió a la pérdida de mi bebé, a Joe se le ocurrió una gran idea. Fue a la tienda de bicicletas en Celbridge e hizo un trato con el dueño: a cambio de trabajar todas las noches en la tienda, limpiado y ordenando todo, durante dos semanas, el dueño le daría dos bicicletas: una de adulto y otra de niño. Así, poniendo a Owen en la parte trasera de la bicicleta de Joe, podríamos ir a pasear juntos.

Después de salir de su trabajo en la fábrica de alfombras, Joe se iba a la tienda de bicicletas. Llegaba a casa después de la medianoche. Sin embargo, valió la pena. Al cabo de la primera semana, le dieron la bicicleta de niño. Hay que decir que estaba en muy malas condiciones y necesitaba una buena reparación. A la mitad de la segunda semana, el dueño de la tienda le dio la segunda bicicleta. Esta se veía mucho mejor.

A Christopher le emocionaba la idea de tener una bicicleta. Con su ayuda, finalmente logramos reparar las bicicletas. Christopher, que por entonces era un chico muy delgado, le ayudaba a su padre a engrasar la cadena, a arreglar los radios y todas esas cosas. También aprendió a montar muy bien en bicicleta.

Nunca olvidaré el día que nos fuimos de picnic a Donadea en bicicleta, a unos nueve kilómetros de distancia. Joe dijo que nueve kilómetros era demasiado para un niño de cinco años, así que tendríamos que ver hasta dónde alcanzábamos a llegar sin que Christopher se sintiera demasiado cansado. Joe había puesto una silla para Owen en la parte trasera de su bicicleta y yo llevaba las bolsas con el picnic en la parte trasera de la mía.

Me preocupaba Christopher, pues la distancia era larga, pero no había por qué. Christopher lo hizo muy bien. En todo caso, parábamos de vez en cuando para descansar, o para caminar con las bicicletas.

Después de eso, empezamos a ir a Donadea a hacer nuestros picnics siempre que podíamos, y pasábamos unos momentos muy agradables. El ambiente era muy tranquilo, especialmente en la tarde, cuando todo el mundo había regresado a su casa. También había lo que algunos llamaban lago, pero que para mí era una laguna, con patos y todo, y había un puentecito que llevaba a una isla diminuta donde había cuatro árboles y algunas mesas de picnic, pero no había césped.

Al llegar, encendíamos una pequeña fogata y hacíamos té. A los niños les encantaba hacer la fogata en la isla, rodeados de agua, viendo a los patos que se acercaban a buscar pan. Nos comíamos nuestros sándwiches con el té y mirábamos las estrellas. Sé que no teníamos permiso de encender fogatas allí, debido a la cercanía con el bosque, pero siempre teníamos mucho cuidado. Cuando era niña, papá me había enseñado muchas cosas sobre las fogatas y otros asuntos relacionados con la naturaleza. Me había enseñado a encender fogatas, a caminar sin correr peligro por la orilla de un río, a nadar en medio de corrientes. Me había enseñado que hay reglas para todo.

Una de esas noches, las estrellas brillaban en el cielo y había luna llena. No estaba tan oscuro. Estábamos nosotros solos, acompañados nada más por los patos. Hicimos una pequeña fogata. Los niños se estaban comiendo sus sándwiches y jugando por ahí, entretenidos con sus cosas de chicos. Le dije a Joe que quería estar sola unos instantes, y le pedí que cuidara a los niños mientras yo me iba a caminar. Desde hacía un tiempo había notado que algo o alguien me miraba desde la distancia, y quería hablar con los ángeles al respecto.

Joe arguyó que estaba oscuro, pero yo le dije que me llevaría la linterna.

Crucé el puentecito de madera y tomé por un camino que llevaba a un viejo castillo, luego tomé a la derecha, hacia un claro con muchos árboles alrededor. Me escondí detrás de un gran roble, para que Joe no pudiera verme. Realmente quería estar sola y sabía que él estaría pendiente de mí.

El ángel Elías apareció, como una luz que refulgía en medio de los árboles, y se dirigió al claro. Me llamaba y estiraba sus brazos hacia mí. Yo levanté mis manos y él me las cubrió con las suyas.

Nos comunicábamos sin palabras. Elías me hablaba sin palabras.

—Lorna, él camina en la oscuridad. No tengas miedo, pues no puede acercarse a ti si Dios no se lo permite. ¿Sabes de quién estoy hablando?

—Sí, ángel Elías —dije—. De Satán. ¿Es él quien me mira desde la oscuridad? He notado la presencia de algo o de alguien en los confines de mi vida, más allá del círculo de luz que me rodea, a millones de kilómetros de distancia, en otro círculo de oscuridad donde habita. Tengo miedo desde hace seis meses, aunque sé que Dios y todos los ángeles me protegen.

—Lorna, esto está ocurriendo porque Dios te va a poner a prueba poniéndote en presencia de Satán —dijo Elías.

—¿Dónde estará Dios cuando esto ocurra? —pregunté.

—Dios estará a tu derecha y Satán a la izquierda —explicó Elías.

—Dios estará conmigo para darme fuerzas —afirmé—. Eso es lo que importa.

Sin embargo, muy dentro de mí estaba aterrorizada. Luego, el ángel Elías me soltó las manos y mientras bajaban hacia mis costados yo me sentía llena de paz y amor. Con una sonrisa, Elías me indicó con un gesto que Joe y los niños se acercaban.

Me di vuelta. Christopher llevaba su bicicleta y Joe venía con las otras dos y con Owen.

—Lorna, tenemos que irnos. Se está haciendo muy tarde —dijo en voz baja, como si no quisiera despertar a las criaturas del bosque.

—Cómo se pasa el tiempo —dije.

Agarré mi bicicleta y nos fuimos caminando hasta la carretera. Me sentía muy sosegada, desprendida del mundo humano y de mi familia. Desde ese momento, empecé a sentir que Satán se acercaba a mí. Podía tomarle meses o incluso años llegar hasta mí, pero yo sabía que habríamos de encontrarnos en algún momento.

CAPÍTULO 18

Qué suerte tiene Lorna...

Una noche de invierno, Joe y yo llegamos al grupo de oración de Maynooth. Ya había cerca de veinticinco personas en el salón, y varios de los presentes eran muchachos. Johnny, un hombre muy espiritual, nos dio la bienvenida a todos y empezamos a orar y a cantar: eso me gustaba mucho. Luego, todos empezamos a rezar en silencio. Se podía oír hasta el zumbido de una mosca. En ese momento, un ángel me susurró al oído:

—Lorna, abre los ojos y levanta la cabeza. ¿Ves a ese muchacho, a la derecha?

—Sí —susurré yo a mi vez.

—Bueno, vas a compartir la visión de ese joven. Ahora, baja la cabeza y cierra los ojos.

De inmediato, entré en su visión. Yo estaba caminando junto al joven, por una carretera sinuosa y polvorienta, llena de piedras y huecos. No era posible ver a lo lejos, pues había muchas curvas. El joven ya llevaba un tiempo caminando, pero lograba esquivar las piedras y los huecos. Parecía perdido pero no era así, pues en la siguiente curva apareció una edificación con escaleras en el costado izquierdo. Con gran esfuerzo, el joven comenzó a subir las escaleras, que parecían más pendientes a cada paso que daba. Poco a poco, logró llegar hasta la puerta.

Tal como yo percibía su visión, era como si la edificación se hubiera vuelto más grande; parecía enorme. Desde la carretera se veía de un tamaño normal, pero ahora era gigantesca. El joven se veía sorprendido. La puerta frente a él era colosal: tan grande y pesada que, a su lado, él se veía diminuto. Él quería entrar, pero le costaría muchísimo trabajo. Finalmente, con todo el peso de su cuerpo, logró abrirla un poco y se coló dentro. Allí había un enorme salón vacío, bañado por una luz maravillosa. El joven se sentó en el suelo y comenzó a orar; él era como un punto en este espacio tan amplio.

Sentí que el ángel me tocaba la cabeza, y la conexión entre el joven y yo se acabó.

—Ha llegado la hora de compartir nuestras experiencias —dijo Johnny.

Uno por uno, todos empezaron a hablar. Finalmente, el joven que había tenido la visión tomó la palabra. Describió la visión tal como la había experimentado: era lo mismo que yo había visto. Esta era la primera vez que yo compartía la visión de otra persona de esta manera, y estaba muy emocionada por eso. Al terminar de describir su visión, el joven dijo que no comprendía su significado.

Los ángeles me dijeron que hablara. Yo debía decirle al muchacho lo que significaba su visión, a fin de darle ánimos para continuar su viaje.

Yo estaba nerviosa, ¡aterrada!

—¡No puedo hacerlo! —les dije a los ángeles—. Nadie me hará caso. Yo solo soy una persona común y corriente.

El joven terminó de hablar. Los ángeles seguían insistiéndome, y yo seguía explicándoles las razones de mi negativa. Entonces, otro joven habló y los ángeles me ordenaron prestarle atención.

—Hay alguien en esta reunión a quien Dios le está hablando. Esta persona está nerviosa y tiene miedo.

Eso fue todo lo que dijo.

Dios me estaba pidiendo que dejara de esconderme.

Yo respiré profundamente y, en ese preciso instante, Johnny dijo:

—Si nadie quiere compartir otra cosa, rezaremos una oración juntos.

—No, yo quiero decir algo —dije. Miré al joven de la visión y le expliqué que su visión revelaba su miedo a convertirse en sacerdote. Le dije que encontraría muchos obstáculos en el camino que Dios le había trazado, pero que lograría superarlos. Su labor sería muy importante, no solo en Irlanda sino en otras partes del mundo. Debía tener fe, creer en Dios y en sí mismo; debía levantar su equipaje y continuar en su viaje. Le expliqué que este era el mensaje que los ángeles me habían pedido transmitirle.

Enseguida, Johnny comenzó a rezar y todos cantamos y alabamos a Dios. Yo realmente disfrutaba mucho esa parte. Los ángeles me dijeron que tendría otras misiones en futuras reuniones de oración, pero yo les dije que me daba temor pensar en lo que me pedirían la próxima vez.

La reunión se terminó y tomamos té y galletas antes de regresar a casa. Joe no hizo ningún comentario sobre mi participación.

Algunos meses más tarde, en otra de nuestras reuniones de oración en Maynooth, Johnny dijo:

—Oremos y pidamos por la sanación necesaria en nuestras familias, oremos por nuestros amigos, oremos por el mundo.

Uno por uno, cada uno de los presentes compartió sus inquietudes: algunas personas tenían problemas en su familia, o tenían amigos en dificultades. La gente oraba por la salud de familiares o amigos, o por el éxito de alguna hija en sus exámenes. También había quienes rezaban por unas necesitadas vacaciones o para tomar alguna decisión respecto a un automóvil. Se pedían milagros para lograr la paz en el mundo; se rezaba por los gobiernos; se rezaba para pedir ayuda para los sacerdotes y las monjas, y para muchas obras de caridad... Se rezaba por un montón de cosas. Al parecer, se necesitaban muchos milagros. Durante todo este tiempo, los ángeles me daban golpecitos en los hombros y me decían: "Anda, Lorna. Tú sabes qué decir".

Finalmente, respiré profundo y dije:

—Aquí hay una persona que necesita muchas oraciones para su familia. Esta persona tiene un hermano casado, que padece problemas de alcohol y maltrata a su mujer y a sus hijos. Esta persona quiere mucho a su hermano. Se avecina un juicio legal relacionado con otra cosa, y hay mucho estrés. Dios te está diciendo que no hay nada de qué avergonzarse. Habla con Él. Ten fe y reza para que todo salga bien.

Eso fue todo lo que dije. Nadie añadió nada más.

Algunas veces, en los grupos de oración algunas personas ponen sus manos sobre otras y rezan con ellas, a veces en voz alta. Después, Johnny preguntó si alguien quería que le impusieran las manos y dijo los nombres de las personas que podrían imponer sus manos a otras.

Yo no estaba en esa lista. Nunca lo había estado. Pero las cosas fueron diferentes ese día. Dios tenía otros planes.

Todo el mundo se levantó y empezó a charlar y a pasearse por el salón. Algunos se pusieron a hacer té. Una monja se me acercó. Yo le sonreí y la saludé. No se me había ocurrido que quería pedirme que rezara con ella, pero eso fue lo que hizo.

—¿Te molestaría rezar conmigo, Lorna? Yo soy esa persona que tú mencionaste, y necesito hablar con Dios a través de ti.

Yo casi no podía hablar.

—Claro —respondí—, pero no aquí, con todo el mundo. ¿Le parece si vamos a otro salón, donde podamos estar a solas?

—Por supuesto —dijo.

Salimos al corredor y encontramos un salón desocupado tres puertas más allá. Entramos y nos sentamos juntas, las dos solas. Ella no se imaginaba que yo estaba temblando. En mi mente decía: "Dios mío, ¿qué haces?".

En eso, aparecieron ángeles a nuestro alrededor, susurrándome al oído:

—Lorna, estás en las manos de Dios.

Recé por la monja y le agradecí a Dios por los cambios maravillosos que ocurrirían en su vida. Luego le dije a ella:

—Ha llegado su hora de hablar con Dios.

Entonces, empezó a hablar. Creo que habló cerca de una hora. Al final, rezamos juntas. De vez en cuando los ángeles me decían que abriera los ojos y que la mirara. El ángel que estaba con ella, su ángel de la guarda, era hermoso. Yo le puse "ángel de la paz y la serenidad". Jamás le dije a la monja que yo podía ver a su ángel de la guarda; tampoco le dije que su ángel la abrazaba con sus alas, que se fundía con ella. Sonreí, cerré los ojos de nuevo y seguí alabando a Dios. Al fin, los ángeles me dijeron que volviera al otro salón.

Ya casi todo el mundo se había ido. Joe y yo nos fuimos caminando a casa. Me dijo que le había sorprendido mucho que yo hubiera hablado ese día. Yo le dije que para mí era muy difícil, pues estaba muy nerviosa, pero que era mi deber hacer lo que Dios me pedía, con la ayuda de los ángeles. Aquella fue la primera vez que le impuse las manos a alguien. Naturalmente que ya había rezado por mucha gente antes, pero siempre lo hacía en secreto, sin que nadie lo supiera.

* * *

Por causa de su trabajo en la fábrica de alfombras, Joe casi nunca estaba en casa por las noches. Muchas veces, cuando los niños ya estaban dormidos, yo me sentaba frente al fuego, respiraba profundo y cerraba los ojos. Cuando los volvía a abrir, había montones de ángeles sentados en torno al fuego, junto a mí. Yo les hablaba sobre todo lo que se me ocurría. Les decía que una de las cosas más maravillosas era que yo les podía hablar, sin importar dónde estuviera, sabiendo que siempre escuchaban mis palabras. Yo hablaba constantemente con los ángeles: ellos eran mis compañeros, mis mejores amigos.

Cuando se hacía tarde, yo les decía a los ángeles que ya era hora de que se fueran, pues Joe llegaría pronto. Además, yo tenía cosas que hacer. Los ángeles desaparecían físicamente, pero yo seguía sintiendo su presencia. A veces sentía que un ángel me rozaba. Una noche en particular, eso fue exactamente lo que hizo un ángel: me rozó, y luego se me apareció por un breve instante. Me sonrió, me tocó el vientre y me dijo:

—Dios te ha concedido el deseo de tener otro bebé.

Sin más, desapareció.

Poco después, supe que estaba embarazada. Joe estaba dichoso. Dijo que sería muy lindo si el bebé fuera una niña. Esta vez, no tuve tantas dificultades con el embarazo, y le di las gracias a Dios por ello.

Después de Navidad, empezamos a buscarle un nombre al bebé. Joe decía que no valía la pena pensar en nombres de niño esta vez, pues estaba seguro de que sería una niña. Decidimos ponerle Ruth. Empecé a hacer trabajo de parto con diez días de anticipación, y me internaron en el hospital. Allí, el trabajo de parto se interrumpió. Durante este lapso, papá y mamá fueron a visitarme y me llevaron frutas. Papá dijo que tenía muchas ganas de tener otro nieto, y Joe le dijo:

—¡No va a ser niño esta vez! Ya verás que va a ser niña.

Cuando mamá y papá salían del hospital, decidí caminar con Joe hasta la entrada principal. Mamá y papá iban adelante de nosotros. En ese momento, mis abuelos maternos entraban en el hospital. Mis padres se detuvieron a hablar con ellos y Joe y yo los saludamos. Estábamos a menos de un metro de distancia de mamá y papá cuando mi abuela les dijo a mis padres:

—Qué suerte tiene Lorna de que sus hijos no le hayan salido retrasados como ella, o algo peor. Pero a lo mejor este bebé sí sale mal.

El ángel de la guarda de mi abuela apareció detrás de ella. Con sus ojos llenos de lágrimas, me tocó para darme fuerzas. Sin embargo, yo estaba destrozada. Vi que también Joe se había sentido muy mal con este comentario. Mis abuelos hablaban con mis padres como si nosotros no existiéramos. Yo me alejé de allí, abrazada por Joe.

—No les hagas caso —dijo Joe—. Son gente ignorante.

Joe me acompañó hasta la habitación. Yo estaba llorando por lo que habían dicho. Los ángeles aparecieron alrededor de mi cama y nos cubrieron a Joe y a mí de amor y paz. Le pedí a Joe que no comentara con mis padres el incidente.

Sin embargo, una de las cosas que más me dolían era que papá no me había defendido. Me dolía que se hubiera quedado callado, en lugar de contradecir a mis abuelos, aunque sospechaba por qué. Papá sabía que los padres de mamá tampoco lo aceptaban a él del todo, pues consideraban que su hija se había casado con alguien de clase inferior, a pesar de todo lo que había progresado. Papá quería mucho a mamá. Sentía que había causado una ruptura entre mi madre y sus padres, y no quería ahondar la herida.

Aunque entendía por qué papá no me había defendido, me dolía mucho, y esa noche lloré desconsolada.

Años más tarde descubrí accidentalmente que mi abuela, la misma que había hecho ese horrible comentario, había tenido una bebé con el síndrome de Down. La bebé tenía un problema cardiaco y solo había vivido seis o siete años. Durante toda su corta vida, la niña vivió encerrada en una habitación, donde no pudieran verla los vecinos. Mis abuelos sentían vergüenza de tener una hija "retrasada".

* * *

Al otro día, durante las primeras horas de la mañana, empecé el trabajo de parto y nuestra hija, Ruth, nació el 25 de marzo, el día de las madres, y el día de mi propio cumpleaños. ¡Qué regalo de cumpleaños más maravilloso!

El día que me dieron el alta, Joe llegó al hospital con Christopher y Owen. Los niños llegaron corriendo a mi cama, pero Joe caminaba lentamente. Había ángeles rodeándolo, para apoyarlo. Su ángel de la guarda se adelantó y me dijo que Joe no estaba bien. Sentí ganas de llorar, pero sabía que debía sonreír. Christopher y Owen estaban muy emocionados con su nueva hermanita, y querían alzarla. Joe sacó a la niña de la cuna para que sus hermanos la abrazaran. Le pregunté a Joe si se sentía bien y él dijo que sí, pero yo sabía que no era cierto, y él lo sabía también. Les dije a los ángeles que estaba muy preocupada por Joe, y les pedí hacer por él todo lo que fuera posible.

Unos dos meses más adelante, Joe estaba trabajando en el turno de la noche, cuando empezó a sentir un terrible dolor de estómago. Le dijo a su jefe que se sentía mal y que si alguien podía llevarlo a casa.

—Pues, no. A mí me parece que te ves bien —dijo su jefe, y volvió a mandarlo a trabajar.

El asunto es que Joe casi nunca parecía enfermo, pues era alto y tenía un aspecto saludable. Sin embargo, en un momento dado Joe le dijo a su jefe que se iba a casa de todas maneras, pues se sentía muy mal para trabajar. Hacia las dos de la mañana, los ángeles me despertaron:

—Lorna, despiértate. Joe no está bien. Viene para acá. Le estamos enviando ayuda.

Me levanté de inmediato, prendí todas las luces, puse a hervir la tetera y me vestí. Me paré junto a la ventana para mirar hacia fuera, rezando para que Joe pudiera llegar sano y salvo.

Joe me contó luego que, en la mitad del camino entre Celbridge y Maynooth, se había desplomado a un lado de la carretera. Él recordaba que en un momento dado volvió en sí y empezó a caminar en cuatro, cuando vio las luces de un automóvil. Era un vecino de Maynooth, que se detuvo, dio media vuelta y se bajó a ayudarlo. Al principio, el vecino creyó que era un borracho, y no podía creerlo cuando reconoció a Joe. Joe le explicó lo de sus dolores de estómago y el hombre lo llevó a casa.

Un ángel me dio unos golpecitos en el hombro y me dijo:

—Lorna, ve a abrir la puerta. Joe ya casi llega.

Salí y abrí la puerta de la cerca. En ese momento, el vecino estaba estacionando su auto. Entre los dos le ayudamos a Joe a entrar, y lo llevamos a la cama. El vecino me dijo que llamaría al médico.

—No sé cómo agradecerle tanta bondad —le dije.

El vecino me contó que no podía dormir y que había decidido salir a dar una vuelta. Ahora se alegraba de haberlo hecho. Luego se despidió y se fue. Le hice a Joe una taza de té y unos diez minutos más tarde, cuando llegó el doctor, Joe estaba sentado en la cama, sintiéndose mucho mejor. El médico se rio al ver a Joe.

—Espero que no me hayan hecho salir de la cama para nada. Me dijeron que tenías mucho dolor y que te habían encontrado en la carretera, caminando en cuatro patas.

—Ya no siento dolor —dijo Joe—. Ahora me siento bien.

Los dos hablaron y bromearon unos minutos. Después, el doctor le dijo a Joe:

—Acuéstate totalmente en la cama. Tal vez tu apéndice se está portando mal otra vez.

Le puso la mano a Joe en el estómago y eso lo hizo saltar y llorar de dolor.

—Creo que estás en problemas, Joe —dijo el médico—. Voy a llamar una ambulancia y te remitiré al hospital.

Los ángeles nunca dejan de sorprenderme. ¡Esa noche no llamaron a nadie menos que a papá! Le dijeron que se levantara y que fuera a nuestra casa. Justo en el momento en que el médico estaba preguntando dónde quedaba el teléfono más cercano, papá estacionaba su auto frente a nuestra casa.

—¿Qué pasa? —preguntó papá al entrar.

El médico le dijo que Joe necesitaba ir al hospital y que estaba a punto de llamar una ambulancia. Papá se ofreció a llevarlo él mismo, pero el médico insistió en que Joe necesitaba una ambulancia. Papá salió y movió su auto para que no estorbara, mientras el médico caminaba hasta el teléfono público. Regresó a los dos minutos, diciendo que la ambulancia venía en camino. Luego se fue a su auto, a escribir una nota de remisión al hospital para Joe. Yo me fui a la cocina y dejé a Joe con papá.

Estaba llenando la tetera nuevamente cuando sentí la suave caricia de los ángeles, que se llevaban la ansiedad de mi cuerpo; los ángeles me susurraban que Joe se pondría bien, que pasaría un momento muy duro pero que saldría adelante.

El médico volvió a entrar y dijo que la ambulancia ya había llegado. Papá seguiría la ambulancia en su auto y acompañaría a Joe. Yo, naturalmente, me quedaría en casa con los niños, pues debía alimentar a Ruth. Abracé con fuerza a Joe.

—No te preocupes —me dijo—. Volveré pronto a casa.

Cuando se fueron, entré en la habitación. Los niños estaban profundamente dormidos y sus ángeles de la guarda los cuidaban.

Sonreí, pues sabía que los ángeles los habían mantenido dormidos mientras ocurría toda la conmoción. Les di las gracias y di media vuelta. El ángel Hosus estaba frente a mí.

—Vete a la cama, Lorna —dijo—. Vamos a ponerte a dormir.

Me acosté y no me desperté sino hasta las diez de la mañana del día siguiente. Los niños también dormían. Cuando estaba preparando el desayuno, Christopher entró en la cocina preguntando dónde estaba su papá. Le expliqué que estaba en el hospital y que cuando todos termináramos de desayunar llamaríamos al doctor a preguntar por Joe.

Estaba alimentando a Ruth cuando llegó papá. Los niños estaban felices de verlo. Le agradecí por todo lo de la noche anterior y le pregunté cómo estaba Joe. Papá se había quedado con él toda la noche. Lo habían operado de urgencia, pero ahora estaba bien, aunque habían temido por su vida.

—Te llevaré todas las tardes a ver a Joe —ofreció papá. Yo le dije que eso sería demasiada molestia para él, pero insistió y dijo que mamá podría cuidar los niños.

Cuando vi a Joe esa tarde, tenía un aspecto terrible. Pasó dos semanas en el hospital y luego, unas semanas más tarde, tuvo que ser hospitalizado otra vez durante diez días, por causa de una infección. Después de eso, estuvo sin poder trabajar seis meses.

Cierto día, al llegar a la caja del supermercado, me llamó el ángel de la guarda de una niña que estaba sentada en un carrito. Yo conocía de vista a la madre, pero no sabía cómo se llamaba.

Saludé a la niña y su ángel de la guarda me dijo que no estaba bien de salud. Yo le toqué una mano y saludé a la madre. Le dije que tenía una hija muy hermosa. La madre se despidió y se fue con su hija.

Los ángeles me dijeron que era necesario crear una conexión entre la niña y yo, para que se pusiera bien. Esto es algo que ocurre con frecuencia, aunque no lo comprendo del todo. Más o menos un año después, me volví a encontrar con la madre y la niña, y nuevamente el ángel de la niña me llamó. La madre me dijo que la niña no estaba bien de salud; que la habían hospitalizado, pero que ahora estaba mejor.

Mientras la madre se alejaba con la niña, los ángeles me decían:

—La niña se va a poner muy enferma, Lorna, pero gracias a que tú la tocaste, el fuerte lazo espiritual que se creó le dará las fuerzas para recuperarse de su enfermedad. Desde ahora hasta el día que se recupere totalmente, verás constantemente la sonrisa de la niña, directamente frente a ti.

Durante los meses que siguieron, veía con frecuencia la sonrisa de esta niña, y sentía su enfermedad y sus lágrimas. Cada vez, yo decía una oración por ella, y les pedía a Dios y a su ángel de la guarda que le permitieran curarse. Sé que la niña estuvo gravemente enferma. Yo era el lazo de unión de la niña con la vida. De algún modo, espiritualmente, yo mantenía a la niña con vida. Cada vez que se necesitaba mi presencia, yo acudía espiritualmente a la cama de la niña, y no permití que su alma abandonara su cuerpo. Sentía los aspectos físicos de su enfermedad, tal como me ha ocurrido con muchas otras personas.

Un buen día, dejé de ver su rostro y supe que se había mejorado. Agradecí a Dios y a los ángeles, y no volví a pensar en ello. Años más tarde, vi a la madre y a la hija caminando por la calle principal de Maynooth, y a sus ángeles de la guarda caminando con ellas, tomados de la mano.

* * *

Un día de verano, cuando Ruth tenía cuatro meses, yo estaba paseando a la bebé en su cochecito, disfrutando del sol, y de repente sentí que la atmósfera cambiaba. El silencio era increíble. Todo parecía inmóvil y brillante. Supe que vendría un ángel. Yo estaba caminando, pero tenía la sensación de no tocar el suelo. Sentía que me movía, pero el resto de cosas a mi alrededor estaba inmóvil. Entonces, sentí una presencia detrás de mí. Di media vuelta, pero no vi a nadie. Seguí caminando. No había terminado de dar un paso cuando sentí la presencia de nuevo.

—Quienquiera que seas, por favor dime tu nombre.

No hubo respuesta.

—No hagas esto. ¡No me gusta!

Seguí caminando muy lentamente, y entonces sentí que me daban golpecitos en el hombro. Me volteé y vi a un ángel. Era como una luz... con el mismo brillo trémulo de una estrella, pero mucho más intenso. Dije "hola", pero no hubo respuesta. A veces me da timidez hablar con los ángeles... y creo que a veces a ellos les pasa lo mismo. La comunicación es tan importante en el mundo espiritual como lo es en el mundo físico, y a veces es igualmente difícil. Por eso, le dije al ángel que para mí sería más fácil hablarle si adoptaba una forma humana.

Así lo hizo, y solo entonces comprendí que era el ángel Miguel. Había adoptado la forma de un hombre muy guapo, de unos cuarenta años, muy alto, de ojos azules y de pelo oscuro y ondulado que le llegaba hasta los hombros.

—Mira que te has puesto guapo esta vez —dije, y los dos nos reímos.

Los dos caminábamos por la calle, mientras yo empujaba el cochecito donde dormía plácidamente la bebé. El ángel me dijo que había venido a hablarme sobre un libro, un libro que los ángeles necesitaban que yo escribiera para contar ciertas cosas. Le dije que, en el fondo de mi alma, yo sabía desde hacía un tiempo que debía escribir un libro, pero que me daba miedo hacerlo, pues temía que me ridiculizaran.

—Lorna, llegará el día en que harás esto por nosotros —fue la respuesta del ángel Miguel.

Han pasado muchísimos años desde eso, pero el día llegó por fin y este es mi primer libro.

Desde la primera vez que lo vi en mi habitación siendo muy pequeña, Miguel, el ángel hermoso, no ha dejado de visitarme jamás. Hay períodos de mi vida en que no aparece. Cuando lo hace, camina junto a mí, o se sienta en la mesa de mi cocina; otras veces me acompaña junto a la chimenea y me dice que necesita calentarse. Eso me hace gracia y le contesto que los ángeles no sienten el frío, pero él dice que puede imaginar lo que sienten los humanos, pues los ha frecuentado mucho.

Hablamos como si él fuera un amigo humano. A veces hablamos de asuntos sin importancia, y otras veces hablamos sobre temas profundos. Miguel me dice que cada vez menos gente busca la ayuda de los ángeles, con lo cual hay millones de ángeles sin oficio.

Para eso ha sido escrito este libro, para que la gente comprenda que los ángeles caminan a nuestro lado, que están ahí todo el tiempo y que nos basta con acudir a ellos para recibir su ayuda. Así de sencillo. Yo escucho a Miguel y él me dice qué escribir; me dice que escriba con el corazón.

Dios pone a nuestra disposición todos esos ángeles hermosos, pero mucha gente hace caso omiso de ellos. Necesitamos pedir su ayuda. Así de sencillo.

CAPÍTULO 19

"¡Aquí estoy, aquí estoy!"

ierta mañana, cuando Ruth tenía cinco meses de nacida, la llevé al centro de salud para que le hicieran un chequeo. Al regresar a casa, empecé a alimentarla y sentí la presencia de un espíritu, de un fantasma que se acercaba poco a poco. Recé una pequeña oración pero no pensé más en el asunto.

A medida que pasaban los días, comencé a notar que el espíritu aparecía con más frecuencia, y se iba acercando más. Sentía que una fuerza me halaba hacia abajo. Es como si quisiera tumbarme al suelo, a veces con mucha violencia. Recé nuevamente y le pedí a Dios que se llevara al Cielo ese espíritu, fuera lo que fuera. Luego, un día que estaba frente al fregadero de la cocina, con la puerta de la casa abierta, vi que el espíritu entraba en el salón. Era una presencia tenue, y yo no podía ver bien al espíritu, pero tenía la sensación de que era un hombre, más alto que yo, pero no podía precisar cómo era su aspecto. Dejé de hacer lo que estaba haciendo. Antes de poder sentirlo físicamente, pregunté:

—¿Qué pasa? ¿Cómo puedo ayudarte?

El espíritu se aferró a mí y dijo:

—¡Aquí estoy, aquí estoy!

Repitió estas palabras una y otra vez, pero yo no entendía por qué. Yo sabía que no quería hacerme daño, pero estaba desesperado y por eso me halaba físicamente hacia abajo con mucha fuerza. Perdí el sentido por unos segundos, y cuando volví en mí me di cuenta de que estaba agarrada al fregadero, evitando caerme. El espíritu se fue de repente. Yo llamé a mis ángeles y comencé a rezar. Luego oí que golpeaban a la puerta, aunque estaba abierta. Me di vuelta y vi que en la puerta había tres ángeles: Miguel, Hosus y Elías. Hosus caminó imitando a un payaso y eso me dio risa. Le agradecí, pues realmente necesitaba reírme.

—¿Qué le pasa a ese espíritu? —pregunté.

El ángel Miguel se me acercó y me tomó las manos. El ángel Hosus se puso a mi izquierda y el ángel Elías, a mi derecha.

—Miguel, ese espíritu estuvo a punto de tirarme al suelo —dije.

—Lorna —respondió Miguel—. Te daremos las fuerzas emocionales y físicas necesarias para ti y para el espíritu, pero no podemos decirte nada más por ahora. Recuerda que estaremos contigo todo el tiempo. Jamás estarás sola.

—Miguel, detesto que hagan esto. ¿Por qué no puede ser todo más fácil?

—Lo siento, Lorna. No podemos decirte nada más, pues de lo contrario no podrás ayudar al espíritu.

Al terminar su frase, el ángel Miguel me soltó las manos.

El espíritu venía todos los días. A veces venía de día y a veces, de noche. Siempre me halaba hacia abajo y gritaba con voz de angustia: "¡Aquí estoy, aquí estoy!".

Con el correr de los meses, yo me sentía cada vez más cansada. Joe había vuelto a trabajar en la fábrica de lanas y no parecía darse cuenta de lo agotada que yo estaba. Su salud estuvo bastante buena durante este periodo, pero seguí viendo ese halo gris que denotaba su deterioro.

Finalmente, logré tener mayor claridad en las visiones: el hombre tenía entre diecisiete y veinte años, se llamaba Peter y estaba en el agua. Sin embargo, estaba atrapado y no lograba salir. No podía usar las manos; no podía agarrarse de nada. A veces, el agua parecía turbia y había como una especie de plataforma sobre él. El espíritu de este joven forcejeaba y halaba. Trataba de escapar. "¡Aquí estoy, aquí estoy!", repetía continuamente. De algún modo, mi cuerpo quedó conectado con su espíritu y yo podía sentir, en mi cuerpo físico, sus esfuerzos por vivir. También sentía sus emociones: quería que lo encontraran; quería irse a su casa; quería que sus padres y su familia supieran dónde estaba. Yo simplemente le recé a Dios para que lo encontraran.

Les pregunté a mis ángeles si podía hablarle a Joe al respecto, y ellos dijeron que sí. Una tarde, Joe estaba en el jardín y entró en la casa. Me miró con sorpresa y me dijo:

—¿Qué te pasa? Te ves muy mal. ¿Estás enferma?

—No, Joe —contesté—. Necesito compartir algo contigo.

Hasta entonces, yo le había contado muy poco a Joe sobre mi vida espiritual, pero esta vez los ángeles me dijeron que realmente necesitaría su ayuda.

Nos sentamos y yo continué:

—El espíritu de un hombre joven me visita. Necesita mi ayuda. Pero este espíritu me agota física y emocionalmente. Necesito tu apoyo, tu ayuda. Necesito que seas mi sustento. A veces necesito un abrazo tuyo.

Joe me pasó un brazo por los hombros y me miró. No comprendía lo que estaba pasando. ¿Cómo iba a comprender?

—Haré lo mejor que pueda —dijo.

En una de las visitas del espíritu, tuve una visión.

Era como ver a través de sus ojos, en el agua. En la visión, yo podía ver lo que le había ocurrido, como si mirara desde dentro del agua. El joven iba caminando por la orilla de un río, por una especie de camino. Iba con dos o tres hombres más, que lo estaban empujando. El joven estaba muy asustado. Lo estaban acusando de algo que no había hecho, y el muchacho no entendía. Trataba de explicarles que estaban equivocados, y de sacarlos de su error. Uno de ellos le gritó:

—¡Esto no es ningún error!

El muchacho estaba en el suelo, y los otros lo golpeaban y lo pateaban. Querían castigarlo por algo que había hecho otra persona. De repente, la visión se interrumpió y no vi nada más.

Un domingo por la tarde, cuando Ruth tenía ocho meses y este asunto del espíritu aún no se había terminado, escuché que golpeaban a la puerta. Era la esposa de mi hermano Cormac, que se había casado poco tiempo atrás. Yo no la conocía, pues yo estaba hospitalizada cuando se casaron. Joe había ido a la boda con los niños, pero yo no pude asistir. La saludé y la invité a sentarse y a calentarse un poco.

—¿No viniste con Cormac? —le pregunté.

—No —contestó, y se excusó por no poder quedarse más tiempo—. Nada más quería saludarlos y darles unas fotos de la boda.

Joe le preparó una taza de té y charlamos un rato frente al fuego. Nos dijo que estaba muy contenta de vernos y de conocer a nuestra bebé.

Cuando nos dirigíamos hacia la puerta para acompañar a Sally, ella se detuvo y nos contó que su hermano había desaparecido. Estaba sorprendida de que no supiéramos, de que nadie nos hubiera contado. Nos dijo que ya llevaba perdido un buen tiempo; que había salido una noche a visitar a su novia y no había vuelto desde entonces. Los padres de Sally estaban muy preocupados. Pensaban que tal vez el muchacho se habría ido a Inglaterra, y habían contactado al Ejército de Salvación y sus albergues. Ya habían denunciado su desaparición, pero no se explicaban por qué se había ido así, sin decir nada.

—Ya aparecerá pronto —le dije. Luego nos despedimos—. Esta es tu casa, Sally. Vuelve por acá cuando quieras.

A veces soy un poco lenta, y solo después comprendí que, a través de una serie de extrañas coincidencias, nuestras miradas —la mía y la del chico— se habían cruzado muchos años atrás. Una tarde habíamos ido a visitar a mi hermana Aoife y su marido, Alan, a su nueva casa, que quedaba en el centro de Dublín. La casa tenía un pequeño jardín frontal, con rejas de metal. Joe abrió la puerta de la cerca y alzó a Christopher para que tocara el aldabón. Aoife abrió la puerta y nos dio una cálida bienvenida.

Pasamos al comedor y allí nos presentaron a la suegra de Aoife, una mujer adorable, ya mayor, que nos saludó con un abrazo. La casa parecía muy pequeña. Quizá fuera porque había en ella muchos hermosos muebles antiguos, que dejaban poco espacio para moverse. En un rincón del comedor había una chimenea con dos sillas a los lados. El fuego le daba un ambiente de calidez a la pieza. Había como una especie de caminito desde el pasillo hasta la chimenea y más allá, hasta la cocina.

Yo estaba sentada junto al fuego con Owen en mi regazo, pues lo estaba alimentando. Yo estaba sentada y los demás presentes estaban de pie. Éramos siete personas en el comedor y en la cocina. En ese momento, tocaron a la puerta y entraron más invitados. No vi quién había llegado, y seguí alimentando a Owen. Los recién llegados eran mi hermano Cormac y Sally —la chica con quien habría de casarse más adelante—, pero todo el mundo estaba charlando, y no tuve tiempo de ver a mi hermano y a su novia. La casa se vería realmente atestada de gente. Durante un breve segundo percibí una luz, y traté de descubrir de dónde provenía. Ningún ángel se hizo visible, y tampoco vi nada especial. Todo ocurrió muy rápido. La gente seguía hablando y riéndose y, obviamente, yo no podía hablar abiertamente con los ángeles allí, así que traté de comunicarme en silencio con ellos, sin palabras, pero no obtuve respuesta.

Levanté la cabeza de nuevo y volví a ver la luz en medio de la gente, como si una de las personas del grupo emitiera esa luminosidad. Todos los presentes se volvieron ligeramente opacos; las cabezas se movieron sutilmente hacia la izquierda o hacia la derecha, de tal manera que se abría un camino a través del cual yo pude ver hasta el otro lado de la pieza. Vi el perfil de un chico que no conocía. Él se volteó a mirar hacia mí. Su cara resplandecía con una luz suave y esbozó una pequeña sonrisa. Yo le sonreí a mi vez. Sus ojos brillaban y yo lo vi tan solo una fracción de segundo más. Luego, las cabezas se volvieron a mover y no lo pude ver más.

En el siguiente instante, todo volvió a la normalidad. Más adelante, le pregunté a mi hermana Aoife quién era ese chico. Ella me explicó que era el hermano de Sally, Peter. Yo jamás volví a pensar en ese encuentro.

Joe tampoco ató cabos: no pensó que el espíritu que me visitaba fuera el hermano de Sally, el que había desaparecido. Quizá no nos correspondía saberlo. Tal vez Dios no había permitido que Joe hiciera la conexión; Joe tenía una mente muy inquieta y, en circunstancias normales, me habría dicho, una vez Sally se hubiera ido de nuestra casa, que el espíritu era el hermano de mi cuñada. Sin embargo, Dios no lo había planeado de ese modo. Todavía no había llegado el momento de encontrar el cuerpo de Paul.

El espíritu del muchacho seguía en su forcejeo espantoso debajo del agua, sin saber dónde estaba, luchando para poder respirar, sin saber lo que tenía encima: esa oscuridad, esa extraña y débil luz parpadeante. Trataba de hacer que entrara aire en sus pulmones, pero era agua lo que entraba, y se ahogaba. Quería desesperadamente que su familia se enterara de que él no había tenido la culpa. Quería que lo encontraran y quería hacerles saber a sus familiares cuánto los amaba. Continuó visitándome. "¡Aquí estoy, aquí estoy!". Estas eran sus palabras, repetidas una y otra vez. Muchas veces llamé a Dio y a los ángeles para que me dieran fuerzas. Oraba con mucho fervor y constancia para que encontraran a este joven; para que su espíritu quedara libre y pudiera descansar en paz. Oraba para que su familia pudiera encontrar el cuerpo y pudiera hacer su duelo; para que supieran que el muchacho no había huido y que los quería mucho.

Cierta noche que estaba sentada frente al fuego, exhausta, Joe me miró y me dijo:

—¡Dios mío, estás muy pálida! El espíritu de ese joven estuvo aquí otra vez. Te está quitando la energía. Parece como si estuvieras muriéndote tú también, como ese muchacho. ¡Esto se tiene que acabar, Lorna!

Joe estaba muy enojado con Dios.

—Por favor, Joe. No te enojes —dije—. No puedo cargar ahora con tu enojo. Necesito que me apoyes y me consueles. Ya pronto encontrarán al muchacho, con el favor de Dios.

Joe me abrazó. Seguramente me quedé dormida. Cuando me desperté, más tarde, seguía en la silla frente a la chimenea, pero Joe me había puesto una cobija encima. Los niños estaban dormidos. Joe me sonrió y se levantó a hacerme una taza de té.

Sentada frente a la chimenea, con mi taza de té en la mano, le dije a Joe:

—No puedes enojarte así conmigo, Joe. Necesito que me apoyes y me consueles. Sobre todo, necesito tu apoyo cuando Dios y los ángeles me dejan compartir contigo las cosas sobrenaturales que

Dios me permite vivir. Joe, necesito tu ayuda, especialmente cuando estoy agotada.

Joe me dio un beso y un abrazo. Nos tomamos de las manos y oramos frente a la chimenea por el espíritu de este muchacho, para que lo encontraran pronto, para que fuera liberado y quedara liberada yo también. Joe se arrodilló frente a mi silla y me puso ambas manos en las mejillas.

—Si Dios me pidiera hacer las cosas que tú haces —me dijo—, yo tendría que negarme, pues no tendría el coraje ni la fuerza, ni tu fe inquebrantable.

La vida familiar continuó como de costumbre y, de repente, ocurrió: me sentí liberada. No podría decir qué día ocurrió, ni a qué horas, pero de repente me sentí normal. Me volví a sentir humana. Me sentía dichosa: ¡como para saltar de alegría! Supe que habían encontrado el cuerpo del muchacho y le conté a Joe. Le dije:

—Sé que encontraron el cuerpo del muchacho, porque el espíritu me soltó.

Yo bailaba por toda la casa, alabando a Dios y agradeciéndole. Joe me abrazó. Más tarde, ese día, fuimos a la iglesia y encendimos una vela. Yo le di gracias a Dios, pues el espíritu de Peter había sido liberado, para llegar a Él.

Dios había permitido que el espíritu de Peter permaneciera en este mundo hasta que encontraran su cuerpo, y yo fui el medio por el cual se unieron el mundo sobrenatural y el mundo físico. Creo que sin esa conexión jamás habrían podido encontrar el cuerpo. Esa conexión se había hecho muchos años atrás, en la casa de mi hermana, en el centro de Dublín, mucho antes de que le pasaran todas esas cosas a Peter.

Los milagros ocurren todo el tiempo, y no atienden a las leyes de la causa y el efecto: a veces, el milagro empieza a gestarse con muchos años de antelación. Este era un milagro que Dios y los ángeles habían previsto desde tiempo atrás. Sé que el ángel de la guarda de Peter y el ángel de la guarda de aquellos que participaron en su muerte debieron trabajar muy duro para impedir que se llevaran esta vida joven e inocente en un acto de venganza, pero los hombres que mataron a Peter no escucharon a sus ángeles de la guarda. Eso me daba tristeza.

Peter era un espíritu muy hermoso. Cuando su cuerpo fue encontrado y su espíritu se fue al cielo, hizo algo que yo no me esperaba: envió a su hermana a contármelo.

Días después de haber sentido que me liberaba, Sally llegó a nuestra casa. Parecía como si hubiera corrido. Se veía muy agitada y nerviosa. Me dijo que había sentido la necesidad de contarnos que habían encontrado el cuerpo de su hermano, que estaba en el canal, debajo de una plataforma en el canal, y que le habían amarrado las manos con una cuerda.

Solo entonces comprendí que este espíritu hermoso era, en realidad, el hermano de Sally, el chico cuya mirada se había cruzado con la mía muchos años atrás.

Sally estaba triste y, sin embargo, aliviada porque la búsqueda había terminado. Ahora podían dejarlo descansar en paz. Al mirar a Sally a la cara, mientras me contaba todo esto, vi el espíritu de Peter. Había mandado con urgencia a su hermana. Sin saberlo, ella era el mensajero que nos contaba que lo habían encontrado. Era la manera como Peter me agradecía: ella era un mensajero espiritual entre Paul y yo. Hasta el día de hoy, Sally nunca ha vuelto a visitarme.

CAPÍTULO 20

La cadena de oro

Una fría mañana de invierno, Joe llegó a casa después de su turno de la noche. En lugar de acostarse, les dijo a nuestros hijos que los llevaría al canal a ver los patos, para que mamá pudiera descansar un poco. Jamás había visto a los niños y a su hermanita, Ruth, alistarse tan pronto para salir. Se pusieron sus gorros y sus abrigos y se fueron.

Habían acabado de irse cuando tuve una visión de mis padres. Los vi conversar juntos, de pie, en medio de una fuerte brisa. Es como si estuvieran juntos, pero mi padre no estaba realmente allí: parecía un espíritu. La visión duró un segundo. Lo supe claramente: el mensaje era que la vida de mi padre llegaba a su fin. Sentí como si me hubiera caído encima un rayo.

Lloré. Estaba enojada con Dios y los ángeles, pues yo amaba a mi padre. Cuando Joe y los niños regresaron, yo tenía la sensación de que solo habían transcurrido algunos minutos. Los niños estaban muy contentos, y me contaban lo que habían visto en el canal. Yo me fui a hacer un poco de té y Joe me preguntó:

—¿Qué te pasa? Estás muy pálida, y se ve que has llorado.

—Tuve una visión —le dije a Joe—. ¡Papá va a morir!

—Tal vez entendiste mal —replicó—. ¿Qué dijeron los ángeles?

—No dijeron nada. Simplemente tuve esa visión y me enojé con Dios y los ángeles. Yo estaba muy afligida para entender lo que decían. Y luego llegaste tú con los niños. Es como si solo hubieran estado fuera unos minutos.

Joe me abrazó y yo me sentí un poco mejor. Traté de no volver a pensar más en la visión. Me habría encantado poder ir a visitar a mi padre en ese preciso instante, pero tenía que hacerme cargo de tres niños y no teníamos automóvil. Por fortuna, papá fue a visitarnos al día siguiente. Yo estaba feliz de verlo, pero no podía decirle por qué.

Con frecuencia, puedo ver la enfermedad en el cuerpo de una persona. A veces, algunos huesos brillan y puedo verlos; a veces, el corazón de la persona se manifiesta; a veces, veo un órgano rodeado por una sombra oscura. Miré atentamente a papá, pero no le vi nada malo. Eso me confundió un poco.

Algunas semanas más tarde, el clima había mejorado un poco y fui a caminar al campus de Maynooth College, mientras Joe cuidaba a los niños. Mientras caminaba por los manzanares y otros árboles frutales, alababa y agradecía a Dios. Disfrutaba mucho de mi paseo, sintiendo la brisa fresca en la cara. Las ardillas y los pájaros me hacían sonreír. No aparecían a mis ojos de cualquier manera, sino rodeados por un aura de energía.

Saludaba a la gente que pasaba: un sacerdote y una madre que llevaba a un bebé en un cochecito. De repente, el ángel Miguel estaba caminando junto a mí. Me puso la mano en el hombro y luego me tocó la mano. Me sentí llena de paz.

—Gracias, Miguel —dije—. Eso me hace sentir bien.

Miguel iba caminando a mi lado bajo una forma humana. Como solía ocurrir, era alto y con el pelo oscuro, solo que esta vez lo llevaba un poco más corto. Tenía puesto un traje y un abrigo negro, que lo hacía ver como un sacerdote. Lo miré y sonreí. Luego le dije:

—¡Te luce mucho ese aire sacerdotal!

Miguel fingió un escalofrío, se subió las solapas del abrigo y dijo:

—¿Y qué tal me veo así?

Los dos nos reímos.

A nuestro lado pasaron algunos sacerdotes con sus libros de oraciones en la mano, y saludaron. Miguel inclinaba la cabeza para responder el saludo. Ahora me hace sonreír el recuerdo de una vecina, a quien yo no conocía bien, que un día me dijo que me había vuelto a ver caminando con mi amigo. Yo sabía que jamás caminaba con nadie que no fuera de la familia. En realidad, ella había visto al ángel Miguel. (Recuerdo, al menos, tres ocasiones en que la gente me ha dicho algo similar: me vieron caminando con alguien, pero yo sé que estaba sola. Entonces, comprendo que me ven acompañada por un ángel en forma humana. Es posible que esto haya ocurrido con más frecuencia, y que yo no me haya enterado).

El ángel Miguel dijo:

—Vamos hasta ese gran roble y hablemos allí unos minutos, aprovechando que no hay nadie; te quiero hablar sobre la visión de tu padre.

—Miguel, antes de que comiences a hablar —dije—, quiero que sepas que estoy enojada.

Miguel se rio y me dijo:

—¡Eres todo un personaje, Lorna!

—A veces —continué—, Dios y los ángeles olvidan que soy humana. ¿Para qué me sirve saber que papá va a morir? Yo preferiría no saber, Miguel.

Miguel me miró con una expresión de tristeza en los ojos, me tomó la mano y me dijo:

—Tu padre te necesita para poder dar el paso.

—Yo quiero mucho a mi papá —dije, con un suspiro.

—Vamos a caminar un poco —intervino el ángel Miguel, sosteniendo todavía mi mano en la suya—. ¿Recuerdas la visión que tuviste sobre tu padre, el día que Joe se fue con los niños al canal? En ese momento, Dios hizo una conexión entre tu alma y la de tu padre. Las dos almas quedaron entrelazadas, Lorna. Dentro de algunos días comenzará todo: tú verás la vida de tu padre desde el momento en que fue concebido. Será como estar frente a una pantalla de televisión de manera continua. Cuando esta sucesión se detenga, sentirás de repente el impacto que señalará el momento en que el alma de tu padre se desligará de la tuya, pues abandonará su cuerpo y se irá con los ángeles hacia Dios.

Lloré desconsoladamente mientras caminaba junto al ángel Miguel.

—Déjame secar esas lágrimas, Lorna.

El ángel Miguel acercó sus manos a mis ojos, y comprendí que no estábamos caminando. Nos habíamos detenido en un círculo de luz. En medio de sollozos y con la voz entrecortada le dije:

—Esto no va a ser nada fácil.

—Lorna, recuerda que Dios y los ángeles te ayudarán —me dijo el ángel Miguel, al tiempo que metía su mano en mi bolsillo para tocarme la mano—. Iré contigo hasta el final del camino y después me iré.

Caminamos en silencio. Era un trayecto corto, pero yo sentía que el ángel Miguel me estaba dando fuerzas. Luego me apretó la mano y se fue. Regresé a casa y jamás le conté a Joe sobre mi encuentro con el ángel Miguel.

A los pocos días, tal como me había anunciado el ángel, la vida de mi padre empezó a transcurrir ante mis ojos y mi mente. Era una sucesión constante —a veces muy rápida y a veces muy lenta—, que nunca se interrumpía. Yo veía las escenas una y otra vez. Veía a papá cuando era niño, jugando con otro niño en el barro. Lo veía flaco y huesudo en su pupitre de la escuela. Luego lo veía de muchacho, con su pelo negro azabache, sentado a la orilla de un río con una joven guapa, que era mamá. Lo veía arreglando bicicletas en el oscuro taller de Old Kilmainham, veía su cara de desesperación cuando la casa donde vivíamos se desplomó, su aire de soledad tomando el barco a Inglaterra para irse a buscar trabajo...

Papá comenzó a visitarnos con más frecuencia, a veces hasta en las mañanas. Decía que venía nada más a tomarse una taza de té o a charlar unos minutos. Yo habría querido decirle a papá lo que sabía, pero era imposible. ¿Cómo puedes decirle a alguien: "Sé que vas a irte de este mundo"; cómo decirle que su alma y la tuya están conectadas y que tú le vas a ayudar a dar el paso? Eso sería demasiado aterrador. Todavía no hemos llegado a ese punto de evolución espiritual.

Papá estaba empezando a conocer a Dios. Había crecido mucho espiritualmente en los últimos años. Siempre recordaré a mi padre diciéndome algún tiempo atrás: "¿Por qué me demoré tanto tiempo para encontrar a Dios?". Papá estaba fascinado con Él, y era maravillo ver cómo crecía su alma. Papá ya había iniciado su viaje hacia Dios, su transición desde el mundo humano hacia el mundo espiritual. Este es un viaje que todos debemos hacer, sin importar cuál sea nuestra religión o nuestra creencia en Dios. Para algunas personas, el viaje puede ser corto. Para otras, muy largo, de años... o quizá les tome toda la vida.

En una de las visitas que nos hizo papá, nos invitó a todos, como familia, a asistir a un grupo de oración de cristianos renacidos, el siguiente domingo, en Dublín. Joe y yo aceptamos y papá se ofreció a recogernos.

Más tarde, ese mismo día, me fui a caminar con los niños por la orilla del canal. Ellos se adelantaban y corrían, y eso me daba tiempo para estar con los ángeles. Al saludarlos, ellos me hacían cosquillas y me tiraban el pelo. Les pregunté a los ángeles por qué había pasado tanto tiempo antes de que nos invitaran a asistir a este grupo. Ya habían pasado muchos años desde aquel día, en casa de mi madre, cuando el pastor del grupo de oración de cristianos renacidos le había sugerido a mamá que nos llevara algún domingo.

Los ángeles me hablaron al unísono:

—Lorna, recuerda que estás compartiendo algo muy espiritual con tu padre: las dos almas están conectadas. Tu padre siente muy profundamente la necesidad de compartir su experiencia de este grupo de oración. Este es el momento.

Owen me llamó y los ángeles desaparecieron.

Mis dos hijos estaban allí, sonriendo. Ruth estaba durmiendo en el cochecito. Por la expresión de la cara de los niños, supe que habían visto algo.

—No digan nada —dije.

—Bueno —dijo Christopher.

Nos divertimos ese día: les dimos de comer a los patos y luego volvimos a casa.

El domingo, mamá y papá llegaron a recogernos a las doce menos cuarto y nos subimos al auto. De camino a Dublín, sentía un profundo dolor viendo a papá. Todo el tiempo lo veía rodeado por una luz dorada.

Recuerdo que la iglesia era grande como una catedral, pero no recuerdo otros detalles. Había muchas familias y niños corriendo por todas partes. Estaban sirviendo comida. Yo me sentía muy liviana. Los ángeles me sostenían y yo estaba como en trance, como si fuera una espectadora externa. Vi que papá se me acercaba y me decía: "ya va a comenzar la oración".

Papá iba caminando delante de mí. Se sentó en la segunda fila, y a su lado había una silla vacía. Él quería que yo me sentara a su lado, pero los ángeles tenían otros planes. Tres filas más atrás, había un hombre sentado en una silla y me invitó a sentarme a su lado. Así lo hice. Esta silla estaba un poco adelantada respecto a las demás sillas de la fila, lo cual me permitía ver claramente a papá.

La reunión comenzó con una oración, y todos empezaron a cantar himnos. Papá se puso de pie, como todo el mundo y, en ese momento, comprendí que esto es lo que debía compartir con él: verlo orando. Yo sentía el poder de los ángeles que me rodeaban.

No sé cómo describir los hechos que empezaron a desfilar ante mis ojos: era algo muy hermoso y muy puro. Yo ya no escuchaba a la gente cantar. Papá comenzó a ponerse cada vez más brillante, hasta adquirir una tonalidad dorada, muy refulgente. El cuerpo humano de mi padre estaba en el altar de la iglesia, y su ángel de la guarda levitaba más o menos a un metro sobre él.

Vi el alma de papá desprenderse de su cuerpo. Era fascinante: yo ya había visto otras almas aparecer de esta forma, ¡pero este era mi padre! El alma de papá tenía la forma de su cuerpo humano, pero estaba hecha de luz. Estaba envuelta en capas de luz dorada. Su alma ascendía, acompañada por su ángel de la guarda, y crecía, y se convertía en una presencia enorme de luz brillante, cuyo tamaño sobrepasaba al de cuatro personas juntas. Refulgía y rutilaba todo el tiempo.

Luego, el alma de papá se dirigió a mí y me llenó de amor. Sentía perfectamente su amor. En ese momento vi algo parecido a una cadena de oro que pendía del alma de papá, llegaba hasta su cabeza y envolvía todo su cuerpo físico. Para mi sorpresa, vi que otra parte de esta cadena dorada salía del cuerpo físico de mi padre y llegaba hasta mí. Los ángeles me hicieron inclinar cabeza y pude ver cómo esta cadena dorada entraba en mi cuerpo, en el centro de mi pecho, y conectaba el alma de papá con la mía.

Los ángeles me hicieron levantar de nuevo la cabeza y vi que el alma de papá descendía y entraba suavemente en su cuerpo.

Normalmente, el alma de una persona está circunscrita totalmente por el cuerpo, pero el alma de papá no entró del todo en su cuerpo. Una parte quedó por fuera, sobre su cabeza, durante el corto tiempo de vida que le quedaba. Yo veía que el alma de papá tenía un gran amor y una gran compasión por la vida humana de papá.

Alguien me dio unos golpes en el hombro. Era una persona que estaba detrás de mí para pedirme que me sentara. En ese momento, comprendí que yo seguía de pie, mientras que los demás ya se habían sentado, incluso papá. Comenzaba a sentirme humana de nuevo, y respiré profundamente. De pronto, sentí el contacto con todos mis ángeles. Yo les di las gracias en silencio. Estaba triste pero, al mismo tiempo, llena de dicha.

Nunca deja de sorprenderme cuando Dios y los ángeles me dicen que alguien va a comenzar a hacer su transición desde esta vida, pasando por la muerte, hacia aquello que los humanos llamamos el mundo sobrenatural. A veces sucede que me entero sobre alguna persona que conocí casualmente muchos años atrás, o sobre la que oí hablar, o sobre una persona muy conocida en el mundo.

Siempre me hace sonreír ver cómo un ser humano cambia su vida y sus creencias. Casi nunca nos damos cuenta cuando eso sucede, cuando comenzamos el camino que nos lleva a renacer. Nunca olvidaré a papa diciéndome que no entendía por qué le había tomado tanto tiempo conocer a Dios.

Cierta mañana de marzo, después de llevar a los niños al colegio, iba caminando a casa con Ruth en el cochecito y vi al ángel Miguel sentado en las escaleras de la puerta. Yo estaba feliz y, mientras abría la puerta de la cerca, dije:

—Ángel Miguel, estás brillante como el sol.

En cuanto dije estas palabras, el ángel Miguel apareció a mi lado.

—Hola, Lorna.

Ruth comenzó a despertarse y el ángel Miguel se puso el dedo sobre los labios, con una sonrisa radiante. Le tocó una mejilla a Ruth con la punta de los dedos de su mano derecha, de donde salían haces de luz. Los ojos de la niña comenzaron a cerrarse de nuevo y se volvió a quedar dormida. Cuando Miguel retiró su mano, yo veía que la energía de mi bebé y la de Miguel estaban entrelazadas y luego se separaban suavemente. En ese momento, el ángel Miguel me dijo:

—Lorna, ya sabes que se acerca la hora en que tu padre deberá dejar este mundo.

—Sí, Miguel, yo sé —dije—. Cuando te vi en la puerta me puse feliz y triste al mismo tiempo, pues en lo profundo de mi corazón sabía a qué habías venido esta vez.

Miré a Ruth, que seguía durmiendo. Miguel se rio.

—Se despertará cuando yo me vaya.

Miguel me tomó la mano y yo comencé a llorar. Me apretó la mano un poco y yo lo miré. Miguel estaba radiante. Su luz hermosa y refulgente me cubría y me protegía. Me sentí cubierta por un manto de serenidad.

Miguel dijo:

—Lorna, deja que el amor que sientes por tu papá te ayude ahora. En las dos semanas que siguen, tu alma y la suya se irán separando lenta y suavemente. La cadena dorada que sale del alma de tu padre y que se conecta con la tuya se irá debilitando y llegará un punto en que se romperá.

Yo seguía llorando, pero escuchaba atentamente las palabras del ángel Miguel.

—Miguel, la cadena ya se está debilitando. Ya puedo sentirlo —dije.

—Debes comprender, Lorna —dijo Miguel—, que cuando llegue el momento final, tú no debes aferrarte.

—Yo sé, Miguel. No voy a aferrarme.

—Recuerda, Lorna —dijo Miguel—. Todos tus ángeles están contigo todo el tiempo, incluso cuando no puedas vernos u oírnos. Todos estamos a tu servicio.

Miguel me puso las manos en los ojos y me dijo:

— Déjame secarte las lágrimas. ¡No llores más! Alégrate de tener ahora a tu papá.

—Quisiera hacerte una pregunta antes de que te vayas —dije.

—Claro.

—Bueno, es que no sé si lo que he visto de la vida de papá desde el momento de su concepción, la manera como he sentido sus emociones y su dolor, es como una forma de purificar su alma. ¿En realidad, es eso lo que estoy haciendo?

—Sí —respondió Miguel—. No más preguntas, Lorna. Tengo que irme.

Miguel desapareció y, al mismo tiempo, Ruth se despertó.

—Dos semanas —me dije—. No es mucho tiempo —y suspiré.

La visión sobre la vida de mi padre no se interrumpía ni un segundo: era constante, continua y dolorosa para mí. Papá iba a visitarnos todos los días. Se tomaba una taza de té y hablaba. Yo lo escuchaba y sonreía. Papá hablaba principalmente sobre el pasado; a veces contaba cómo eran las cosas cuando era joven, o hablaba sobre sus padres, o sobre su mejor amigo, Arthur Mason, muerto muchos años atrás. A veces hablaba sobre su noviazgo con mamá.

A medida que pasaban los días, yo me sentía peor. Era horrible saber que a papá le quedaban muy pocos días para vivir en este mundo. Una tarde, antes de salir a buscar a los niños al colegio, llamé a los ángeles. Los llamé desde lo más profundo de mi desesperación. Los ángeles Miguel, Hosus, Elías y Elisa aparecieron delante de mí, y detrás de ellos había muchos más. Me sentí cubierta por su amor, que me daba la fuerza y el coraje para soltar el alma de mi padre y no aferrarme a ella.

Sus palabras eran dulces:

—No estás sola, Lorna. Vete al colegio a buscar a los niños.

Joe no tenía que ir al trabajo ese día; estaba en el jardín. En ese momento entró en la casa y me dijo:

—Estás muy pálida, Lorna.

Le dije que me sentía bien, pero él se ofreció a recoger a los niños en el colegio, para que yo pudiera descansar.

—No —le dije—. De veras que estoy bien. Si quieres, vamos juntos.

Yo me sentía cansada y apesadumbrada, pero recordaba que los ángeles me habían dicho que fuera por los niños al colegio. Caminando por la calle principal de Maynooth, de regreso del colegio, me llevé una agradable sorpresa: ¡Nos encontramos con papá! Nunca antes me había encontrado con papá en Maynooth, y yo sabía que esto era obra de los ángeles. Papá llevaba puesto su suéter trenzado favorito, ese que yo le había tejido; también llevaba su sombrero con las moscas artificiales. Parecía un poco desorientado, como si no supiera a dónde iba. Representaba mucho más que sus cincuenta y seis años, pero estaba feliz de vernos y yo le di un gran abrazo.

Papá propuso que fuéramos a un salón de té, no muy lejos de allí. Sentada a la mesa, yo percibía que la luz que lo rodeaba era casi invisible; era como la luz trémula de una vela a punto de apagarse. Su ángel de la guarda estaba detrás, mucho más alto que él, apoyándolo y aferrándose a su cuerpo humano, manteniendo unidos su alma y su cuerpo.

Mientras tomábamos el té, papá mencionó que no se sentía bien, que le costaba trabajo respirar. Fue la primera vez que me habló de sus problemas físicos. Ahora, cada segundo que pasaba con papá era invaluable. Lo acompañamos hasta su auto y yo le di de nuevo un gran abrazo. Pensé que sería la última vez que lo vería vivo.

Al día siguiente, estaba lavando algunas hortalizas en el fregadero de la cocina cuando un ángel me susurró al oído: "Tu papá va a venir a visitarte por última vez". No había alcanzado a llamar a los ángeles, cuando oí la bocina del auto de papá afuera. Todo ocurría como en cámara lenta. Me sorprendió ver que papá ya se había bajado del auto y estaba frente a la puerta de la cerca, mirándola como si no quisiera abrirla, como si no quisiera entrar.

Mi corazón latía con violencia. Papá me llamó para decirme que estaba muy cansado, pero sentía la fuerte necesidad de traerme una aspiradora. Fui a abrir la puerta de la cerca para que entrara pero él me dijo:

—No, Lorna, me siento mal de los pulmones. Tengo que volver a casa.

La cerca nos separaba. Yo no la abrí. El ángel de la guarda de papá lo llevaba en sus brazos y yo veía apenas una luz muy tenue a su alrededor.

Sé que te preguntarás por qué no abrí la puerta de la cerca: quería ser respetuosa con el deseo de papá de no hacerlo. Para que nuestras almas se separaran debía romperse una conexión, y por eso papá no me permitió abrir la cerca: él sabía que debíamos permanecer en lados opuestos. Espiritualmente, papá sabía que la puerta no debía abrirse, pero no sé cuánto más sabía en ese momento. Le sonreí a papá, extendí un brazo y le tomé la mano. Nos despedimos y papá se fue a casa. Más tarde, en la noche, le dije a Joe que papá se estaba muriendo. Él no dijo nada, pero me abrazó.

Dos días después, nuestras almas se separaron por completo. Era un 17 de marzo, el día de San Patricio. Joe no se estaba sintiendo bien, y le dije que no era necesario que nos acompañara a mí y a los niños a ver el desfile de San Patricio, y que era mejor que se quedara en la cama. Desayunamos todos juntos y alisté a los niños para el desfile en el centro de Maynooth. En las calles, el desfile estaba muy animado. A los niños les dieron dulces, y los payasos les dieron la mano. Todo el mundo estaba muy contento. Yo trataba de sonreír y de estar alegre para no dañarles el rato a los niños, aunque a veces sentía que el desfile no se terminaría jamás.

Me sentí aliviada cuando, finalmente, nos fuimos a casa con los niños y el ángel Miguel apareció a mi lado. Sentía su mano en mi hombro, para consolarme.

—No estás sola, Lorna —me susurró al oído.

Yo hacía esfuerzos por no llorar, sabiendo que si los niños me veían se pondrían mal.

—Me siento tan vacía —le susurré a mi vez—, ¡papá se fue! Ya no siento la conexión con él. Se fue.

—En el futuro, tu papá vendrá a ti espiritualmente —dijo el ángel Miguel—. Pero no por mucho tiempo. Recuerda que tienes con él una conexión espiritual.

—Yo sé, Miguel —dije—, pero en este momento mi parte humana me duele mucho.

El ángel caminó junto a mí en silencio, mientras los dos niños corrían adelante y Ruth iba en el cochecito, pues estaba cansada. Poco antes de llegar a nuestra casa, Miguel me tomó la mano:

—Lorna, tú sabes que la conexión que tienes con Dios y los ángeles no se romperá jamás.

Me detuve y miré al ángel Miguel.

—Gracias, Miguel. Necesitaba oír eso.

Un automóvil subía por la calle y Miguel desapareció. Solo llevábamos media hora en nuestra casa cuando llegó mi hermano Cormac. Me asomé por la ventana y lo vi junto a la cerca. Sonreí, pues él tampoco podía abrir la puerta y tuvo que esperar hasta que yo la abriera. Mi hermano no sabía que estaba desempeñando un papel en la bendición espiritual de nuestro padre. Él estaba tomando el lugar de papá en el momento de entrar por la puerta de la cerca. Se produjo un haz de luz durante un segundo, y supe que esta era la manera como papá me agradecía.

—Ya sé, Cormac —dije—. Papá se fue.

Cormac dijo:

—Vengo a decirte que papá murió.

—Pasa, Cormac, y tómate un té.

Una hora después, nos fuimos a ver a mamá.

CAPÍTULO 21

Necesito algunos milagros

Aun en las épocas en que Joe tenía trabajo, el dinero no nos alcanzaba. Muchas veces nos cortaban la luz, pues no había con qué pagarla. Por otra parte, Christopher debía llevar una dieta sin gluten, lo que me obligaba a comprar productos costosos. Yo daba gracias a los ángeles por el jardín, pues cultivar nuestras propias hortalizas nos ayudaba mucho.

De algún modo, no necesariamente consciente, yo seguía teniendo la vaga sensación de ser observada, y a veces recordaba con temor las palabras de Elías, aquella noche del picnic junto al lago en Donadea, respecto a Satán. Yo trataba de no pensar en eso y esperaba que nada ocurriera, pero en el fondo de mí sabía que no tenía escapatoria.

A Joe lo despidieron de su trabajo en la fábrica de alfombras. Le dijeron que también habían licenciado a otras personas, pero yo creo que a él lo sacaron por sus problemas de salud y sus largas ausencias. Consiguió un trabajo nuevamente con la CIE, la empresa de transporte público de Irlanda, pero esta vez con un contrato temporal. Joe se iba a la calle principal para encontrar quien lo llevara a dedo. A veces tenía suerte, pero otras veces le tomaba horas llegar al trabajo, y por eso debía salir muy temprano.

Una mañana, el hombre que lo recogió se estrelló. Al conductor no le pasó nada, pero Joe tuvo una fuerte conmoción cerebral. Estuvo hospitalizado algunos días y, durante ese tiempo, le diagnosticaron una diabetes. Todo lo que me había anunciado el ángel Elías comenzaba a hacerse realidad. Jamás volvió a su trabajo en la compañía de transporte.

Estábamos a finales de noviembre. La Navidad no tardaría en llegar, y apenas si teníamos dinero para comprar comida y mantener el fuego encendido. Un día, yo estaba en el jardín recogiendo coles de Bruselas y metiéndolas en una bolsa, bajo una lluvia inclemente. Estaba empapada y me sentía muy desgraciada. Estaba realmente enojada con los ángeles.

—¡No podemos vivir únicamente de verduras! —les grité. Estaba hecha un mar de lágrimas. De repente, una luz iluminó la bolsa. Levanté la cabeza y vi al ángel Hosus. Estaba igual de empapado que yo, y eso me dio risa. Me sentí un poco mejor.

—Hosus, ¿te das cuenta de la gravedad de la situación? —le dije—. No tengo nada para darles a los niños en Navidad. Necesito algunos milagros. Solo tenemos hortalizas para comer y nos volvieron a cortar la luz. Ya ni siquiera tengo el anillo. Está empeñado y no veo de dónde vamos a sacar dinero para recuperarlo.

El ángel Hosus extendió una mano y me tocó la cara. Verlo a los ojos era como ver el Cielo.

—Lorna, estamos susurrando cosas al oído de la gente, pero nos cuesta mucho trabajo hacerles escuchar.

—¿Por qué la gente no escucha a los ángeles como yo? —pregunté.

—Lorna —respondió Hosus—, muchas personas oyen lo que dicen los ángeles, pero piensan que son ideas tontas y no hacen lo que se les pide. Si la persona da muestras de haber escuchado nuestros susurros, en los que le pedimos ayudar a otra persona, incluso con las cosas más sencillas, entonces le damos seguridad para actuar. A la gente le da miedo hacer el ridículo, pero ayudar a los demás nunca es ridículo.

—Hosus, voy a rezar para que la gente escuche a sus ángeles.

Hosus desapareció y yo entré en la casa. Algunos días más tarde, cuando solo faltaban dos semanas para Navidad, yo iba por una calle a recoger a los niños en el colegio, cuando un auto pasó a mi lado y se detuvo. El conductor bajó la ventana y saludó. Iba acompañado por una mujer. Al principio, creí que me pedirían indicaciones para llegar a alguna parte, pero al mirar dentro del auto vi la luz tenue de sus ángeles de la guarda.

—Sabemos que usted tiene dos hijos varones —dijo el hombre.

La mujer se bajó del auto y abrió el maletero. Sacó una bolsa grande y blanca y dijo:

—De parte de Santa Claus. Nuestros hijos ya no los usan.

Yo me quedé muda de la sorpresa. ¡No lo podía creer! No alcancé a decir ni media palabra cuando la mujer se subió nuevamente al auto y arrancaron.

—¡Gracias! —exclamé.

El auto se veía más luminoso ascendiendo por la pendiente. Yo me reía y saltaba de felicidad diciendo: "¡Gracias, ángeles! Esta gente escuchó". Me sentía muy feliz. Abrí la bolsa y vi diversos juguetes para chicos.

Me di prisa para ir hasta donde Jim, el carnicero, a dejarle la bolsa para que los chicos no la vieran. Me sentía dichosa mientras esperaba a que los niños salieran del colegio. Me moría de ganas por contarle a alguien. Casi me estallo esperando a contarle a Joe.

A la primera oportunidad, cuando vi que los niños no podían oírnos, le conté a Joe la historia, con pelos y señales. Él trató de ubicar quiénes eran estos personajes, pues conocía a mucha gente en la zona, mientras que yo prácticamente no conocía a nadie. De hecho, solo hasta hace poco he comenzado a tener amigos cercanos. Por alguna razón, los ángeles necesitaban que yo estuviera bastante solitaria. Por supuesto que tenía a mi familia, pero a veces me habría encantado tener amigos.

Joe creía que aquellos buenos samaritanos podrían ser un matrimonio de Leixlip. Sin embargo, jamás pudimos agradecerles, pues no estábamos seguros del todo.

—¿No sabes que esto es obra de los ángeles? —dije.

Joe se rio y dijo:

—Gracias, ángeles.

Yo también me reí. Me sentía muy aliviada.

Sin embargo, la comida de Navidad era otra cosa. Faltaban dos días para Navidad y Joe y yo no sabíamos qué hacer para comprar un paquete de galletas, y muchísimo menos un pavo. Con todo, los ángeles seguían apareciendo y me decían que no me preocupara, que algo iba a ocurrir, que alguien estaba escuchando.

En la víspera de Nochebuena, los niños estaban muy emocionados, esperando la llegada de Santa Claus. A mí siempre me ha gustado mucho la Navidad: me parece una época maravillosa. En todo el mundo cristiano, el nacimiento de Jesús es una época para ayudar a los demás, para compartir, para fomentar el entendimiento mutuo, para eliminar las fronteras, para dejar atrás nuestros odios y fortalecer nuestro deseo innato de amor y paz.

Me fui a la cama esa noche, pensando que no habría comida de Navidad, pero agradecí a los ángeles por todo lo que habían hecho, y les dije que quería ver la cara de felicidad de los niños cuando abrieran los regalos en la mañana.

Al día siguiente, los niños se levantaron a las seis. Todavía quedaban rescoldos en la chimenea, y Joe fue a buscar algunos palos al cobertizo. No había acabado de abrir la puerta principal, cuando me llamó y volvió a entrar en el salón, trayendo un sobre en la mano. No tenía nada escrito.

Joe abrió el sobre y, en ese momento, los ángeles llenaron de luz el salón. Joe sacó dos billetes de veinte libras. No podía creerlo: estaba que no cabía de alborozo. Abracé a Joe. Los niños preguntaron qué pasaba y Joe y yo respondimos al tiempo:

—Santa Claus también nos dio un regalo.

Los niños corrieron a abrazarnos.

Alguien había puesto dos billetes de veinte libras en un sobre, había ido a nuestra casa en auto o a pie, había abierto suavemente la puerta de la cerca, había caminado de puntitas hasta la casa y había metido el sobre debajo de la puerta. Debía ser muy tarde cuando lo hizo, pues Joe y yo nos acostamos después de medianoche. Era un regalo totalmente anónimo: no había ninguna nota, ninguna tarjeta, y esa persona no esperaba obtener nada a cambio. Era una bendición del cielo. Esta persona hizo nuestra Navidad. Agradezco a quienquiera que haya sido, por haber escuchado a su ángel de la guarda.

Siempre les he dicho a mis hijos que el nombre de Santa Claus viene de San Nicolás, y que San Nicolás hace su trabajo por intermedio de la gente, despertando su iniciativa de dar regalos a los demás. Es obvio que San Nicolás participó en todo esto, así como los ángeles.

En aquel entonces, cuarenta libras era una gran cantidad de dinero: el equivalente de ocho semanas de mercado. ¡Nos sentíamos millonarios! Joe hizo una lista: limonada, galletas, dulces y otras cosas. Y lo más importante: un pollo, para que los niños hicieran de cuenta que era pavo. Entre tanto, antes de ir a hacer las compras, nos divertimos jugando con los niños.

Nos alistamos para la misa y caminamos hasta la iglesia. Yo me sentía de maravilla. Cuando íbamos entrando en la iglesia, le dije a Joe:

—Ojalá el tendero tenga pollos asados.

—Las cosas que se te ocurren antes de entrar a misa —me dijo Joe, y me hizo reír. ¡Sin embargo, durante la misa, yo recé por un pollo asado! Le di gracias a Dios y a los ángeles por todo, y particularmente a la persona que había metido el sobre por debajo de nuestra puerta.

Cuando se terminó la misa, nos fuimos directo a la única tienda que abrían en Maynooth en Navidad: la tienda de Barry, en la calle principal. Cuando veníamos caminando, vi al ángel Hosus parado frente a la puerta de la tienda, irradiando amor. Joe y los niños iban delante de mí. Dudé un momento antes de entrar. Hosus me tocó el hombro y le dije:

—Gracias por tu resplandeciente regalo de amor.

—¿Sientes el olor de los pollos asándose? —preguntó Hosus, y desapareció.

La tienda estaba llena de gente. Todo el mundo compraba cosas y se deseaba mutuamente feliz Navidad y próspero año nuevo. Joe estaba en el mostrador, hablando con la tendera, la señora Barry. Le dijo que tenía algunos pedidos de pollo asado, sobre todo para personas ancianas, pero que había puesto algunos pollos de más en el horno.

La señora Barry tenía una gran sonrisa en el rostro, y con seguridad se alegraba de haber puesto unos pollos de más a asar. Durante un breve instante, su ángel de la guarda apareció detrás de ella, y yo le di las gracias en silencio, tanto a él como a la señora Barry, por escucharlo.

—Todavía le falta media hora —dijo la señora Barry. Joe le dijo que no había problema, y le dio el resto de la lista de mercado.

Caminamos por las calles de Maynooth, mirando vitrinas y jugando con los chicos, mientras Ruth dormía plácidamente en el cochecito. Luego, cuando volvimos a la tienda, percibimos el maravilloso olor del pollo asado. La señora Barry nos dijo que llegábamos justo a tiempo, pues acababa de sacar los pollos del horno. Envolvió bien el pollo en una bolsa, y el resto de las compras lo puso en una caja. Joe le pagó, le dimos las gracias y le deseamos una feliz Navidad.

Joe cogió la caja y yo la bolsa, y nos fuimos a nuestra casa. Joe puso la caja de compras en la mesa de la cocina y los niños, muy emocionados, ayudaron a abrirla y a sacar los dulces, las galletas y la limonada. A mí me parecía aquello un banquete.

Miré el pollo y le dije a Joe, sorprendida:

—No lo puedo creer. Está relleno. Qué amabilidad la de la señora Barry, no solo asar los pollos en la mañana de Navidad, sino rellenarlos también.

Cuando estuvo listo el resto de la cena, prendimos las velas y pusimos el pollo en el centro de la mesa. La comida fue maravillosa: ese pollo estaba más sabroso que cualquier pollo que me haya comido antes o después. Tuvimos una Navidad maravillosa.

* * *

Los meses siguientes fueron fríos; incluso nevó. Estábamos todos en el jardín tirando bolas de nieve; los niños habían hecho un muñeco de nieve y yo estaba mirando a Owen cuando un ángel me susurró algo al oído.

—¿Eres tú, ángel Hosus? —pregunté.

—No, soy el ángel de la guarda de Owen —contestó el ángel, que no se hizo visible—. Quiero que observes a tu hijo. Voy a mostrarte algo.

En ese momento, Owen dijo:

—Mamá, mira esta bola.

Su hermano mayor, Christopher, corrió a ayudarle y en un abrir y cerrar de ojos hicieron una bola casi del tamaño de Owen.

—Esa bola grande puede ser el cuerpo del muñeco —dije, y empecé a dirigirme hacia la casa—. Ahora hacen otra bola del tamaño de un balón de fútbol y les queda la cabeza. Luego consiguen dos piedras para los ojos y una zanahoria para la nariz.

El ángel de Owen me detuvo y me dijo:

—¿A dónde vas, Lorna?

Yo creía que el ángel simplemente me quería mostrar a los niños jugando con la nieve. Me di vuelta y allí estaba. El ángel de Owen se apareció. Era extremadamente alto, con unos ojos verde esmeralda muy atractivos y una sonrisa radiante. Parecía como si me quisiera decir: "Mira lo que estabas a punto de perderte por darme la espalda". Llevaba puesta una armadura muy fina que parecía de plata. Luego, en un segundo, cambió de color, como una llama abrasadora, haciendo contraste con la nieve blanca a su alrededor. Parecía como si sus pies estuvieran metidos en la nieve, haciéndola brillar, pero yo sabía que en realidad sus pies no tocaban el suelo, sino que estaban muy por encima de la nieve. El simple hecho de ver el ángel de la guarda de Owen me ponía muy feliz.

—Lorna, mira a tu hijo.

Cuando el ángel dijo estas palabras, Owen dejó de empujar la gran bola de nieve y me sonrió, muy orgulloso de sí mismo. Al siguiente instante, vi que una energía magnífica y hermosa salía del pecho de Owen, y se hacía más y más grande cada segundo. Al principio tenía la forma de un escudo, pero luego fue adoptando la forma de un corazón. Era bellísimo. Era un corazón lleno de vida, de colores verde esmeralda y azul, como dos ríos que se unen en un solo cauce. Flotaba frente al pecho de mi hijo, conectado directamente a él. Yo estaba asombrada. Era sobrecogedor en todos los sentidos.

—¿Qué significa eso? —pregunté.

El ángel de la guarda de Owen estaba a mi izquierda, poniéndome una mano en el hombro. Yo quería darme vuelta para mirarlo, pero él me lo impidió. Luego, siguió hablando:

—El corazón es el símbolo del escudo de la vida; es la fuente de la vida y el amor; el protector de la tierra; la fuente del bien y el mal.

Con una sonrisa, le dije al ángel:

—Si ya es demasiado pedirle a un adulto representar todo eso, mucho más a un niño.

Le pedí al ángel de la guarda de Owen que lo acompañara en su viaje, que lo guiara y lo protegiera.

—Lorna, cuando Owen sea mayor, puedes contarle lo que viste hoy, y puedes decirle que mi nombre es ángel Trafikis.

Vi a Owen haciendo otra bola de nieve con su hermano, y vi que el escudo frente a su corazón disminuía lentamente de tamaño. También sentí que se desvanecía el contacto de la mano de Trafikis sobre mi hombro. Durante un breve instante, vi a Trafikis junto a Owen, luego Owen cayó de rodillas, riéndose, y me pidió que fuera a ayudarlo.

CAPÍTULO 22

Satán en la puerta

lgunos años atrás, en nuestro picnic a orillas del lago, el ángel Elías me había dicho que Dios me pondría a prueba poniéndome en presencia de Satán. Un día, Elías vino a visitarme de nuevo y me dijo que Satán llegaría muy pronto hasta mí.

—Puedo sentir que se acerca —dije. Estaba aterrada, pues temía por mí misma y por mis hijos.

—No temas —me dijo Elías—. Demuestra tu fe en Dios.

Es algo difícil de describir, pero desde el momento en que Elías habló conmigo a orillas del lago, yo sentía que Satán se iba acercando poco a poco. Lo sentía a millones de millas de distancia, y luego lo sentía a algunos miles de millas, y luego a unos cientos de millas. Le tomó mucho tiempo acercarse a mí, desde que el ángel Elías me anunció que vendría, pero yo lo sentía acercarse cada vez más. Ahora, Elías me confirmaba que estaba cerca.

Satán se aproximaba más y más. Cierto día, hacia el mediodía, los ángeles Hosus y Miguel, junto con todos mis ángeles, formaron un semicírculo frente a mí. Me dijeron que era para evitar que yo sintiera la gran maldad que proviene de Satán. Luego, mis ángeles desaparecieron y ya no pude verlos más. Entré en la casa y cerré la puerta, pero yo sabía que él estaba frente a la cerca. Me sentí helada. Sentí como si la vida se me estuviera yendo del cuerpo. Sentí como si estuviera en un ferrocarril, con un tren aproximándose a toda velocidad y me hubieran dicho que el tren se detendría si yo tenía suficiente fe. No podía olvidar las palabras de Elías: demuestra que tienes fe en Dios.

Satán debió de permanecer algunas semanas en la cerca. Yo estaba aturdida permanentemente, perdida en el tiempo. Luego, una noche, cuando me iba a meter en la cama, supe que estaba en la puerta de la casa. Yo sentía el poder de Satán, que era increíblemente fuerte. Llamé a mis ángeles, pero ellos no me dieron respuesta. Joe y los niños estaban dormidos en nuestra habitación. Tal vez Dios y los ángeles les indujeron un sueño profundo.

Yo estaba sentada en la cama, con las rodillas dobladas y las cobijas hasta el cuello. Estaba temblando de temor. Permanecí así un tiempo y luego, de repente, todos mis ángeles, Hosus, Miguel y Elías, aparecieron y me rodearon. Me dijeron que no debía temer, y desaparecieron en ese mismo instante.

Yo podía sentir la presencia de Satán entrando en la casa. Llegó a la habitación y, al hacerlo, todo lo demás desapareció, incluyendo a Joe y a los niños. Es como si todo se hubiera esfumado en la oscuridad, incluso la cama donde estaba sentada. Me había quedado sola con Satán.

Era espeluznante sentir el poder de Satán: toda la maldad, el terror, el horror. No puedo decir si era una energía masculina o femenina, o cómo era. Simplemente, era una masa de maldad, de oscuridad, de gran fuerza y poder. Era una energía que se tenía mucha confianza y que, ciertamente, no tenía miedo.

Luego, Dios se hizo presente en medio de la oscuridad. Apareció en forma humana, como un hombre joven, tal como lo había hecho en el grupo de oración. Estaba vestido de blanco brillante, con su rostro radiante y su pelo oscuro y largo. Se puso a mi derecha, extendió el brazo y me tocó la mano.

Sentir la presencia de Dios a mi derecha me dio fuerzas. Yo sabía que Dios estaba manteniendo a Satán a raya, impidiéndole acercarse más, pero yo seguía sintiéndome aterrorizada, como nunca lo había estado en la vida. Estaba temblando.

A mi izquierda estaba Satán, esa gran oscuridad, esa gran maldad, y a mi derecha estaba Dios. No podía ver claramente a Satán: era nada más una masa oscura, pero sí podía ver claramente a Dios. Cuando veía a Dios, el temor desaparecía, pero cuando volvía a mirar a Satán reaparecía con más fuerza que nunca.

Comprendí que Dios me estaba poniendo a prueba, y que debía demostrar que no le temía a Satán. Que yo era más fuerte que él, y que podía alejarlo. También sabía que la presencia de Dios y sentir su contacto en mi mano me daban la fuerza que necesitaba para alejar a Satán. Tres veces repetí: "Aléjate, Satanás. Escojo a Dios. Soy más fuerte que tú".

Cada vez que repetía esto, él se alejaba un poco más. A la tercera vez, ya estaba en la puerta de la habitación. Luego, Dios lo expulsó de la casa y de la zona. Es como si lo hubieran mandado por un largo túnel oscuro, hacia la nada. Ese día, le probé a Dios que yo tenía la fe para alejar a Satán.

Satán existe. No tengo ninguna duda al respecto. Si dejamos que entre en nuestras vidas, lo hará. Actuará como un "dios" y hará que ocurran cosas extraordinarias en nuestras vidas. Es posible que la gente obtenga mucha riqueza y mucho éxito, pero a un costo enorme. Satán no quiere que evolucionemos espiritualmente, y se opone a aquellos que quieren abrir el corazón y la mente de otras personas, para ayudarles a ver de manera diferente.

La humanidad está evolucionando espiritualmente. La evolución lleva a que el hombre cambie y que el cuerpo y el alma estén más unidos y finalmente lleguen a ser uno solo. Veo que ahora la gente tiene menos condicionamientos, que está más abierta a explorar asuntos de naturaleza espiritual. Dios nos pone a prueba en algún momento: eso hace parte de nuestro crecimiento espiritual. Todos tenemos el poder para alejar a Satán. Esto es algo que nunca debemos olvidar. Si lo alejamos, él retrocederá. No puede ser de otro modo. Por desgracia, seguirá ahí, pero su poder será menor. Siempre podremos acudir a Dios y a sus ángeles para fortalecer nuestra creencia y nuestra fe.

* * *

La diabetes de Joe iba empeorando. Muchas veces se desmayaba o se sentía muy débil, y a veces Christopher venía corriendo del jardín gritando que su papá se había caído. Era muy difícil para él y para nosotros. En la mayoría de los casos, la diabetes responde bien a la medicación, pero el caso de Joe era complejo y los médicos no podían controlarlo, a pesar de todos los esfuerzos. Los médicos sabían que la enfermedad también estaba afectando su corazón. Joe no había trabajado desde que le diagnosticaron la diabetes; se había presentado a una entrevista para trabajar como guardia de seguridad en Maynooth College (lo cual habría sido muy práctico, pues el trabajo le habría quedado cerca de la casa), pero en el último momento le dijeron que no podían darle el puesto, debido a los resultados de los análisis médicos. La frustración de Joe fue enorme.

En una de las innumerables estadías de Joe en el hospital, una enfermera le dijo que no sería mala idea tener un teléfono en casa.

Unas seis semanas más tarde, nos instalaron el teléfono, gracias a las autoridades locales de salud. Sin embargo, yo solo lo usaba para emergencias y para llamadas entrantes, pues me daba miedo que nos saliera muy cara la cuenta. Poco después de que nos instalaran el teléfono, los niños estaban jugando en el jardín cuando un auto se estacionó frente a nuestra casa. Yo estaba en la parte trasera del jardín, limpiando uno de los cobertizos. (Pasábamos mucho tiempo en el jardín: teníamos unas cuantas gallinas y un vecino nos había regalado un perrito). Ese día oí que un hombre decía: "¡Hola!" y fui a ver quién era. Estaba saliendo del automóvil. Dentro del auto había una mujer y un niño. Me preguntó si esa sería la casa que buscaba. Yo le sonreí y le dije:

—No sé. ¿A quién busca?

—A la sanadora —respondió—. Mi esposa no está bien.

Yo sonreí, pero estaba dudosa. Sabía que me buscaba a mí, pero nunca antes me habían llamado de esa forma. De hecho, me sentía un poco incómoda de que me llamaran sanadora: no me sentía a la altura de este apelativo. Sin embargo, respiré profundo y dije:

—Sí, esta es la casa que busca. Por favor, pase.

Entramos en la cocina. Los dos se presentaron: él se llamaba Fintan y ella, Peg. Su hijo se llamaba Eamon. El chico se quedó afuera jugando con mis hijos, las gallinas y el cachorro. Era la primera vez que alguien iba a casa buscando mi ayuda. Nunca supe quién los había enviado o quién les había dicho que yo era una sanadora. Ellos fueron los primeros, pero después siguieron muchos.

Años más tarde, cuando volví a encontrarme nuevamente con Fintan, me dijo que al ver la casa con los niños, las gallinas y el cachorro, supo que estaba en el lugar que buscaba. También me dijo que la salud de su esposa había mejorado enormemente después de la visita.

Una vez recibí una llamada de una mujer llamada Josie. Alguien le había dado mi número de teléfono. A su hijo le habían diagnosticado un cáncer, y ella acudía a mí porque necesitaba apoyo. Me pidió, además, ver a otra familia, donde había otro muchacho con cáncer, y le dije que podía mandármelos el próximo lunes por la mañana.

Cuando llegó el lunes, hacia las once menos cuarto, un automóvil se estacionó frente a la casa. Abrí la puerta e hice pasar a la familia. Nos dimos la mano y nos sentamos a la mesa de la cocina. El padre se presentó: se llamaba Dermot, su esposa se llamaba Susan y el chico, Nick. Mientras yo hablaba con sus padres, Nick jugaba con algunos juguetes que le había traído su madre. Al cabo de unos minutos, Nick me abrazó, sonrió y dijo:

—No hables más, mamá, y deja que Lorna me bendiga y me diga cómo se llama el ángel que me va a ayudar a ponerme mejor. Luego me voy al jardín a jugar.

Su padre le dijo que tuviera paciencia, que me dejara ir a mi ritmo, pero yo le dije que no había problema.

—Hagamos lo siguiente —dije—. Voy a bendecir a Nick, a rezar por él y a preguntar el nombre del ángel. Nick, siéntate en las piernas de tu mamá o de tu papá.

Nick se sentó en las piernas de su papá.

—No es seguro que tu ángel de la guarda me diga su nombre —le dije a Nick—, así que tendrás que rezar conmigo y pedirle a tu ángel de la guarda que te abra la mente y el corazón. Cuando terminemos, puedes salir a jugar en el jardín, y yo me quedo hablando con tu mamá y tu papá.

Miré al chico y le pedí a Dios que me mostrara dónde estaba su cáncer. Yo podía verlo, pero no le dije a nadie dónde estaba. La verdad es que era un cáncer muy agresivo y pensé que se necesitaría un milagro para que el chico viviera. Se me cruzó por la mente el pensamiento de que quizás el destino de Nick no era vivir, que su viaje en esta vida consistía en acercarse a Dios y conocer a su ángel. También pensé que esto podía hacer parte del viaje de su familia.

Mientras rezaba por Nick, pidiéndole a Dios que le concediera el milagro de curarse, su ángel de la guarda apareció un momento. Me dijo que el milagro no sería concedido, que yo debía decirles a los padres de Nick que pasaran el mayor tiempo posible con su hijo. Sería un tiempo precioso. No debía decirles que su hijo moriría, pues el peso de esa información sería demasiado grande. También debía decirle a Nick el nombre de su ángel.

Nick se quedó muy quietito en las piernas de su padre mientras yo rezaba por él. Cuando terminé, lo bendije y él saltó:

—¡Dime el nombre de mi ángel!

—Vuelve a sentarte en las piernas de tu papá —le dije—. Así podré decirte cómo se llama y cómo es tu ángel. Nick, tu ángel de la guarda es maravilloso. Tiene una ropa que tiene muchos colores centelleantes, y tiene una capa que se mueve todo el tiempo. Tiene unas hermosas botas verdes que brillan: es el verde más lindo que he visto jamás. Le llegan hasta las rodillas, y tienen unas grandes hebillas de plata cuadradas. Tiene un cinturón dorado en la cintura, y en el centro también tiene una hebilla de plata.

Nick estaba inmóvil en las piernas de su padre, y no me quitaba los ojos de encima. En su cara se veía la emoción que le producía mi descripción de su ángel de la guarda.

—Tiene el pelo rojo como llamas —continué—, y sus ojos son como las estrellas. Tiene en la mano izquierda algo parecido a una espada, pero en realidad es una espada de luz. Tu ángel de la guarda me dijo que cuando te sientas mal, lo único que debes hacer es pedirle que te toque con su espada de luz, para que te sientas mejor.

Nick volvió a bajarse de un salto de las piernas de su padre y dijo:

—¿Ahora sí puedo irme a jugar?

Su padre lo llevó al jardín. La madre se quedó sola conmigo y me preguntó llorando:

—¿Qué dijo el ángel?

Es muy difícil para mí cuando los padres me hacen esa pregunta, sobre todo si las noticias no son buenas. ¿Qué puedo decir? A veces me preguntan: "¿Qué hice mal? ¿Acaso he cometido un gran pecado? ¿Esto es un castigo de Dios?". Debemos comprender que ese es nuestro camino. Es el viaje que hemos escogido desde mucho antes de venir a este mundo.

—Mira a tu hijo —respondí—. Mira su fe. Mira cómo cree. Él no tiene miedo. No le da miedo mejorarse, ni le da miedo volver a Dios. Escucha a tu hijo. Él te dará muchos mensajes.

Cuando el padre de Nick regresó, hablé con ambos durante algunos minutos. El mensaje de los ángeles era que pasaran con su hijo la mayor cantidad de tiempo posible.

La familia se fue. Yo recibía noticias de ellos con frecuencia. Cuando Nick debía ser hospitalizado o cuando se sentía mal, les decía a sus padres que me llamaran; yo debía pedirle al ángel que usara su espada de luz para hacerlo sentir mejor. Ellos me llamaban y el dolor desaparecía. Por supuesto que Nick podía, él mismo, pedirle ayuda a su ángel de la guarda, pero he visto que los niños enfermos prefieren que los padres me llamen. Tal vez así se sienten más seguros.

En cierta ocasión, cuando el cáncer de Nick estaba en remisión, les pidió a sus padres que lo llevaran a mi casa. Insistió en hablar conmigo a solas y les pidió a ellos no bajarse del auto. Cuando nos quedamos solos, Nick me dijo que hablaba con su ángel de la guarda todo el tiempo. Una de las cosas que le había dicho es que en el futuro, quizá cercano, se lo llevaría con él al Cielo. Nick no le veía problema a eso, ahora que tenía nueve años. Sin embargo, les había dicho a sus padres que se iría al Cielo muy pronto, y ellos le habían contestado que no querían oírlo hablar de esa cosas.

Nick me contó que su madre no paraba de llorar.

—Yo le digo a mamá que a mí no me molesta irme al Cielo, que eso está bien. Pero ella no quiere escucharme.

—Nick, ¿quieres que yo hable con tu papá y tu mamá?

—Sí, Lorna.

Le di un gran abrazo a Nick y le dije:

—Voy a rezar por ti y bendecirte; daré las gracias a Dios y a tu ángel de la guarda, y les preguntaré qué debo decirles a tus padres. Les pediré a sus ángeles de la guarda que los ayuden a dejarte ir al Cielo, cuando llegue la hora.

Rezamos juntos y bendije a Nick. Luego, fuimos hasta el auto e invitamos a Dermot y a Susan a entrar en la casa. Nuestra perrita, Heidi, había tenido cachorros. Nick y Ruth estaban felices jugando en el jardín con los cachorros, debajo de un árbol. Sonreí al verlos jugar. Los padres de Nick se preocupaban mucho por su hijo, pero él les dijo que lo dejaran jugar un rato y que hablaran conmigo sobre el mensaje del ángel.

Susan me miró con cara de preocupación. Nos sentamos a la mesa de la cocina y yo les hablé con la mayor suavidad posible. Les conté lo que habíamos hablado con Nick; que su ángel de la guarda le había dicho que se lo llevaría pronto para el Cielo. Les pedí que trataran de ser fuertes, que escucharan a su hijo y que pasaran con él la mayor cantidad de tiempo posible. Los dos lloraron y se abrazaron. Era un espectáculo desgarrador.

Finalmente, los padres hablaron. Desde hacía meses su hijo venía contándoles que su ángel de la guarda le decía que pronto se lo llevaría al Cielo, pero que para ellos era muy duro aceptar esa realidad. Se sentían un poco avergonzados de que Nick hubiera tenido que pedirme a mí que les hablara a sus padres para que le hicieran caso. Los abracé a ambos y los bendije. Luego se fueron.

Unos días más tarde, mi hija Ruth entró en la cocina diciendo:

—Mamá, ¿te acuerdas del niño que estuvo jugando conmigo en el jardín el otro día? Ese niño era muy lindo. ¿Cómo se llama?

—Nick —respondí.

—Está enfermo, ¿cierto, mama? ¿Se va a poner mejor?

—No, hijita. Se va a ir al Cielo.

Con lágrimas en los ojos, Ruth dijo:

—¡Qué lástima! Ese niño es muy lindo.

Le di a mi hija un gran abrazo. La tuve abrazada un rato largo, y luego me dijo:

—Ya estoy bien, mamá —y se fue a hacer sus tareas.

Algunos meses más adelante, Nick se agravó y lo hospitalizaron. De vez en cuando, Nick les pedía a sus padres que me llamaran para que le aliviara el dolor. Siempre ocurría así, y yo le daba gracias a Dios por el milagro. Un día, sin embargo, Susan me llamó para decirme que Nick había fallecido serenamente la noche anterior. Le dije que recordara siempre que Nick es una hermosa alma en el Cielo, y que él está a su lado siempre que ella lo necesite.

No es fácil describir el efecto que Nick producía en su familia: sus padres y sus hermanos. Habían perdido al chico, y es como si esta enfermedad y esta muerte hubieran despertado a toda la familia. Nick era para ellos un ejemplo de compasión y amor. Es como si Dios mismo brillara a través del niño. Él era diferente; de cierto modo, era como un ángel que brillaba para todo aquel que entrara en contacto con él. Si vas a un hospital infantil, verás niños gravemente enfermos y, sin embargo, son felices, están llenos de amor. Muy pocos tienen amargura o resentimiento. Es como si estuvieran ahí para mostrarnos su luz. Siempre me ha fascinado la sabiduría de los niños. Los niños que tienen alguna enfermedad terminal se vuelven muy espirituales y muy maduros, muy sencillos, aun a edades tan tempranas como los cuatro años. Es algo fascinante y muy hermoso.

Otra cosa que vale la pena recordar sobre los niños es que son terriblemente abiertos desde el punto de vista espiritual cuando están muy pequeños. Al fin y al cabo, están recién llegados del Cielo. Muchos de ellos ven ángeles, aunque suelen olvidarlo más adelante. Muchos de ellos también ven espíritus, en particular espíritus de sus abuelos o de otros familiares, que vienen a protegerlos. He conocido muchos casos de niños pequeños que dicen cosas como: "El abuelito estaba jugando conmigo". He oído a algunos padres relatar que, cuando están viendo un álbum de fotos de parientes muertos tiempo atrás, algunos niños dicen conocerlos. Es posible, incluso, que el niño tenga un mensaje para los padres.

Los niños son fuentes de sabiduría, incluso de sabiduría del otro mundo, y deberíamos prestarles más atención.

* * *

Cada vez acudía más gente a visitarme. En estos tiempos, Joe estaba tan mal que casi nunca salía de casa, y cuando la gente venía, él desaparecía. Era un hombre muy orgulloso, y no quería que nadie supiera lo enfermo que estaba. Ninguna de las personas que venía a verme sabía lo que ocurría en mi vida, ni las dificultades que pasaba por causa de mi marido enfermo. Tampoco sabían que los ángeles me habían anunciado mucho tiempo atrás que Joe no me acompañaría por mucho tiempo.

Una mujer fue a visitarme para pedirme la intervención de los ángeles. Era una estudiante de medicina llamada Marian. Me dijo que estaba muy estresada y que no podía con sus exámenes.

—Me han dicho que usted habla con los ángeles —me dijo—. Yo creo en Dios. Tengo fe y creo en los ángeles, pero necesito mucha ayuda en este momento, pues tengo mucha presión y me da miedo caer en una crisis nerviosa.

A Marian le faltaba poco para graduarse como médica, pero le aterraba no poder pasar los exámenes finales. Tenía unas ganas enormes de ser médica, y sabía que podía ser muy buena, pero el proceso le estaba costando mucho trabajo. Le dije que su fe y su creencia le habían ayudado a superar este duro periodo, y que Dios ya había enviado a sus ángeles para darle las fuerzas que le permitirían llegar hasta el final. Rezamos para pedir a Dios y a los ángeles que le enviaran ángeles que le indicaran cómo pasar los exámenes, y guiarla para convertirse en una médica espiritual, amorosa y dedicada.

A todos nos acompaña siempre nuestro ángel de la guarda. Sin embargo, el ángel de la guarda, en su papel de guardián de nuestra alma, puede permitir que otros ángeles vengan a tu vida, para ayudarte con diversas cosas. A estos ángeles los llamo maestros: vienen y van con frecuencia, y son diferentes de los ángeles de la guarda. Pedimos que un grupo de ángeles fueran sus maestros. Mientras rezábamos, vi que tres ángeles se acercaban a ella. Todavía les faltaba un poco para llegar.

—Los tres son hombres —le dije—. No hay una sola mujer. Espero que eso no te moleste.

Marian se rio y lloró aliviada, y me pidió que rezara para que los ángeles llegaran antes de que ella se fuera de mi casa, pues realmente los necesitaba. Yo recé imponiéndole las manos. Le pedí a Dios que le diera toda la seguridad, el coraje y las capacidades que necesitaba. Y le pedí esperanza, pues ella necesitaba la esperanza en su propia vida. Cuando terminé de rezar, pregunté los nombres de los ángeles que serían enviados en su ayuda. Me dijeron que podía llamar a los ángeles "Las Tres Estrellas". Ya habían llegado y estaban esperando en la puerta, para cuando ella saliera a su nuevo mundo.

Hace poco, muchos años después de esta visita, Marian me llamó. Ahora es médica, trabaja en el extranjero y ayuda a mucha gente. Llamó porque quería agradecer a los ángeles.

—Te llamé a pedirte que les des las gracias, pues sé que de ese modo el mensaje llegará más pronto.

Me dio risa. Le dije que con la llamada telefónica ya les estábamos dando las gracias. Le recordé que siempre podía llamar a sus tres ángeles cuando necesitara ayuda.

—Ellos siguen ahí. No te han abandonado. Todavía debes continuar el viaje y tienes mucho trabajo por delante.

Marian tenía una creencia lo suficientemente fuerte para pedir ayuda a los ángeles; así, les había dado poder y ellos, a su vez, le habían dado poder a ella.

* * *

Casi siempre, la gente iba a mi casa pero, de vez en cuando, en circunstancias especiales, yo iba a la casa de algunas personas. Con frecuencia, cuando esto ocurría, alguien me recogía y me llevaba. Un día, me llevaron a una vieja casa a visitar a un niño de tres años, que estaba muy enfermo. Su estado físico era precario y tenía dificultad para respirar. Apenas si podía salir de la cama.

Allí había un hombre mayor, y pensé que era algún miembro de la familia. Solo me di cuenta de que era un espíritu cuando soltó una risita. Sin embargo, emitía una luz tan tenue que yo pensé que era una persona viva. El espíritu sabía que me había engañado, y eso lo divertía mucho.

Una vez terminé de ver al niño, me tomé una taza de té con su abuela, quien me comentó que el niño se parecía mucho al abuelo de ella. Él también había vivido en esa casa, al igual que muchas generaciones anteriores. Dijo esto varias veces. Por alguna razón que no entiendo del todo, la referencia continua del parecido del nieto con el abuelo de la señora hacía que el espíritu siguiera aún por ahí. Era el espíritu del tatarabuelo del chico enfermo.

Yo sabía que el espíritu no era bueno para la familia; que era, en cierta forma, una fuerza malévola; que su presencia era en buena parte responsable (si no totalmente) de la enfermedad del niño. Todo el tiempo que estuve en esta casa veía al espíritu, y rezaba para que fuera rodeado de amor y de ángeles, para que pudiera irse al Cielo y dejar al niño en paz.

Algunas semanas más tarde, me pidieron ir de nuevo a la casa a ver al niño, que se había recuperado totalmente y estaba lleno de energía. Yo sabía que el espíritu se había ido.

Me sorprendió ver que la casa tenía un aspecto totalmente diferente. Algunas semanas atrás, la casa se veía húmeda y no muy limpia. Tenía una vieja escalera y una chimenea barroca y mugrienta en el salón de estar. Ahora me encontraba en una casa vieja hermosamente restaurada y bien cuidada, sin chimenea.

La mujer me miró con cara de extrañeza, y dijo que nada había cambiado desde la vez que yo había ido. Para mí sí había cambiado todo. Yo no solamente había visto al espíritu de su abuelo, sino también el espíritu de la casa, tal como había sido muchos años atrás, cuando él vivía allí.

CAPÍTULO 23

Almas gemelas

Joe seguía sin poder ir a trabajar, pero al menos podía quedarse en casa cuidando a los niños, así que yo podía salir a trabajar por cortos periodos de tiempo. Limpiaba pisos en un colegio y trabajé en una zapatería, pero la verdad es que no había muchos trabajos en esa época para los que yo estuviera cualificada.

La dieta de Christopher, que era celiaco, agravaba nuestros problemas financieros. Joe también necesitaba comida especial. Yo luchaba a brazo partido para alimentar a la familia con el poco dinero que teníamos. Vivíamos al día. Mi hija Ruth ahora se ríe pensando que la única vez que podía comer carne era cuando mordía los huesos de la carne del plato de su padre.

Había cortos periodos en que la diabetes de Joe estaba bajo control y podía hacer trabajos por aquí y por allá. Durante uno de estos periodos, dio clases de conducción, pero yo siempre temía que le pasara algo. Joe se ponía muy feliz cuando estaba bien para trabajar, pero por desgracia esos periodos no duraban mucho tiempo.

Teníamos gallinas en el jardín, y Joe iba de vez en cuando a una cafetería en Maynooth a recoger restos de pan. Él no decía que también servían para alimentar a su esposa y a sus hijos, pero así era. Cuando llegaba con las bolsas de la cafetería, mirábamos a ver qué se podía salvar, quitando los pedazos que tenían moho. A veces había un pastel o un pedazo de pan fresco. Siempre he creído que el dueño de la cafetería sabía cómo era la verdadera historia y nos regalaba estas cosas.

En un momento dado, estábamos muy atrasados con los pagos de las cuotas de la casa, y en peligro de perderla. Fui a la oficina de Asistencia Social para ver si podían ayudarnos un poco más, aparte de la pensión por discapacidad que recibíamos. Joe fue conmigo. Aunque Joe estaba muy enfermo, no quisieron creernos. Le preguntaron si realmente estaba enfermo, a pesar de los certificados médicos. Decían que él podía trabajar si realmente quisiera. Después de que Joe murió, la mujer de la oficina de Asistencia Social me pidió disculpas.

Desesperados, pusimos en venta parte del jardín. Pensándolo con más calma, es claro que la desesperación era tanta por hacerle la vida más cómoda a Joe que vendí la tierra por mucho menos de lo que valía. Sin embargo, eso me permitió pagar algunas de nuestras deudas.

Pierdes tu dignidad cuando tienes que pedir, pero a veces no hay más remedio, especialmente cuando hay una familia de por medio. Uno de los síntomas de la enfermedad de Joe era que siempre tenía frío: incluso en verano temblaba de frío. Volví a Asistencia Social, para pedir ropa térmica para Joe. De nuevo, nos negaron la ayuda. Lo que me frustraba y me dolía era que a muchas otras familias sí les daban apoyo económico. Creo que el hecho de que viviéramos en nuestra propia casa, aunque fuera pequeñita, y no fuera una vivienda subsidiada los hacía actuar de ese modo; por otra parte, Joe con su orgullo, siempre trataba de verse bien y respetable cuando iba a verlos.

Mis ángeles me insistían que acudiera a los grupos locales de caridad. Yo me resistía sistemáticamente. Estaba cansada de perder mi dignidad. ¿Por qué iban a creerme, si los de Asistencia Social no me creían? Al cabo del tiempo, la situación se puso tan desesperada que los llamé y les pedí una cita.

Fui al organismo de caridad y les expliqué nuestras circunstancias. Enviaron un hombre a inspeccionar nuestra casa. Lentamente, el hombre miró por todas partes y abrió todos los cajones. Luego, se dirigió a mí y sentenció:

—Si tiene una bolsa de papas y una lata de frijoles; su familia no se morirá de hambre. Ustedes no necesitan nuestra ayuda.

Traté de explicarle cómo eran las necesidades alimentarias de un celiaco, que Christopher necesitaba una dieta especial para poder crecer, pues de lo contrario se le atrofiaría el cuerpo (de hecho, a sus siete años, pesaba dieciséis kilos y debía pesar al menos veinticinco). También le expliqué que la enfermedad de Joe le impedía digerir muchos alimentos. Sin embargo, el hombre se hizo el desentendido. A lo mejor se creía con el derecho.

Al fin de cuentas, el organismo de caridad nos dio alguna ayuda, pero la mayor parte era inservible. A veces nos daban cupones de comida gratis, pero siempre eran alimentos que ni Joe ni Christopher podían comer. Una Navidad nos dieron un cupón para un pavo, y estábamos muy contentos con eso, pero cuando fui a buscarlo la humillación me quitó todo el gusto de recibirlo. El comité estaba allí, llamando a cada persona para que recogiera su pavo. Cuando llegaron a mí, dijeron: "Ah... usted...". Sentí que habían estado hablando de mí y que creían que nosotros estábamos engañándolos y quitándole la comida de la boca a la gente verdaderamente necesitada. ¡Si supieran!

Un día me encontré con Sean, un hombre que había conocido en el grupo de oración de Maynooth. Nosotros ya no íbamos a la oración, pues era demasiado para Joe. Yo lo echaba de menos, tanto la oración en grupo como la gente que conocimos. Yo salía muy poco: a hacer las compras, a recoger a los niños en el colegio y a hacer los trabajos que hacía por horas. No iba a ninguna otra parte. La salud de Joe era tan impredecible que me daba miedo dejarlo solo hasta por tiempos cortos.

Sean pertenecía ahora al comité local de caridad. Poco tiempo después de encontrármelo, fue a mi casa y lo invité a tomar un té. Sentados a la mesa de la cocina, le conté la verdad sobre nuestras circunstancias. Él era la única persona a quien le conté la dimensión real de nuestras dificultades financieras. Sean quedó desolado y me prometió conseguir ayuda para nosotros.

Las cosas no fueron fáciles. Cuando Sean presentó nuestro caso al comité, cuestionaron nuestra necesidad de ayuda y finalmente rechazaron la solicitud. Yo sé que esto era obra del diablo. A veces, Satán nos dificulta hacer lo que debemos hacer. En algunas ocasiones, las fuerzas del mal intentan producirnos frustraciones en la vida y en el trabajo que estamos haciendo, con lo cual la vida se hace más ardua de lo que debería ser. Sé que esta es una de las razones por las que recibí tan poca ayuda para mi familia cuando Joe estaba enfermo. En este caso, el diablo hacía que la gente fuera ciega a las circunstancias que tenían delante de sus ojos.

Yo estoy en constante batalla con el diablo. Cuando alguien tiene una fe muy fuerte, el diablo trata de dificultarle la vida —y lo logra en el corto plazo—, pero yo sé que por mucho que las fuerzas maléficas de Satán traten de frustrar la obra, Dios y los ángeles siempre terminan por ganar.

Sean no podía creer que no pudieran darnos más ayuda. Le permitieron llevarnos algunos cupones de comida, y quedó pasmado al comprender que no nos servían debido a las restricciones dietéticas de Joe y Christopher. Sean hizo una lista detallada de los alimentos que sí podían comer, y de vez en cuando nos llevaba una bolsa de mercado. Estoy segura de que él pagaba estos alimentos de su propio bolsillo.

* * *

A medida que pasaba el tiempo, más y más gente se enteraba sobre mí y acudían a mí cuando necesitaban ayuda.

Una mujer que acudió a mí por esta época era una mujer con nietos. No era muy mayor, pero tenía nietos. Se llamaba Mary. Diez años atrás, una vecina suya había tenido gemelas, y una de ellas había muerto poco después de nacer. Mary me contó que sentía un gran interés por las bebés cuando la madre quedó embarazada, aunque no eran amigas. No podía entenderlo. Cuando Mary vio por primera vez en su cuna a Josie, supo que había una conexión, un lazo, aun antes de haber tenido la oportunidad de tocarle la carita a la bebé.

Muchas veces hemos oído hablar de "almas gemelas", pero tendemos a usar esta expresión principalmente en un contexto romántico, en el sentido del compañero perfecto, de la pareja ideal. Sin embargo, debemos recordar que un alma gemela puede ser un niño y también un adulto. La gente vive buscando su alma gemela, pero es posible que viva en otra parte del mundo. Puede ser esa persona a quien le envías algún dinero para ayudarle, ese hombre en silla de ruedas, el niño con síndrome de Down que acabas de ver en la calle. Cualquier persona puede ser tu alma gemela.

A medida que Josie crecía, la cercanía con Mary continuaba. Siempre que la niña estaba enferma o en problemas, Mary lo sabía instintivamente. A Josie le ocurría lo mismo. A veces, la niña le decía a su madre que necesitaba ver a Mary. Cuando la madre le preguntaba por qué, recibía la misma respuesta: "Yo sé que Mary me necesita". La madre de Josie no siempre le daba permiso para ver a Mary, pues a veces era de noche, o estaba lloviendo a cántaros, pero Josie seguía insistiendo hasta que finalmente le daban permiso.

Josie llegaba a la casa de Mary y preguntaba:

—¿Qué te pasa, Mary?

Mary se quedaba mirando a la niña y pensaba: "¡Dios mío, Josie sabe que hoy estoy triste!".

Eran almas gemelas: tenían edades diferentes y eran del mismo sexo, pero, en todo caso, eran almas gemelas. Hay una conexión muy especial entre las almas gemelas. Cada una sabe cómo se siente la otra.

Mary ya murió. Poco antes de morir, me dijo: "Yo sé que Josie es mi alma gemela. Mi marido no era mi alma gemela". Ella comprendió esta verdad hacia el final de su vida.

La muerte de Mary tuvo un profundo efecto en Josie, a quien también llegué a conocer. Cuando Mary murió, Josie sintió como si le hubieran arrancado un pedazo del corazón.

Es muy posible que Josie vuelva a conocer a otra alma gemela en su vida: podemos tener más de una durante nuestra existencia. Creo que a veces nuestra alma gemela nos pasa de largo porque no la reconocemos: estamos demasiado ocupados, pero eso no significa que la otra persona no nos reconoce a nosotros.

También debemos aprender que podemos amar a alguien y entregarnos a esa persona, pero eso no significa necesariamente que sea nuestra alma gemela. Es triste ver que hay gente joven —y no tan joven— que insiste en no sentar cabeza sino hasta encontrar su alma gemela. Al decir esto, están bloqueando la oportunidad de encontrar a alguien que, aun sin ser su alma gemela, puede aportarles mucha felicidad. No necesitas buscar a esa persona, pues si tu alma gemela debe cruzarse en tu vida, lo hará, ya sea durante un breve instante o durante un tiempo largo.

Recuerdo que una vez estábamos viendo las noticias con Joe. Era un informe sobre un horrendo choque de trenes en Gran Bretaña. Yo había visto la foto en un periódico, por la mañana, pero había evitado enterarme más. Sin embargo, sabía que, de alguna manera, era algo que debía ver. Pero las cosas debían ser de otro modo. Cuando Dios y los ángeles quieren que mire algo, no puedo evitarlo.

Había unas imágenes de un hombre en una camilla, rodeado por socorristas. No tengo idea de quién era este hombre, este sobreviviente de un accidente de tren, pero sí sé que fuera quien fuera, había acabado de conocer a su alma gemela, y su alma gemela ahora estaba muerta. Lo sabía, pues se me permitió ver el contacto entre ambos. Cuando lo llevaban en la camilla, el hombre estiró los brazos y yo sé que él pudo ver el alma de su alma gemela. Se me permitió ver que su alma gemela lo consolaba y le daba fuerzas para vivir. No se me permitió ver de qué sexo era el alma gemela, o si era joven o vieja, pero sé que era su alma gemela, y que se habían conocido de manera fugaz.

Recuerdo que me sentí terriblemente triste y pensé: "Dios mío, detesto estas cosas". En realidad, la palabra no es detestar. Lo que pasa es que sentí mucho dolor mientras miraba las imágenes, y mucha compasión por la pérdida y el dolor que estaba sintiendo el hombre de la camilla; sentí compasión al ver cómo estiraba el brazo hacia su alma gemela por un breve instante. No sé si él recordará que conoció fugazmente a su alma gemela. A veces ocurren cosas espirituales cuando nos encontramos en estado de dolor y de choque. Después, nos preguntamos si esas cosas realmente ocurrieron: ¿en realidad vimos algo o fue solo un rayo de luz?

* * *

Por esta época, adquirí una gran conciencia de la conexión que había entre mí y un hombre que había asesinado a su esposa. Hiciera lo que hiciera o estuviera donde estuviera, esta conexión aparecía de algún modo. Yo encendía la radio y estaban hablando sobre el asesinato; iba caminando por la calle y aparecía de algún modo un periódico, incluso en el suelo, por el lugar donde pasaba. Las letras resaltaban, como si se salieran del papel, y solo veía cosas sobre este horrendo crimen. Una noche, fui al salón y prendí la televisión.

Estaban presentando el noticiero. Intenté apagar el televisor, ¡pero no se apagaba! Escuché que uno de mis ángeles me decía: "Lorna, siéntate y mira las noticias".

Lo hice a regañadientes. Miré la pantalla y vi la imagen del hombre que acababa de ser acusado de matar a su joven esposa, de una manera fría, calculada y premeditada. Sentada en mi silla, vi lo que le había hecho este hombre a su alma: había desconectado su esencia humana de su alma, de tal manera que no pudiera interferir con sus planes. Así, su corazón se había convertido en algo frío, yerto. Es difícil de explicar, pero es como si hubiera apartado a su alma, como si la hubiera alejado de sí mismo y luego la hubiera encadenado en algún lugar, con cadenas imposibles de romper. A veces le hacemos estas cosas a nuestra alma porque *queremos* que la ambición gobierne nuestras vidas. Nos obsesionamos con las cosas materiales. No fue ni el diablo ni nadie más quien le hizo esto al alma del hombre. Lo hizo él mismo. En cierta forma, se había convertido en un hombre de hielo.

Así era en ese momento. Se me permitió ver su alma cuando lo llevaban a la cárcel. Esto no quita que, pasado el tiempo, sienta remordimiento y que su alma rompa algunas cadenas. No podrá devolverle la vida a la muchacha, a su joven esposa asesinada, y debe recibir un castigo humano por lo que hizo, pero lo peor es lo que le hizo a su alma. Eso es lo peor. Cuando su alma se libere, si es que él lo permite, pasará por un terrible tormento. Tratará de evitar sentirlo, pero finalmente no podrá más y sentirá un profundo y terrible dolor.

Este hombre asesinó deliberadamente por pura ambición. Hizo planes para sacar el alma del cuerpo de una persona. Tomó esta alma antes de tiempo (sé que algunas personas piensan que aun si la persona muere asesinada, ya era su hora, o que era una consecuencia de un acto en una vida pasada, pero esto no *siempre* es cierto). Él tomó el alma de esta mujer y el alma del hombre sintió un tremendo dolor. El alma de este hombre sintió dolor pues no pudo evitar la comisión de este acto atroz.

El alma de la joven asesinada también siente la tristeza de saber que el alma de este hombre está atrapada. El alma de ella lo perdona. Las almas siempre perdonan; nunca se rinden. Son como los ángeles: un alma jamás deja abandonada a otra.

CAPÍTULO 24

Paz en Irlanda y en Navidad

Un lunes por la noche, Joe estaba viendo el noticiero por televisión y me llamó para que fuera rápidamente. En la pantalla aparecía la imagen de la prendería de Dublín a la que acudíamos nosotros. No podía creerlo: los ladrones se habían entrado en el local durante el fin de semana y se habían llevado todo. El robo solo fue descubierto hasta el lunes por la mañana, y la policía afirmaba que no tenía pistas sobre quién podía ser el culpable, pero que era un robo muy bien planeado.

Me volteé a mirar a Joe.

—Eso quiere decir que mi anillo se perdió. ¡Mi anillo, tan bonito! —dije entre sollozos. Estaba muy descompuesta. Joe me abrazó—. Ahora no vamos a tener con qué salir de aprietos.

Me sentía perdida sin mi anillo. Significaba muchísimo para mí aunque, a decir verdad, pasaba más tiempo en la prendería que en mi dedo. Yo esperaba que la policía recuperara el anillo, pero la posibilidad se hacía más remota a medida que pasaba el tiempo.

Unas semanas más tarde, recibimos una carta de los propietarios de la prendería. Creo que Joe me la leyó unas cuatro veces. Nos notificaban que el recibo que habíamos firmado en la prendería al dejar el anillo los exoneraba a ellos de toda responsabilidad. No eran responsables de que el robo del anillo hubiera ocurrido estando en su poder. Esta noticia nos dejó abatidos. Habíamos perdido el anillo y no íbamos a recibir ninguna compensación.

Joe me prometió que algún día me regalaría otro anillo. Yo le dije que no era necesario, pues ese anillo no significaría lo mismo para mí. Joe me volvió a abrazar y tiramos la carta a la basura.

Días después, estaba sentada en las escaleras de entrada de la casa y apareció el ángel Miguel, como si viniera de la parte trasera del jardín. Se sentó a mi lado.

—No tengo ganas de hablar —le dije.

El ángel Miguel me puso la mano en el hombro.

—Lorna, lamento mucho lo de tu anillo. No podíamos hacer nada.

Me volteé a ver al ángel Miguel y su resplandor me hizo sonreír un poco.

—Miguel, me habría gustado que pudieran hacer algo —dije—. Joe también está muy triste. Siente que me decepcionó. El otro día dijo que si hubiera podido ganarse mejor la vida no habríamos tenido que empeñar el anillo.

—Recuerda, Lorna —dijo Miguel—. Es solo un anillo, un objeto material. Simplemente recuerda el amor de Joe.

Me quedé pensando en las palabras de Miguel. Obviamente, tenía razón. Me sentí mucho mejor. Le sonreí a Miguel y luego él desapareció. No volví a pensar en el anillo después de eso.

* * *

No me interesa la política, pero sí me interesa mucho la paz y, en aquella época, mediados de los años noventa, se hablaba mucho de paz en Irlanda del Norte. En una ocasión, cuando estaba sentado junto a mí, le pregunté al ángel Miguel sobre Irlanda del Norte. Me dijo que la gente iba a tratar de arruinar el proceso de paz. Era poco probable que lograran su objetivo final, pero la paz tardaría en llegar. Tomaría algo así como veinte años para que las cosas se pudieran solucionar.

Desde entonces he estado muy pendiente. En los últimos tiempos, he notado que la gente está más abierta y generosa, dispuesta a abandonar sus posiciones radicales para dar paso a la paz. Miguel me dijo que es muy importante que se produzca la paz en Irlanda del Norte. No es solo importante para la República de Irlanda y para la Gran Bretaña. Si un grupo terrorista como el IRA puede hacer parte de un gobierno, eso les demostrará a otros grupos terroristas en otros países que ellos también pueden hacerlo, que hay caminos para llegar a la paz, distintos de la violencia. Me han dicho que Irlanda puede ser la piedra angular de la paz en el mundo: el diablo está tratando constantemente de eliminarla, pero vuelve a surgir otra vez.

Irlanda es ejemplo de lucha de una religión contra otra, de una fe contra otra. Si Irlanda puede alcanzar la paz, lo mismo pueden hacer otros países. Puede ser una influencia para Irak, Palestina e Israel.

Se me han mostrado diversos caminos posibles para el mundo. En ocasiones he observado y me han aterrado las posibilidades del futuro. Algunas son verdaderamente atroces. Si alguna de ellas llega a materializarse, no quiero vivir para verlo. Sin embargo, también se me han mostrado muchos caminos maravillosos, donde todos podemos vivir en armonía y en paz. Creo que, en el futuro, el mundo puede ser un lugar estupendo, pero cada individuo debe hacer su parte.

Toda la gente común y corriente quiere la paz. Una mujer que vivía en Irlanda del Norte vino a verme. Su marido había muerto por causa de la violencia y su hijo mayor estaba ahora en la cárcel por su participación en actos terroristas. Le partía el corazón ver cómo su hijo había destruido su vida y había causado tanto dolor a los demás. Su hijo menor estaba comenzando a seguirle los pasos a su hermano, y la mujer temía que lo mataran también. Ella no veía fin a este ciclo de violencia. Iba todos los días a la iglesia a rezar por la paz y pedir una vida normal: que su hijo mayor regresara y se hiciera cargo de su niño, y que su hijo menor se casara y tuviera hijos. Me dijo que estaba harta de ir a funerales, y que estaba decidida a no trasmitir el odio, a pesar de que veía a muchas otras mujeres hacerlo. "Si esas mujeres dejaran de criar a sus nietos en un ambiente de odio, las cosas serían muy diferentes", decía. Ella lo intentaba, pero no era nada fácil. Mi corazón estaba con ella.

Como ya he dicho antes, los ángeles me dijeron que la guerra es fácil; lo difícil es hacer la paz y mantenerla.

* * *

Me preocupaba muchísimo la salud de Joe en los últimos meses. Lo veía deteriorarse. Estaba perdiendo peso y presentaba problemas estomacales con frecuencia. Su cuerpo se estaba marchitando. Yo llamaba mucho al médico, pero él parecía impotente.

Un día estaba en cama y empezó a sentirse muy enfermo y desorientado. No sabía quién era él ni quién era yo. Estaba sufriendo mucho y yo estaba aterrada de perderlo. Cuando volvió en sí, no podía mover el lado izquierdo de su cuerpo y hablaba confusamente.

¡Joe había padecido un derrame cerebral!

Lo mantuvieron durante muchos meses en el hospital, haciéndole fisioterapia intensiva y enseñándole a caminar y a hablar de nuevo. Durante mucho tiempo después, Joe arrastraba la pierna, y yo debía cortarle la comida, pues él no podía sostener bien el tenedor. Por fortuna, después de un tiempo, pudo volver a hablar normalmente y en la voz no se le notaba que había tenido un derrame.

A veces, durante el periodo de recuperación de Joe, íbamos a caminar un poco cuando ya estaba oscuro. A Joe le daba vergüenza que lo vieran así, pues la gente podría creer que estaba borracho. Yo le decía que no importaba lo que dijera la gente, y lo agarraba con un brazo mientras caminábamos (aunque él era muy alto y yo, más bien bajita). Los ángeles me ayudaban, pues yo no podía sostener a Joe sola. En su manera de caminar, Joe me empujaba hacia el borde de la acera y, si no fuera por los ángeles, nos habríamos caído.

Yo me enojaba con Dios y con los ángeles por el estado de salud de Joe, y les preguntaba: "¿Por qué tiene que estar enfermo? ¿Por qué no pueden curarlo?". Un día, estaba hecha un mar de lágrimas en el jardín, haciendo que me dedicaba a algún oficio, para que no me vieran llorar. El ángel Miguel apareció frente a mí. Casi lo piso, cuando di un paso para arrancar una hoja del árbol de ciruelas.

—Miguel —dije sollozando—. No puedo creer que la vida de Joe se esté apagando. Es demasiado pronto. Por favor, dile a Dios. No puedo con esto. No quiero que Joe se muera.

—Lorna, Dios te escucha —respondió Miguel—. Él conoce tu corazón. Lorna, mírame a los ojos. ¿Qué ves?

Al mirar al ángel Miguel a los ojos, todo desapareció, hasta el ángel mismo. Sus ojos se convirtieron en un sendero lleno de vida y luz. A cada lado del sendero, veía ángeles blancos como la nieve; allí también estaba Joe, joven, sano y fuerte, caminando con los ángeles, acercándose a miembros de su familia que ya habían muerto. Joe estaba en el camino al Cielo. Ver a Joe así de bien y de feliz, llenó mi corazón de alegría.

Al mismo tiempo, dije llorando:

—¡No, ángel Miguel, no! No quiero que Joe muera. Es demasiado joven para morir. Ni siquiera ha cumplido los cuarenta y cinco años. No es justo.

Lloré desconsolada junto al árbol de ciruelas, mientras el ángel Miguel me consolaba, envolviéndome con sus alas y abrazándome con fuerza. Al cabo de un rato, el ángel Miguel me soltó y me secó las lágrimas de los ojos.

—Lorna, sé fuerte. Y ahora, ve a cuidar a Joe y a tu familia.

El ángel Miguel me tocó la frente, y desapareció con un rayo de luz.

Algunas semanas más tarde, una amiga me pidió que viera a una familia la noche siguiente. Yo dudaba un poco, debido a Joe y a los niños: había que pensar en la cena, en las tareas y en todos los asuntos del manejo de una casa. Sin embargo, a pesar de mis reticencias, lo hice.

Para mi sorpresa, a la noche siguiente, Joe se levantó para cenar y decidió que iría donde un amigo con Christopher. Yo observaba mucho a Joe. Su alma parecía un paso delante de su cuerpo. A mí me daba miedo, y le dije que no era necesario que se fueran, que yo podía recibir a la familia en la cocina. Él me dijo que no le parecía bien estar presente cuando viniera la familia, y que no me preocupara, pues Christopher estaría con él.

Alguien tocó a la puerta. La familia había llegado más temprano de lo previsto. Joe y Christopher se cruzaron con los visitantes en el pasillo.

Al terminar, cuando la familia se iba, Joe regresó y se volvieron a cruzar en el pasillo. Me despedí de los visitantes en la puerta y volví a la cocina: Joe estaba terriblemente pálido y se veía agitado. De inmediato puse la tetera en el fuego, hice un té y le puse cuatro cucharadas de azúcar. Obligué a Joe a sentarse y tomarse el té. Preparé un sándwich y le serví otra taza de té. Desde el otro lado de la mesa, le pregunté:

—¿En serio te sientes bien?

—Estoy bien —respondió—. No hay de qué preocuparse.

No le había dado dos mordiscos al sándwich, cuando la atmósfera de la cocina cambió. En ese momento, entró Ruth en pijama y descalza a la cocina y me preguntó:

—Mamá, ¿puedo llamar a una amiga a preguntarle por una tarea?

Miré a Ruth y luego a Joe, y de nuevo a Ruth. Le dije que sí, pero que no demorara mucho. Todo ocurrió como en cámara lenta. Solamente se oía a Ruth marcando el número. Luego dijo: "Aló".

Y ahí fue. Joe se puso muy mal. Yo siempre había hecho lo posible para que los niños no vieran esto. Ruth comenzó a gritar en estado de histeria cuando su padre empezó a convulsionar. Yo trataba de ayudar a Joe y a mi hija al mismo tiempo. Yo sabía que Joe se estaba muriendo y necesitaba ayuda. En silencio, grité: "¡Ángeles, ayúdenme!". A Ruth le dije: "Ve por Christopher".

Christopher no estaba ahí para ayudarme, pues se había ido a la tienda. Le dije a Ruth que marcara el 999, que pidiera una ambulancia y que diera nuestra dirección. Ruth hablaba histéricamente con la persona al otro lado de la línea. Cuando terminó, le dije que fuera rápidamente a buscar a un vecino para que nos ayudara. Ruth salio corriendo y gritando, todavía descalza.

Yo estaba junto a Joe, abrazándolo y rezando. Hacía todo lo que podía para ayudarlo físicamente, sosteniendo su cuerpo desmadejado. En cuanto salió Ruth, se produjo un rayo de luz. Joe y yo, sentados a la mesa de la cocina, quedamos rodeados por una especie de enorme cubo de cristal. El cubo era vacío en el centro y terriblemente frío. Yo podía ver el vapor de mi aliento, pero no tenía frío. De la boca de Joe no salía vapor. Había dejado de respirar y se le empezaban a poner morados los labios. Yo grité: "¡Ángeles, no estoy preparada para esto!".

Unos ángeles níveos entraron en el cubo. Yo chillé: "¡No, Dios! Por favor, no te lleves todavía a Joe. Déjalo quedarse en este mundo un poco más".

Miré con profundo dolor en mi corazón cómo el alma de Joe se desprendía de su cuerpo; el camino que me había mostrado el ángel Miguel comenzaba a aparecer. Vi a Joe tal como lo vi entonces: con el alma radiante, con ángeles hermosos caminando a su lado; más adelante en el camino, vi a miembros de su familia dándole la bienvenida. Joe se acercaba a ellos y yo le pedía a Dios que lo dejara quedarse en este mundo un poco más, que no lo dejara morir todavía, pues yo todavía lo necesitaba, y los niños también.

De repente, sentí una gran calidez al escuchar la voz de Dios decir: "Lorna, te devolveré a Joe solo esta vez, pero no debes volver a pedirlo nunca más". Dios hablaba con una voz firme. Fue severo conmigo por pedirle algo que nunca he debido pedirle. Me sentí como cuando era niña y un adulto se enojaba conmigo. Dios habló con tal poder y autoridad que entendí que esto era algo que no debía haber pedido. Desde entonces, nunca olvidé las palabras de Dios: no debía pedirlo nunca más.

De repente, Joe se incorporó. Abrió la boca y es como si le hubieran insuflado de nuevo la vida a su cuerpo. Cuando el alma de Joe entró de nuevo en su cuerpo, la fuerza de la vida era increíble. Solo en ese momento me di cuenta de que el ángel de la guarda de Joe lo había hecho incorporarse. Joe me miró y dijo con una voz débil: "Creí que iba para el Cielo". Luego se desmayó.

En ese momento entraron precipitadamente Ruth y nuestra vecina. Al mismo tiempo, oí a Christopher y Owen que venían corriendo de la calle y gritando: "¿Qué pasa?".

Cuando llegó la ambulancia, fue necesario hacer un esfuerzo para convencer a Joe de ir al hospital. Finalmente Joe accedió y seguimos la ambulancia en el auto de la vecina. Unas horas más tarde, salió un médico a hablar conmigo y me dijo que Joe tenía mucha suerte. Estaba en coma cuando llegó al hospital. "Joe debe tener alguien que lo cuida", dijo el médico, y se fue. Yo sonreí pues sabía que, en efecto, alguien lo cuida: su ángel de la guarda, y porque Dios me concedió el milagro de devolverle la vida.

Joe pasó dos semanas en el hospital. Yo no paraba de darle gracias a Dios por el milagro de darle a Joe la oportunidad de vivir un poco más. No sabía cuánto tiempo más nos quedaría para estar juntos: si serían semanas, meses o un par de años. En mi corazón, esperaba que fueran años, pero sabía que cuando llegara la hora no podría volver a pedirle a Dios que lo dejara vivir más.

Se me dio la oportunidad de vivir otro tiempo con Joe, pero nunca volvió a recuperar su salud. Debía guardar cama la mayor parte del tiempo, y no pudo volver a trabajar. La situación era muy dura. Los niños hacían todo lo que podían para ayudar: trabajaban durante algunas horas desde que tenían doce años y me daban parte de la paga. Sin embargo, Joe y yo siempre tuvimos muy claro que nuestros hijos debían terminar el colegio, fueran cuales fueran las circunstancias, y recibir una buena educación. Siempre sentí como una gran desventaja que me hubieran sacado del colegio a los catorce años.

* * *

La cerca de nuestra casa estaba bastante oxidada y necesitaba con urgencia una capa de pintura. Cierta mañana que tenía tiempo libre, y el clima estaba frío, encontré en el cobertizo una brocha, que necesitaba una buena limpieza, y media lata de pintura. Las saqué y empecé a pintar la cerca. Estaba pintando cuando se acercó un muchacho en una bicicleta y saludó. Era Paul, un compañero de colegio de Christopher. Tenían más o menos la misma edad: catorce años.

—¿Por qué no estás en el colegio? —pregunté.

Me dijo que estaba enfermo, pero no tanto como para no poder salir, y me ofreció ayuda. Yo le di un cuchillo y él empezó a raspar la pintura vieja de la cerca. Hablamos sobre el colegio, sobre la pesca, y nos reímos un poco. Al cabo de un rato, le dije a Paul que ya habíamos trabajado suficiente, le agradecí y nos despedimos. Él recogió su bicicleta y se fue. Lo vi alejarse, rodeado por cuatro ángeles.

Los ángeles parecían avanzar junto a él, adelante y atrás. Me dio la impresión de que trataban de protegerlo de una caída. Les pregunté a los ángeles qué pasaba, pues no veía por qué Paul habría de caerse de la bicicleta: se veía que montaba muy bien. No vi su ángel de la guarda, pero en ese momento me pareció un poco extraño que Paul fuera a visitarme, algo que nunca antes había hecho.

No volví a pensar en el asunto hasta que, unos tres días después, pintando la cerca, oí que alguien se acercaba. Interrumpí el trabajo, me bajé a la calle y vi que Paul se acercaba caminando con su bicicleta. Su ángel de la guarda iba detrás. Yo sabía que algo andaba mal. Paul se veía fuerte y sano, pero el halo que lo rodeaba debería ser brillante y no lo era. Es como si estuviera apagado, como si la luz de la vida en torno a él fuera tenue. Tampoco entendía por qué estaba cabizbajo.

Yo lo llamé y él levantó la cabeza; me miró y sonrió feliz, y se acercó corriendo. Dejó la bicicleta en el suelo y me preguntó si necesitaba ayuda.

—Claro, llegaste tarde —le dije bromeando. Me fui a buscar otra brocha en el cobertizo y dejé a Paul en la cerca. De camino al cobertizo, les pregunté a los ángeles:

—¿Qué pasa?

No aparecieron, pero hablaron simultáneamente, al unísono:

—Lo único que debes hacer, Lorna, es estar con Paul. Escucharlo.

—Eso es fácil —dije—. Espero encontrar una brocha para él.

Así fue. Cuando volví a la cerca, Paul estaba esperándome con emoción. Ahora sí brillaba, y yo no entendía por qué resplandecía ahora, siendo que minutos antes su luz era tan tenue. Él estaba feliz y eso me encantaba. Pintamos la cerca juntos; Paul se reía y bromeaba, sin parar de hablar. Me contó que cumplía años la semana siguiente.

Cuando terminamos, Paul se montó en su bicicleta y empezó a pedalear. Yo volví a ver a los cuatro ángeles que lo rodeaban. Se veía muy cómico, y me dio risa. La ropa de los ángeles era larga y suelta; se veían muy elegantes en su carrera, y se los veía saltar un poco, como burbujas llenas de aire caliente. Eran de color ámbar translúcido, y brillaban suavemente, como la luz reflejada por el agua. Verlos era una caricia para mis ojos. Cuando desaparecieron de mi vista Paul y los ángeles, me fui al cobertizo y llamé a mis ángeles. Les pedí que me contaran qué le pasaba a Paul, pero no contestaron.

Siempre tenía presente a Paul. Al día siguiente, me fui a caminar sola, sin alejarme mucho de nuestra casa. Me detuve en un lugar donde no había casas y llamé a mis ángeles. Yo creí que no oían pero, cuando me di vuelta para seguir caminando, apareció el ángel Elías diciendo:

—¿A dónde vas, Lorna? Ven acá.

—Ya era hora —dije—. ¿Dónde estaban, ángeles?

—Lorna, estamos contigo todo el tiempo —contestó Elías.

—Ángel Elías, me preocupa ese chico Paul. Yo sé que algo malo le pasa.

—Lorna —dijo Elías—, lo único que se necesita de ti es que estés con Paul.

—Tengo miedo de lo que le pueda pasar —repliqué—. ¿Por qué siento ese miedo? Es un chico tan hermoso.

—Lorna, en algunos casos los ángeles tienen la tarea de intentar, en lo posible, cambiar el futuro de un individuo o de un grupo.

Eso es lo que estamos tratando de hacer en el caso de este muchacho. Estamos susurrando en el oído de mucha gente, pidiéndole que haga su parte, pero solo unos pocos escuchan y tal vez eso no sea suficiente. En este momento, tú eres la cuerda de salvamento de Paul; eres la razón de su permanencia aquí. Tú siempre escuchas, Lorna. Ahora, ve a trabajar en la cerca y nosotros le diremos a Paul que vaya, para que hablen y se rían y se diviertan un rato.

—¿No me puedes decir nada más? —dije con voz suplicante.

—No, Lorna. Tú sola no puedes cambiar su futuro. Las demás personas tienen que hacer lo que les corresponde.

Este era uno de esos momentos, y he visto muchos casos, en que una serie de pequeños acontecimientos juntos pueden producir un efecto mayor. Por eso, cuando los ángeles te pidan hacer una cosa pequeña, como sonreírle a alguien o decirle que ha hecho un buen trabajo, por insignificante que parezca en ese momento, ¡debes hacerlo! Cosas aparentemente insignificantes pueden resultar fundamentales en una perspectiva más amplia.

Cada vez que yo salía a trabajar en la cerca, Paul llegaba. Sin importar qué hora del día fuera: mañana, tarde o noche, él siempre aparecía para ayudarme. Me pidió que le dijera a Christopher que fuera a pescar con él el día de su cumpleaños. Le dije que estaba segura de que a Christopher le encantaría, pero que tendría que ser el domingo —un día después del cumpleaños—, pues Christopher trabajaba los sábados en una carbonería. Paul dijo que toda su familia iría. Estaba muy emocionado, y me agradeció por darle permiso a Christopher. Le dije que Christopher quedaba bajo su responsabilidad, que lo cuidara y lo hiciera volver a casa sano y salvo. También le dije que esperaba que pescaran mucho para comer mucho pescado el lunes. Paul se rio y dijo que haría todo lo posible.

Cuando Christopher llegó del colegio le conté sobre la invitación de Paul a su cumpleaños. A Christopher le encantó la idea; alistó su equipo de pesca y lo dejó en el corredor, con gran expectativa. La siguiente vez que salí a pintar la cerca, Paul llegó. Faltaban solo unos días para su cumpleaños y estaba dichoso. Cuando terminamos de pintar, Paul se fue feliz a su casa. Iba en su bicicleta, y los ángeles lo seguían como siempre, muy de cerca, protegiéndolo, listos para una posible caída.

Nunca más volví a ver a Paul. Un día o dos después, Christopher abrió la puerta de la casa con su llave y se fue directo a la cocina. Estaba terriblemente afligido. Antes de que dijera nada yo supe que algo le había pasado a Paul.

—Mamá, Paul murió esta mañana en un accidente. No lo puedo creer. Íbamos a pescar el día de su cumpleaños. Llamemos a la casa de Paul, mamá.

Yo quedé destrozada. Me parecía injusto. Consolé a Christopher y le di un gran abrazo. Le dije que era mejor esperar, y dar un poco de tiempo a los padres de Paul antes de llamarlos.

A la noche siguiente, Christopher y yo fuimos a la casa de Paul. Mucha gente entraba y salía. Después de tomarnos un té, el padre de Paul habló con Christopher unos minutos. Luego nos despedimos y nos fuimos a casa. Mientras caminábamos, Christopher me dijo:

—Qué sensación más rara que Paul ya no esté aquí; la casa se sentía vacía. Siempre voy a echar de menos a Paul.

Sé que esos cuatro hermosos ángeles que acompañaban a Paul se lo llevaron directo al Cielo, con su caña de pescar y su bolsa amarrada en la canasta de la bicicleta. Sé que Paul está pescando mucho en el cielo.

Unos seis meses después de la muerte de Paul, en uno de esos rarísimos momentos en que Joe tenía alientos para levantarse de la cama, Christopher —que ya tenía quince años— y Joe fueron a Dublín a encontrarse con un viejo amigo de Joe, en un *pub* del centro. Christopher me contó que el *pub* era oscuro y estaba lleno de gente.

Los hombres del bar estaban alborotados y Christopher se mantenía cerca de su padre. Joe encontró a su amigo y los tres se dispusieron a salir del lugar.

Alguien empujó a otra persona y se desató una pelea. Christopher tenía miedo. Algunos hombres los siguieron hasta la calle y empezaron a buscarles pelea; uno de ellos tenía una botella rota en la mano. Joe les dijo a los hombres que ellos no estaban buscando pleitos, que nada más habían venido a encontrarse con un amigo, y continuó caminando. En un momento dado, los hombres comenzaron a empujarlos. Christopher estaba realmente asustado. De repente, Christopher sintió la fuerte presencia de Paul. Christopher me dijo:

—Mamá, yo estoy seguro de que él estaba ahí. Es como si Paul estuviera ahí en carne y hueso. Él empujó a esos tipos y nos jaló a nosotros. Yo sentía que Paul nos protegía a mí y a papá. Esos tipos del *pub* me dieron el peor susto de mi vida, pero cuando sentí la presencia de Paul supe que no había peligro.

Le dije a Christopher que recordara que Paul estaría siempre ahí cuando necesitara protección. Muchas veces he pensado en Paul con el pasar de los años, y le agradezco por proteger a Christopher. Le agradezco por recordar mi petición de proteger a Christopher.

* * *

Todos los días, cuando volvía de hacer las compras, le llevaba una taza de té a Joe y me sentaba a su lado a charlar. Un día, Joe me dijo que quería contarme algo. El ángel de la guarda de Joe estaba sentado a su lado, y había muchos otros ángeles sentados en la cama, mirando a Joe y pendientes de lo que iba a decir.

—Lorna, no me vas a creer —dijo—, pero hoy, cuando estabas haciendo las compras, el espíritu de una niñita entró dando saltitos en la habitación. Tendría unos tres años, con el pelo castaño claro y alborotado. Se veía sucia, como si hubiera jugado en el barro. Se puso justo donde estás tú y dijo: "Papá, juega conmigo". Luego salió de la habitación dando brinquitos.

¡Yo estaba dichosa, pero muy sorprendida! Sabía lo que esto significaba. Tendríamos otro hijo. Siempre habíamos querido otra niña, pero Ruth tenía ahora casi doce años y con la salud de Joe, esto era lo último que esperábamos. Era un milagro. Agradecí a Dios y a mis ángeles.

Joe jamás había visto un espíritu en su vida. Es como si Dios y los ángeles le hubieran permitido ver más, para ayudarle a comprender que era mucho más que un cuerpo.

En ese momento, no le dije a Joe que ver ese espíritu significaba que tendríamos otra hija. Simplemente lo dejé disfrutar la dicha de haber sido visitado por este espíritu.

—¿Por qué me habrá llamado "papá"? —se preguntaba, intrigado.

Vi a este pequeño espíritu antes de quedar embarazada. Era tal como Joe me la había descrito. En cierta ocasión, yo estaba en la cocina haciéndole un té a Joe; puse las tazas en una bandeja y cuando iba a salir vi a este pequeño espíritu, esa niñita, dar un saltito en el comedor. Se veía muy hermosa. Luego, desapareció. Cuando entré en nuestro dormitorio, lo primero que me dijo Joe es que la niñita había vuelto, que lo llamaba "papá" y le pedía que jugara con ella.

Esta vez sí le dije a Joe lo que significaba todo esto: Dios nos estaba enviando otra hija. A Joe le costaba creerlo.

—Creo que Dios tendría que darme mucha energía vital para engendrar un hijo. ¡Se necesitaría un verdadero milagro!

Sin embargo, poco después quedé embarazada.

Un día yo estaba frente al espejo. A mi alrededor aparecieron ángeles y una luz dorada. Luego vi la energía de la vida formar remolinos en mi vientre. Eran de todos los colores: azul esmeralda, verde esmeralda, rojo esmeralda, púrpura esmeralda. El remolino se abría y yo podía ver al bebé, como un granito de arena. El espectáculo me llenó de emoción y amor por esta futura hija.

Habían pasado doce años desde el nacimiento de Ruth, y me tomó un tiempo adaptarme a la idea de estar embarazada. Yo había regalado todas las cosas que una madre necesita para un bebé, así que los ángeles debían trabajar muy fuerte para ayudarme, y susurrar mucho en el oído de la gente. Cuando nació Megan, yo tenía todo lo necesario, y estaba muy agradecida con los ángeles y con todas las personas que los habían escuchado.

A veces me resulta muy claro que los ángeles han trabajado muy duro. Esa Navidad, nuevamente estábamos muy cortos de dinero. Una noche antes de Navidad, estábamos sentados a la mesa, cuando oímos que tocaban a la puerta. Christopher fue a ver quién era, y regresó ayudando a un hombre a cargar una caja enorme.

Christopher nos presentó al hombre: era el padre Tom, uno de los sacerdotes de su colegio. El padre Tom dijo:

—Espero que no sientan mi presencia como una intromisión en su vida privada. En nuestra clase de economía doméstica decidimos que podíamos regalar las cosas que cocinamos a una familia en Maynooth, y me dijeron que ustedes podrían ser esa familia. Para Nochebuena, traeré un pavo y jamón. No se preocupen. Ninguno de los alumnos de la clase sabe a qué familia se destinaron los alimentos. Por eso vengo yo mismo, y esperaba que Christopher me ayudara a cargar la caja.

Le di las gracias y lo invité a tomarse una taza de té. Mientras yo hacía el té, el padre Tom, Joe y los niños comenzaron a sacar la comida de la caja. Allí había toda clase de cosas, montones de comida, toda preparada por los alumnos. No lo podía creer. Mientras hacía el té, agradecía a Dios y a los ángeles. Le pasé una taza de té al padre Tom y partí un pedazo de una de las fabulosas tartas de manzana. Vi cómo brillaba la luz en los ojos de mis hijos. Entonces le pregunté al padre Tom:

—¿Cómo hizo para enterarse?

El padre Tom dijo que simplemente sabía que estábamos en dificultades, pero no sabía nada más. Joe, al otro lado de la mesa, sacudía la cabeza. Yo sabía que no quería decirle al padre Tom cuán delicado era su estado de salud.

—Gracias por escuchar a sus ángeles —le dije—. Y, por favor, en nuestro nombre, dele las gracias a su clase de economía por hacer llegar esta abundancia a nuestro hogar.

En Nochebuena, el padre Tom llegó a nuestra casa con el pavo más grande que haya visto, y con un jamón maravilloso. Sentado frente al fuego, Joe me dijo que se sentía avergonzado de no poder mantenernos como se debía a mí y a los niños.

—No es tu culpa que hayas estado tan enfermo todos estos años —le dije, tratando de consolarlo—. No te buscaste la enfermedad. No tiene sentido que hables así.

Muchas veces le había escuchado a Joe decir lo mismo; es una idea que atormenta a mucha gente enferma. Aunque no son en absoluto culpables, se sienten avergonzados. Sienten que son una molestia y una carga para su familia. A veces, yo le decía a Joe:

—¿Por qué estás tan enojado hoy?

Y él me respondía:

—No estoy enojado contigo ni con los niños, sino conmigo mismo, por estar enfermo, por no poder hacerme cargo de ti y los niños como me corresponde. No puedo hacer nada.

Yo le sonreía a Joe y le decía:

—Cuando te sientes bien, tú trabajas en el jardín hasta casi desmayarte. Cuando puedes, lavas los platos y limpias la cocina; es maravilloso ver eso cuando vuelvo de hacer las compras. Tú haces lo que puedes. Y tus hijos y yo te queremos mucho.

CAPÍTULO 25

Miguel me dice
quién es en realidad

U na noche me sentía terriblemente abrumada. No paraba de rezar, para pedirle a Dios el milagro de ayudar a la gente que me había pedido ayuda. Ya era tarde y la casa estaba en silencio. Los niños estaban dormidos. Dejé a Joe tomándose un té frente al fuego y me dirigí a la cama. Prendí la lámpara de la mesa de noche del lado de Joe y me metí debajo de las cobijas. Acomodé las almohadas, doblé las rodillas, me puse las manos en la cara y empecé a rezar.

No sé cuánto tiempo llevaba rezando cuando oí que alguien me llamaba. Allí estaba el ángel Miguel, al otro lado de la cama, junto a la lámpara. Estaba tan radiante como siempre, pero se veía diferente.

El atuendo del ángel Miguel concuerda con el mensaje que quiere comunicar. Así me ayuda a entender mejor. Aquella noche se veía como un príncipe. Tenía una corona dorada y una túnica blanca y dorada, ajustada en la cintura con un cinturón, pero que caía suavemente y le llegaba hasta la rodilla. Llevaba una especie de rollo de papiro en la mano. El pelo le llegaba hasta los hombros y parecía ondear suavemente, como si lo soplara el viento. Como siempre, sus ojos azul zafiro estaban refulgentes, y tenía una sonrisa celestial. En los pies llevaba unas sandalias cuyas tiras de cuero entrecruzadas le subían por la pantorrilla. En el empeine de cada pie llevaba un crucifijo de oro. El ángel brillaba con una luz increíblemente brillante.

—Lorna, Dios escucha todas tus oraciones —dijo Miguel—. Saca lápiz y papel del escritorio, que tengo un mensaje para ti: una oración de Dios.

Hice lo que el ángel Miguel me indicó. Sentada y con papel y lápiz en mano, Miguel desenrolló el papiro y leyó:

Oración de ángeles sanadores
Que viene de Dios a través del arcángel Miguel.
Id por el mundo, ángeles sanadores
Con el Guía Celestial como corcel.
Obrad sobre aquellos que yo amo.
Dejadme sentir el rayo intenso
De los ángeles sanadores en mí.
Posa el rayo de Tu Mano Santa
Y permite que la sanación llegue así.
Comoquiera sea la voluntad de Dios.
Amén.

Cuando el ángel Miguel terminó de leer el papiro, le pedí que lo leyera nuevamente, pero un poco más despacio, pues tenía dificultad para seguirlo. El lenguaje me pareció un poco extraño. No era la clase de lenguaje al que yo estoy acostumbrada, pero así me fue dada la oración. El ángel Miguel me sonrió, estiró un brazo y me tocó la frente con un dedo.

—Escribe, Lorna.

El ángel Miguel volvió a leer la oración en el papiro, y vi que no tenía problema para escribir cada palabra. Esas fueron exactamente las palabras que se me dieron, aunque parezcan un poco extrañas. El ángel Miguel me dijo:

—Dale esta oración a todas las personas que acudan a ti a pedirte ayuda. Es un regalo de Dios.

Les agradecí a Miguel y a Dios, tanto en nombre mío como en el nombre de todas aquellas personas que se iban a beneficiar con esta oración.

Miguel hizo una venia con la cabeza y desapareció.

Desde el primer momento en que vi al ángel Miguel en la habitación de nuestra casa en Old Kilmainham, hace muchísimos años, supe que él era diferente; sabía que era una fuerza poderosa, más poderosa que la mayoría de ángeles. Cuando yo tenía unos catorce años, él me había dicho que era un arcángel, pero que no debía decírselo a nadie. Muchos años después, aquella noche en que me dio la oración de Dios, cuando me dijo que escribiera la frase: "que viene de Dios a través del arcángel Miguel" supe que podía referirme a él de esta manera.

A veces, cuando aparece el arcángel Miguel, destella como el sol, como si estuviera metido en el sol mismo. En esos momentos, casi puede enceguecerme y yo tengo que pedirle que le baje un poco la intensidad a la luz. Su brillo, su semejanza con la luz del sol muestra que, al igual que el sol, Miguel es una fuerza poderosa que nuestro intelecto no alcanza a comprender y que prodiga vida en el planeta.

Miguel me dijo que los arcángeles son como los generales de los ángeles: tienen poder sobre los ángeles y las almas, y todos los ángeles les obedecen. Envían ángeles a todas partes del universo, para hacer la voluntad de Dios y transmitir Sus mensajes.

Hay muchos arcángeles, muchos más de los que se suelen mencionar tradicionalmente, y Miguel es uno de los más poderosos. Así como Miguel es el arcángel del sol, Gabriel es el arcángel de la luna. Todos los arcángeles están unidos: los ángeles rodean a Dios, que está sentado en Su trono, y son una fuerza muy poderosa que defiende el Cielo y contribuye a mantener por buen camino el proceso continuo de la creación.

Al día siguiente, le dije a Joe que el arcángel Miguel me había transmitido una oración de parte de Dios. Él empezó a copiarla a mano en hojas de papel, para entregársela a la gente que venía en busca de ayuda. Más adelante, una amiga se ofreció a hacerme copias impresas. Aun hoy en día sigo dándole la oración a la gente que me pide ayuda. Mucha gente me ha dicho que los Ángeles Sanadores les han ayudado gracias a la oración.

Todos los ángeles hacen trabajo de sanación, pero hay un grupo particular de ángeles llamados Ángeles Sanadores, a quienes acuden los ángeles de la guarda cuando se requiere un proceso de sanación. Hay literalmente millones de Ángeles Sanadores, de todos los tamaños y formas, y Dios prodiga estos Ángeles Sanadores al mundo. Lo único que debemos hacer es pedir su ayuda.

Siempre debemos recordar que la sanación ocurre de la manera como Dios dispone en su infinita sabiduría. A veces, es posible que no reconozcamos que la sanación ha ocurrido, pues no era lo que esperábamos: puede ser una sanación emocional o espiritual, y no física. Necesitamos estar abiertos y reconocer cuándo se nos concede la sanación. Muchas veces, la sanación puede parecer pequeña: por ejemplo, una persona que ha estado deprimida mucho tiempo puede reír o sonreír; una persona que ha tenido muchos padecimientos físicos puede sentirse mejor; o una madre que ha estado muy estresada o que se siente muy abrumada logra sentir dicha y felicidad.

A veces, estos Ángeles Sanadores se comunican a través de los niños. Es posible que un niño diga algo que es significativo para su madre o para otro adulto, algo que les ayude a entender por qué las cosas son como son, y qué pueden hacer para mejorarlas.

En el verano siguiente, una mañana llegó a verme una madre con su hija. La hija, Sophie, que apenas pasaba de los veinte años, sentía un dolor constante en el brazo y en el cuerpo, a raíz de un accidente automovilístico. Los médicos habían hecho todo lo que estaba a su alcance. La muchacha llevaba sufriendo muchos años con estos dolores, y la madre de Sophie estaba muy preocupada por la situación. Sophie insistió en que su madre se viera conmigo primero. La muchacha se quedó leyendo una revista en el corredor, mientras yo hablaba con su madre.

Estuve una media hora con la madre de Sophie y al final le impuse las manos, la bendije y pedí a los Ángeles Sanadores que le dieran salud en todos los aspectos de su vida. También le di la oración los Ángeles Sanadores. Luego salimos las dos de la cocina a encontrar a Sophie en el corredor y supe de inmediato que los ángeles habían estado ahí. El ambiente estaba más brillante y tibio, y en el aire se sentían los suaves remolinos de algo que yo llamo la brisa de los Ángeles Sanadores. Sonreí, pues sabía lo que había ocurrido.

Sophie estaba profundamente dormida. Su madre la despertó y la muchacha nos miró un poco sorprendida. Luego, Sophie sonrió y dijo:

—¡Ya no me duele nada!

Sophie se levantó y empezó a mover todo el cuerpo, los brazos y las piernas, comprobando que ya no sentía ningún dolor. Estaba como una niña, bailando y saltando. Se reía de la pura felicidad de tener un cuerpo sin dolores.

—Me siento fantástica, Lorna. Soñé que me hacías dar sueño y, mientras dormía, montones de ángeles me rodeaban y me tocaban. Ellos me curaron.

La llevé a mi habitación para bendecirla, y agradecer a Dios y a los ángeles. Yo no le había dado a Sophie la oración y ya los ángeles habían hecho su trabajo.

A veces la gente me dice que siente que yo tengo una conexión especial con Dios y los ángeles, y que si piden algo a través de mí, esa petición será atendida. A veces me asusta que la gente tenga tanta fe en mí. Temo que Dios no siempre les conceda la sanación que piden, pues puede que ese no sea su destino. Yo sé que Dios siempre concede algún tipo de sanación, pero a veces la gente no la reconoce, pues no es lo que esperaba.

A veces me llama el padre o la madre de un niño que había venido a verme anteriormente, y me piden que rece por el niño, que va a ser sometido a una cirugía. Me dicen que bendicen al niño todos los días en el hospital con la oración de la sanación, o que el niño mismo dice la oración. Uno de estos niños que conocí guardaba la oración debajo de la almohada mientras estaba hospitalizado. También recibo llamadas de gente que me agradece a mí y a los ángeles por haber recibido la sanación.

* * *

Un domingo por la mañana, yo acababa de llegar de misa con los niños cuando alguien tocó a la puerta. Me sorprendió ver allí a una mujer mayor. Me pidió excusas por ir a buscarme un domingo. La mujer estaba llorando. Me compadecí de ella y la invité a pasar. Se le notaban los años y no estaba muy bien de salud. Estaba muriendo, y le daba miedo morir con dolores. Le pedía un milagro a Dios. Recé por ella imponiéndole las manos y le di la oración de la sanación. Cuando se fue, se sentía mucho más contenta. Unas seis semanas más tarde, volvió a llamarme sorpresivamente. Me pidió excusas y me dijo que sería breve.

—Dios me hizo un milagro —dijo—. Yo estaba sentada en la cocina de mi casa, sintiéndome muy mal, cuando, de repente, el ambiente de la cocina se llenó de paz y quietud. Levanté la cabeza y vi a un ángel. Estaba todo vestido de blanco y parecía flotar. El ángel refulgía y me sonrió. Luego, desapareció.

Eso había sido suficiente para la mujer. Ese era el milagro que ella había experimentado. Dios, al permitirle ver a ese ángel, le había dado paz interior y le había quitado el miedo a morir. La mujer sabía que iba a morir por causa de su enfermedad, pero estaba decidida a vivir plenamente el tiempo que le quedaba. Iba a disfrutar de la vida e iba a decirles a sus seres amados cuánto los quería.

—Yo sé que el Cielo existe, Lorna, porque he visto a un ángel —me dijo—. Ya no tengo miedo de morir. Sé que un ángel me acompañará. Cuando me llegue la hora, ese ángel se llevará mi alma y dejaré atrás este viejo cuerpo arrugado que no le sirve a nadie, ni siquiera a mí misma. Ya no tengo miedo de morir, ¡y eso es un milagro!

Yo recuerdo que sonreía mucho mientras la mujer me decía estas cosas.

Ella se reía. Ya no tenía miedo y lo hermoso es que, en cierto sentido, esperaba con ansias que llegara el día en que el ángel se llevara su alma y su cuerpo físico muriera.

—Sería maravilloso —dijo— si un día, cuando me llegue la hora, yo pudiera volver en forma de ángel para llevarme al Cielo las almas de mis familiares que tanto quiero.

La mujer también brillaba con luz propia, y tenía una sonrisa hermosa en la cara. Dijimos una oración juntas y se fue. Nunca más la volví a ver.

Algo que debemos recordar es que los ángeles que Dios nos manda del Cielo pueden ayudarnos si nosotros les permitimos hacerlo. Si abrimos nuestros corazones y dejamos que los ángeles entren en nuestra vida. No debemos tener miedo. No hay motivo para temer.

Sentimos miedo porque no comprendemos a los ángeles; sentimos miedo porque no comprendemos a Dios. Recuerda siempre que un ángel jamás te hará daño; a mí nunca me ha hecho daño un ángel, y te garantizo que ningún ángel te hará daño a ti.

* * *

Un domingo, cuando Megan tenía unos dos años, estábamos en las montañas de Dublín, cerca de Sally Gap. Estábamos lejos de la carretera, en una zona despoblada, más bien plana y verde, con una que otra roca pequeña por aquí y por allá. A medida que bajábamos por una suave colina, empezaban a aparecer más rocas y luego, más adelante, las rocas empezaron a volverse más grandes y la cuesta más pendiente, casi como un acantilado, con uno que otro árbol. Desde el borde de la pendiente se alcanzaba a ver un lago hermoso. El lago estaba en medio de la montaña, y había una gran casa en la orilla. En la lejanía se alcanzaban a ver algunos venados pastando en la montaña.

Al cabo de un rato de caminata por la cuesta, me senté en una roca, mientras que Joe, Ruth y Megan seguían caminando. Yo los miraba avanzar, tomados de la mano, con Megan en el medio. Me recosté un poco en la roca y cerré los ojos unos minutos, para disfrutar del sol. Aunque hacía un poco de frío, se sentía la tibieza del sol en el ambiente y en las rocas. Al cabo de un rato, oí que Joe, Ruth y Megan ya venía de regreso. Abrí los ojos y me incorporé. Venían por el camino, pero todavía lejos. Alcanzaba a ver a Megan en el medio, con Joe a la derecha y Ruth a la izquierda, haciéndole dar saltitos en el aire. Megan iba riéndose a carcajadas, saltando y brincando con la ayuda de su padre y su hermana.

Lo que ocurrió a continuación me llenó de gozo y de dicha. Apareció el ángel de la guarda de Megan, saltando detrás de ella, o, más bien, a través de ella, y bailando a su alrededor. El ángel de la guarda de Megan tenía el aspecto de una niña de unos ocho años, con unos ojos marrones enormes. Era brillante y hermosa. Iba descalza y, por supuesto, sus pies no tocaban el suelo. Tenía el pelo largo y oscuro, peinado en una trenza de colores naranja, rojo y verde. Tenía una pluma roja en el pelo, y en la frente tenía una luz en forma de estrella. Durante un breve instante me pareció ver que tenía alas. Llevaba una túnica sin mangas de color dorado, sin ninguna forma en particular. El ángel de la guarda de Megan era resplandeciente. Sus movimientos eran gráciles, como si fuera una pluma.

Luego, este hermoso ángel de la guarda volvió a saltar dentro del cuerpo de Megan y desapareció. Ninguno de ellos notó su presencia, y continuaron avanzando hacia mí.

El ángel de la guarda de Megan es muy diferente de los ángeles de la guarda de mis otros hijos: los de ellos no tenían aspecto de niño, pero este sí, y creo que irá creciendo con Megan a medida que ella misma crezca. Haciendo memoria, recordé que la primera palabra de Megan no fue mamá o papá, sino una palabra que jamás había oído antes. Le dije a Joe que los ángeles me estaban diciendo el nombre del ángel de la guarda de Megan, y les pedí que me lo deletrearan. Así, yo podría tomar nota y contarle a Megan cuando fuera un poco mayor.

* * *

Cuando estoy haciendo oficios en la casa, o en el jardín, e incluso cuando voy de compras, siempre rezo en silencio. Una noche, estaba trabajando duro en casa, como solemos hacer las madres. Prácticamente tenía la casa para mí sola, pues Joe y Megan dormían profundamente. Ruth le estaba ayudando a una amiga a cuidar a sus hijos, Owen estaba jugando un partido y Christopher estaba en casa de un amigo, al otro lado del pueblo. Afuera estaba oscuro, pero alcanzaba a ver la luz pública de la esquina. Yo disfrutaba de esta paz y de esta soledad, aunque no estaba totalmente sola. Entonces, comencé a notar cierto aspecto de inmovilidad en el ambiente, como si el tiempo se hubiera detenido. No se oía ningún ruido. Me miré las manos y observé la energía que las rodeaba, parpadeante y llena de chispas. Esta energía está allí perpetuamente, pero a veces se vuelve más fuerte y más brillante cuando un ángel va a aparecer. Yo sabía que eso ocurriría en cualquier momento. No siempre es así: a veces no hay ninguna manifestación antes de que un ángel aparezca.

Salí de la cocina con una toalla en la mano y me encontré con un ángel blanco en el pasillo. El ángel me dijo que fuera al salón de estar y luego desapareció. Cuando abrí la puerta del salón de estar vi a otro ángel, mucho más poderoso y excepcionalmente hermoso, junto a la ventana. El ángel me sonrió. Era diferentísimo de todos los ángeles que había visto hasta entonces o que he visto después. Su vestido era extraordinario: de color rojo encendido y dorado. Jamás he vuelto a ver un vestido semejante. En la cabeza llevaba una corona magnífica. Del centro de la corona salían millones de hilos delgadísimos que parecían de seda, trenzados entre sí, que le caían sobre el cuerpo. En cada trenza había diamantes y zafiros de todos los colores. Este hermoso ángel tenía unas alas deslumbrantes, como llamas temblorosas, con joyas refulgentes dentro de las alas. Yo podía verlo en cada detalle exquisito y, sin embargo, me cuesta trabajo describir a este ángel maravilloso. Era único, perfecto en todos los sentidos. Cada parte del ángel rebozaba de vida. Era tan deslumbrante que debía dejar de mirarlo por unos segundos, pues mis ojos no podían con tanta belleza.

Su rostro refulgía. Era perfecto. Sus ojos eran azules y brillaban como el sol, pero con una intensidad mil veces mayor. No hay palabras para describirlo. Lo único que puedo decir es que cuando yo lo miraba a los ojos, veía en ellos dulzura, compasión, paz y amor. Yo sé que este portentoso ángel que tenía frente a mí podía verlo *todo*. Es como si reconociera y conociera cada partícula del universo, algo que va mucho más allá de nuestra comprensión humana.

Yo temblaba en presencia de este poder tan grande. A mí se me permitía sentir este poder y reconocerlo. Había otro ángel a mi derecha, detrás de mí. Solo noté su presencia cuando dijo:

—Lorna, entra más en el salón.

Di algunos pasos, sin quitarle los ojos de encima al hermoso ángel que tenía frente a mí. La puerta del salón se cerró. El magnífico ángel avanzó diciendo:

—Lorna, no tengas miedo.

En ese instante sentí gran paz y dicha dentro de mi ser. El ángel continuó:

—¿Sabes quién soy, Lorna?

—No —respondí.

—Soy la Reina de los Ángeles.

—¿Quieres decir que eres la Madre de Dios? —dije. Yo estaba sorprendida pero, en cierta forma, sabía con quién estaba. Mi alma lo sabía, pero mi parte humana estaba sorprendida.

—Sí, Lorna —respondió—. Yo soy la Reina del Cielo, la Reina de todos los Ángeles, la Reina de todas las Almas. Lorna, no tengas miedo y hazme la pregunta que tienes en mente.

—Reina de los Ángeles —dije—, te he visto muchas veces. Eres la madre que he visto en el cielo con un niño.

Yo recordaba que los ángeles me habían mostrado su rostro, un día hace muchos años, cuando era niña y estaba columpiándome en la casa de Ballymun.

—Sí, Lorna, estás en lo cierto —dijo.

—Mi verdadero deseo es que tú, la Madre de Dios, puedas ser vista por todo el mundo —dije llorando—. Que todas las guerras y el odio desaparezcan. Que cese la destrucción, el hambre y el dolor que causan las guerras declaradas por cosas materiales, por asuntos de religión o por ansias de poder.

Yo la miraba con ojos de súplica, con las mejillas bañadas en lágrimas.

—El mundo necesita un milagro —dije.

—Lorna, yo tocaré el corazón de las personas y, un día, apareceré ante el mundo, para que todos me vean tal como tú me ves ahora.

La Reina de los Ángeles me sonrió de manera hermosa y me miró con unos ojos inefablemente amorosos. Luego, me tocó con el destello de la luz que la rodeaba, como llamas encendidas, y ya no sentí más tristeza.

Le pregunté si volvería a verla y ella me dijo que sí. Después desapareció.

Creo que esto ocurrirá. La Reina de los Ángeles se les ha aparecido a algunas personas en el pasado, y continúa apareciendo en diversos lugares en la actualidad, pero solo a grupos pequeños. Creo que, algún día, la Reina de los Ángeles aparecerá para que todos la veamos, no solo algunos, no solo por un instante fugaz; se quedará aquí un tiempo, para que el mundo se entere. Vendrá para dar a la humanidad las pruebas que necesita, porque es débil; y este será el comienzo de un gran cambio para todos.

CAPÍTULO 26

Un espíritu maligno se manifiesta

A veces, las personas permiten que Satán entre en sus vidas. Esto puede ocurrir por deliberada maldad o a través de sentimientos como la envidia, la rabia o la percepción de que la vida ha sido injusta. Por ejemplo, Satán tiene acceso a los individuos cuando hay una disputa sobre alguna propiedad o sobre un testamento. El grado en el cual Satán oscurece un alma puede variar; esta influencia puede darle al individuo cosas que en apariencia son sinónimo de una existencia cómoda, pero que destruye la vida de las personas que están alrededor y, en último caso, si no se hace nada, destruye la vida del individuo mismo.

Crecer espiritualmente, reestablecer el vínculo con Dios y los ángeles, y permitir que el amor y la compasión de Dios entren en nuestro corazón es la única manera de poner a raya a Satán. Si se les pide ayuda, los ángeles nos ayudan a lograrlo. Ni siquiera tiene que ser la persona afectada quien debe pedir la ayuda. Un miembro de la familia o un amigo también pueden rezar para pedir ayuda, y he visto que funciona en muchos casos. Es bueno recordar esto cuando el mal llega a tu propia vida: una oración de alguien, sea cual sea su credo o su formación, puede marcar una gran diferencia.

Un individuo puede crecer espiritualmente sin darse cuenta. Tal vez alguien rezó por él. Tal vez lo pidió en la infancia y muchos años más tarde se le concedió el don de despertar espiritualmente. Conozco muchas personas a quienes les ha ocurrido algo semejante.

A lo largo de los años ha venido a visitarme mucha gente que está bajo el influjo de Satán, hasta cierto punto. Yo siempre lo veo, pues Satán no resiste la tentación de mostrarse.

En cierta ocasión, vino a visitarme un exitoso hombre de negocios de Irlanda. Me dijo que no sabía muy bien por qué había venido, pero que una amiga lo había convencido; admitió, eso sí, que a su amiga le había tomado dos años convencerlo. Me contó que había hecho unas cosas terribles. Admitió que jamás había pensado cómo sus acciones podían afectar a las demás personas. A él, la única persona que le importaba era él mismo y la única cosa que le importaba era el dinero.

Sin embargo, algo le estaba ocurriendo. Me dijo que sus antiguos amigos ya no lo querían, y que su familia no se metía con él. Yo sé que alguien estaba rezando por él y por eso vino a verme. Me preguntó por qué no sentía ningún remordimiento. De algún modo difuso, él sabía que había actuado mal; sabía que *debería* sentir remordimiento, pero no sabía *cómo*. Quería sentir remordimiento, y quería recuperar a su familia y a sus amigos.

El hombre estaba sentado en mi cocina, cruzado de brazos, y decía que quería cambiar. No quería continuar así. Estaba con la cabeza inclinada hacia abajo, pero yo podía ver que tenía lágrimas en los ojos. Luego, vi cómo se revelaba el espíritu de Satán.

El hombre estaba inclinado sobre la mesa de la cocina, apoyado en sus brazos cruzados, con la cabeza hacia abajo, pero yo vi cómo se levantaba una cara distorsionada, como si le saliera del pecho, de lo más profundo de su ser, y volteaba a mirar hacia un costado. El hombre estaba muy quieto, y no parecía enterarse de lo que yo veía. La cara distorsionada, la cara del mal, me miraba y se reía. Esta vez, tal como sucedió antes cuando vi espíritus malignos dentro de la gente, parecía decir: "Por poco te engaño, ¡y tú casi no te das cuenta!". El espíritu maligno estaba escondido, pero decidió revelarse.

Por alguna razón que no comprendo del todo, los espíritus malignos no pueden resistirse a mostrarse ante mí. Sin embargo, cuando esto ocurre, yo sé que Satán ha vuelto a perder, y que Dios y los ángeles han ganado.

Recé con el hombre y le impuse las manos, lo bendije, le di la oración de la sanación y él la metió en la billetera. Durante los meses siguientes recé mucho por él.

Más o menos un año después me llamó por teléfono. Me dijo que su vida había cambiado; en realidad, había comenzado a cambiar desde que salió de mi casa, pero él tenía miedo de reconocerlo. Me dijo que estaba tratando de reparar el daño hecho por lo menos a algunas personas; que su negocio iba bien, pero que ahora lo administraba de una manera honesta. Me dijo que esperaba que no fuera muy tarde para agradecerme a mí, a Dios y a los ángeles. Le recordé que debía seguir pidiendo ayuda a los ángeles, y que no debía olvidar agradecerles por cualquier cosa, aun si parecía insignificante. Aún hoy sigo rezando por él.

* * *

Un día, yo iba cruzando la calle principal hacia Maynooth, para ir al mercado, cuando escuché una voz que me decía:

—Despacio, Lorna.

Yo no podía ver nada distinto de una luz a mi lado, pero sabía que era la voz de Miguel.

—Demos la vuelta en esta callecita, para que podamos hablar en paz.

Yo giré a la derecha y caminé hasta un punto donde no pudieran verme desde la calle. Luego, tal como suponía que ocurriría, Miguel apareció en forma humana, muy humana, excepto que parecía demasiado perfecto, y cuando lo vi a los ojos pude ver al ángel.

—Camina más despacio cuando vayas llegando al puente sobre el canal, y mira a lo lejos, hasta donde te alcance la vista en el mismo sentido del canal.

—¿Qué pasa? —pregunté—. Dime antes de cruzar el puente.

—Lorna —dijo Miguel—. En este momento no sabes nada sobre el alma de un bebecito; es el alma de un bebé que ya fue concebido pero que no ha nacido todavía. En el momento en que cruces el puente, su alma quedará conectada con la tuya. También entrarás en contacto con la madre, pero ella será como un fantasma para ti: muy débil.

Me pareció que me hablaba como si yo fuera una niña, como si no fuera a entender.

—Miguel, yo ya soy una mujer adulta, con hijos —contesté—. No entiendo qué pasa, pero acepto la conexión entre esta pequeña alma y yo. ¿Vas a cruzar el puente conmigo?

—No, Lorna. Debes hacerlo sola. Camina muy despacio. En el puente habrá otro ángel que te ayudará a comprender, que te ayudará a conocer a esta pequeña alma a medida que crezca en el vientre de su madre. Haz lo que el ángel te indique. Cada vez que cruces el puente, el ángel estará allí para acompañarte en una parte del viaje. Tu conexión con el alma de este bebé se hará más fuerte con el pasar de los meses.

Nos dimos vuelta para desandar nuestros pasos en la callecita. Al volver a la calle principal, el ángel Miguel desapareció. Miré hacia el puente del canal y vi que, en efecto, un ángel me esperaba. Era alto, delgado, elegante, brillaba como el sol y era blanco como la nieve. Caminé lentamente, tal como me había dicho el ángel Miguel. En cuanto puse el pie en el puente, sentí la conexión con el alma del bebé.

El ángel estaba en la mitad del puente, y cuando llegué hasta él nos quedamos juntos. Me miró con gran dulzura y amor, y me dijo:

—Yo soy el ángel Arabia.

El ángel Arabia me tocó la mano y yo miré a ambos lados del canal. Todo parecía de cristal. El aire de inmovilidad era total, como si estuviera dentro de una pintura. Se me permitía sentir el amor de la madre por su bebé, y también podía sentir sus lágrimas, montones de lágrimas. Mientras estaba allí parada en el puente, alguien pasó y me saludó. Yo respondí el saludo, por costumbre.

Crucé el resto del puente y luego bajé por la colina hacia el pueblo. El ángel caminaba junto a mí todo el tiempo. Automóviles y gente pasaban en ambas direcciones. Yo susurré: "Nos vemos, ángel Arabia".

Luego me fui a hacer compras. Mi vida diaria como madre de familia y como esposa continuaba igual, además de mi trabajo con los ángeles.

A medida que pasaba el tiempo, el bebé crecía en el vientre de su madre y yo conocía más esa pequeña alma, sentía el amor que este ser le enviaba a su madre. Aunque nunca pude ver claramente a la madre (siempre parecía un fantasma) yo sabía que ella estaba allí, haciendo un gran esfuerzo.

Yo cruzaba el puente al menos una vez al día, y a veces más, y le preguntaba al ángel Arabia, que caminaba junto a mí como en cámara lenta:

—¿Por qué la conexión es más fuerte en el puente que cuando voy bajando la colina?

El ángel Arabia jamás me respondía. Un día le dije:

—A veces me parece como si la madre y el niño estuvieran en esos campos que se ven allá, al otro lado del muro. Me dan ganas de subirme por ese muro y buscarlos, pero sé que no están ahí, ni tampoco en el canal. ¿No podrías darme más detalles?

El ángel Arabia solamente respondía:

—Cuando sea necesario.

Con los años he aprendido que, por mucho que insista con una pregunta, los ángeles nunca dicen nada distinto de su primera respuesta y que a veces, incluso, no responden nada. Creo que crucé el puente cientos de veces con el ángel Arabia, y yo solía pedirle que me diera más detalles, pero la respuesta era siempre: "Solo cuando sea necesario".

Una mañana, cuando los niños ya se habían ido para el colegio, le dije a Joe que me iba al pueblo a hacer algunas compras y a traerle unos medicamentos de la farmacia, y que no tardaría mucho. Al salir de casa, noté que las cosas se veían diferentes. El ángel Arabia no estaba esperando en el lugar de siempre, sino que estaba en el extremo de mi acera, en la calle principal, a cierta distancia del puente. Cuando miré hacia el puente vi una neblina al lado derecho, aunque no en el puente mismo.

Llegué hasta donde estaba Arabia y continuamos caminando juntos. El silencio era profundo. Se sentía la ausencia de palabras. Yo quería hablar, pero sabía que no debía hacerlo. Cuando llegué al puente vi que no era neblina lo que cubría el canal y sus orillas: ¡eran unos ángeles! Toda la zona desde la orilla del canal hasta el puente estaba cubierta con esa especie de capa blanca conformada por ángeles, hermosos y brillantes como la luz.

Me quedé allí, subyugada por la belleza y la extrañeza de ese espectáculo. La mano del ángel Arabia tocó la mía. Escuchaba a los ángeles cantar en coro. La niebla que formaban se movía como en cámara lenta de un lado para otro. Algunos de los ángeles se dirigían hacia mí y reconocían mi presencia. El ángel Arabia me dijo que se estaban preparando. Los ojos se me llenaron de lágrimas y, al mismo tiempo, el ángel Arabia retiró su mano de la mía.

Comenzamos a bajar la colina, después de cruzar el puente. Yo casi no sentía el contacto de mis pies con el suelo. Miré hacia abajo y vi la neblina formada por montones de ángeles alrededor de mis tobillos. Al terminar de bajar la colina, me volteé a mirar al ángel Arabia, que seguía a mi lado.

—Será dentro de poco —me dijo.

Continué bajando hacia el pueblo y, al llegar, hice las compras lo más rápido que pude. No veía ángeles a mi alrededor, pero sabía que estaban allí. Les dije: "Quiero preguntarles algo", pero no obtuve respuesta. Pensé que quizá debía regresar a casa por otro camino, sin pasar por el puente, pero cuando llegué al centro del pueblo, sentí que me halaban hacia la izquierda, con lo cual supe que debía regresar por donde había venido.

El ángel Arabia, más radiante que nunca, me estaba esperando donde empezaba la colina. Subimos juntos hacia el puente. Miré hacia el canal y comprendí que si llegara a caerme en esta niebla no me golpearía en el suelo, sino que sería una caída acolchonada, protegida.

De cierta manera, yo sabía que esta protección también era una preparación para la llegada del bebé, pero no podía entenderlo del todo en ese momento.

Unos días más tarde, Joe observó que yo estaba muy callada, como si estuviera en otra parte. Miré a Joe y le dije:

—No creo que puedas entender lo que está ocurriendo, aunque te lo diga.

—A lo mejor sí entiendo. A ver... —contestó Joe.

Le conté someramente a Joe sobre el ángel del puente y sobre el espíritu de un bebé y su madre. Él me escuchó con atención y me dijo que le parecía muy difícil de comprender, pero que no me haría más preguntas. Yo le agradecí y él me dio un gran abrazo.

No sé dónde nació el bebé, si la madre estaba sola o si alguien estaba con ella; no sé si el bebé nació prematuro o a término, pero un día de marzo supe que el bebé había nacido.

Desde ese día perdí toda noción del tiempo. Sentía constantemente el contacto de la mano del ángel Arabia, sin importar dónde estuviera. Era una sensación tan intensa que a veces me tropezaba con la gente porque no la veía. El ángel Arabia seguía en la mitad del puente del canal, suspendido en el aire, como una fuerza poderosa. Ahora, cuando yo me acercaba al puente, él descendía hacia mí, aunque seguía suspendido al mismo tiempo. Ahora comprendía que el camino de niebla puesto por los ángeles era el camino que debía seguir el espíritu del bebé. Arabia lo estaba esperando.

Cada vez que me acercaba al puente, sentía la niebla y, aunque no podía verlo, sabía en cierta forma que el espíritu de este bebé era guiado por los ángeles.

Un día debía ir a recoger a Ruth al colegio. Caminado por la calle de nuestra casa, vi al ángel Arabia parado en el extremo. No dijo nada, pero me indicó que cruzara la calle. ¡Lo que vi era sobrecogedor! Veía al espíritu de este hermoso bebé gateando por el camino acolchado que los ángeles habían hecho. Parecía como si el bebé moviera los brazos y las piernas, pero, en realidad, los ángeles lo iban llevando con sus alas. Había ángeles alrededor, gateando junto al espíritu del bebé, ayudándole, jugando con él. El espíritu del bebé estaba muy feliz. Yo alcanzaba a oír su risa. Mi corazón estaba lleno de dicha y, sin embargo, yo tenía los ojos llenos de lágrimas. ¡De repente, comprendí que el espíritu del bebé se dirigía a mi casa!

Todavía hoy sigo sin saber por qué Dios y los ángeles me escogieron para ver este pequeño milagro, por qué el espíritu de este bebé iba a mi casa. Pero así fue. Se acercaba cada vez más y más. No se cuánto tiempo les tomó a los ángeles recorrer esa distancia con el espíritu del bebé, pero un día me dijeron que estaban muy cerca. Esa noche me fui a la cama y me levanté al otro día, como siempre, a las seis. Fui a la cocina y vi una luz brillar a través de la ventana. Me tomé un vaso de agua y, al dar media vuelta, vi al ángel Arabia en la puerta de la cocina. Sé que no tenía por qué asustarme, pero así fue: los ángeles siempre me sorprenden.

—Vuelve a la cama —dijo el ángel Arabia—. Y acércate a Joe para abrir un espacio.

Hice lo que me indicó. Yo sentía al espíritu del bebé entrar en la casa. Se oía el ruido de movimiento en el pasillo. Recé y recé, y pedí que todo saliera bien para el espíritu del bebé. El cuarto se llenó de niebla y montones de ángeles entraron en la habitación. No podía ver el espíritu del bebé, pero sabía que estaba rodeada de ángeles.

—Ángeles, ¿puedo sentarme en la cama? —pregunté.

—No —fue la respuesta—. No puedes mirar todavía. Acuéstate de lado y acércate más a Joe, para hacer más espacio.

Al voltearme desperté a Joe y él me preguntó, casi dormido, si tenía frío. Yo lo tranquilicé. Temía que Joe se despertara en este momento crucial, aunque una parte de mí sabía que los ángeles no le permitirían despertarse del todo.

Sentí que los ángeles movían las cobijas. Sentí movimiento en la cama y luego sentí que el espíritu del bebé estaba acostado junto a mí. Todavía no podía ver el espíritu del bebé, pues tenía la cara hacia Joe y el espíritu del bebé estaba detrás de mí. Me daba miedo moverme, pues no quería hacerle daño de ningún modo. Sentí que una mano de bebé me tocaba la espalda.

—¿Puedo voltearme ahora? —pregunté.

—Sí —contestaron los ángeles—. Date vuelta lentamente y con cuidado. El espíritu del bebé está a tu lado.

Me di vuelta con mucho miedo de aplastarlo. "¡Ay, Dios!", dije, olvidando que Joe estaba a mi lado. Rápidamente, me puse la mano en la boca. Joe no se movió. Allí, a mi lado, había una hermosa bebé recién nacida. Estaba sana y fuerte, moviendo los brazos y los pies. Era muy bella, perfecta, y parecía de carne y hueso, pero más hermosa que cualquier bebé que haya visto. Estaba radiante, y su espíritu iluminaba desde dentro ese cuerpo humano que yo veía. A cada lado de la cama un ángel la miraba. Eran unos ángeles blancos magníficos, vestidos con anchas túnicas blancas que formaban pliegues perfectos. Tenían unas caras preciosas, como de porcelana, y cada rasgo era claro y brillante como el sol. Sus ojos eran blancos como la nieve y producían destellos. Tenían alas de plumas que parecían ascender en espiral hacia una luz.

—¿Puedo tocarla? —pregunté.

—No, no puedes tocarla, pero puedes poner las manos cerca de ella.

Estiré las manos y las puse cerca de la bebé. En ese momento, se volteó a mirarme. Sus ojos estaban llenos de vida y brillaban más que todas las estrellas del firmamento. Sonrió y la escuché decir: "Dile a mamá que la amo, y a papá también".

Luego, los dos ángeles se inclinaron hacia ella y la alzaron, envolviéndola con sus plumas. Cuando se levantaron, el cielo se abrió suavemente y todo volvió a la normalidad.

Comprendí que todo había llegado a su fin. Alabé y agradecí a Dios. Más tarde esa mañana fui a donde Jim, el carnicero, y todo el mundo estaba hablando. Me preguntaron si había oído las noticias. Habían encontrado el cuerpo de un bebé recién nacido en la orilla del canal, cerca del puente. Nadie sabía quién era la madre, o qué había ocurrido, pero un hombre que había salido a caminar con el perro lo había encontrado unas horas antes. Comprendí que el bebé había sido encontrado en el momento en que los ángeles habían desaparecido de mi habitación. Yo estaba muy feliz. No puedo describir la felicidad que sentía, pero era un gran alivio saber que el espíritu del bebé se había ido al Cielo y que mi misión había llegado a su fin.

La gente de la comunidad estaba impresionada; jamás habían visto que ocurriera nada parecido. Les indignaba pensar que podía haber una joven, quizás estudiante de la universidad, que sintió la necesidad de mantener su embarazo en secreto.

La policía investigó pero, hasta donde supe, jamás se halló a la madre. Ojalá ella lea esto algún día y comprenda que sean cuales sean las circunstancias de la muerte de su bebé, ella la amaba y nunca se sintió sola, pues siempre había ángeles rodeándola, tal como sucede con todos los bebés, tanto los que mueren como los que viven, en cualquier situación.

La comunidad estaba tan conmovida por la muerte de esta bebé que se hizo una colecta para comprarle una tumba y enterrarla como se debía. Antes de ser enterrada, se le puso un nombre: Bridget, pues "bridge" es "puente" en inglés. Bridget está enterrada en el cementerio de Maynooth.

* * *

Joe se ponía cada vez más enfermo, y comenzó a tener una serie de derrames menores. Para él eran aterradores, y a veces se quedaba ciego algunos minutos, o su cuerpo quedaba totalmente fláccido. Caminar se le dificultaba mucho, y se caía con frecuencia. A pesar de mis esfuerzos por cuidarlo y sostenerlo, tenía morados por todas partes. Los médicos decían que no podían hacer nada.

Los ángeles trataban de darme ánimos. Un día, yo estaba caminando por un barrio cercano, disfrutando de la tibieza del sol y observando todo a mi alrededor, y llegué a una zona verde. Allí había niños jugando fútbol y gente tendida en el césped tomando el sol. Entonces vi a una niña en una silla de ruedas. Estaba dormida. Su cuerpo se veía torcido y era de una flacura lastimosa. Era difícil adivinar su edad, pero tal vez tendría siete años. Su madre estaba sentada a cierta distancia, hablando con sus vecinas.

Me acerqué un poco y vi que la niña se volvía más brillante, lo mismo que su silla de ruedas. Todo quedó inmóvil y en silencio. Yo no podía creer lo que estaba viendo. El alma de la niña se salió de su cuerpo, que seguía dormido en la silla de ruedas. Irradiaba luz y se veía tal como se verá la niña cuando vaya al Cielo: perfecta en todos los sentidos. Era muy hermosa.

Dos ángeles aparecieron frente a ella y le tomaron las manos: eran dos niñas de su misma edad. Luego aparecieron otros tres ángeles, también niñas, todas vestidas de un blanco tan radiante que emanaba de allí una luz azul. Me quedé paralizada, rendida ante el espectáculo. El alma de esta niña había salido de su cuerpo para jugar con los ángeles. Jugaban al corre que te pillo, pero nunca se alejaban mucho de la silla de ruedas. También se tomaban de las manos como si estuvieran jugando a la ronda. Yo las oía reírse. El alma de la niña era libre y feliz. Yo trataba de caminar hacia delante, mover los pies, pero los ángeles no me dejaban, por mucho que lo intentara.

Los ángeles se sentaron en un círculo en el césped, cerca de la silla de ruedas, con el alma de la niña. Yo miraba fascinada, sin saber lo que ocurriría después. De repente, la mano de un ángel tocó una brizna de hierba y apareció una margarita. Luego, los otros ángeles comenzaron a mover las manos y a tocar briznas de hierba con la punta de sus dedos, y allí aparecían hermosas margaritas. En el césped había un círculo blanco lleno de margaritas, y en el centro del círculo había ángeles riéndose junto a una hermosa alma radiante. La madre continuaba charlando cerca de ahí, sin saber lo que ocurría.

Luego, empezaron a hacer collares con las margaritas. Con ellos, adornaban el alma de la niña: se los ponían en el cuello, en la cabeza, como la corona de una reina, en los brazos y hasta en los tobillos. Le enseñaban a hacer cadenas de margaritas, abriendo una ranurita en el tallo, y se hacían collares también para ellas. Había tanto amor y tanta dulzura que me rodaban por las mejillas lágrimas de emoción. La niña admiraba sus collares de margaritas. Su cara brillaba como el sol.

Luego, los ángeles la abrazaron, la alzaron y la llevaron a su silla de ruedas. A ella no parecía molestarle. El alma se acomodó lentamente en el cuerpo de la niña, que seguía durmiendo.

Los ángeles desaparecieron tan pronto como habían aparecido. La niña se movió en la silla de ruedas. Por poco me voy al suelo cuando los ángeles me permitieron moverme de nuevo. Todo lo que me rodeaba volvió a cobrar vida. Podía oír los pájaros, sentir la brisa y ver a la gente. Mientras me alejaba de la niña, miré a la madre y pensé que era muy afortunada de tener un alma tan pura en su familia.

CAPÍTULO 27

Joe

Hacia el final de su vida, Joe tenía mucha dificultad para recordar dónde estaba o quién era. No siempre me reconocía a mí o a los niños. Por fortuna, nuestros hijos no parecían notarlo. Muchas veces, yo me sentaba con él a hablarle, a recordar nuestro pasado, para ayudarle a recuperar la memoria. Yo quería desesperadamente que pasara con nosotros, en uso de sus facultades, la mayor cantidad de tiempo posible.

Casi todas las mañanas yo bajaba al pueblo (siempre se necesitaba algo) y lo primero que hacía al volver era asomarme a la habitación para ver si Joe estaba bien. Luego hacía té para los dos y me sentaba en un banquito, junto a la cama, a conversar con él.

Una mañana en particular estábamos así, conversando, y Joe dijo:

—¿Sabes, Lorna? He estado en esta cama desde que te fuiste, por la mañana, tratando de recordar nuestro pasado, con los niños. Me asusta que a veces no puedo ni reconocer dónde estoy.

Como siempre, había muchos ángeles a nuestro alrededor. De repente, todos los ángeles que estaban con nosotros desaparecieron, salvo el ángel de la guarda de Joe. Es como si su ángel de la guarda lo ayudara a sostenerse, como si no hubiera cama. Joe estaba un poco confundido.

—Dame la mano —le dije—, y te ayudaré a recordar.

El ángel de la guarda de Joe estaba detrás de él y le puso una mano sobre la cabeza, para hacer caer sobre él la luz de la memoria. Esta luz, una sustancia blanca parecida a la crema batida, con chispas plateadas, venía de la mano del ángel y entraba por la cabeza de Joe. Hasta el final de esa conversación, nunca dejó de fluir.

Me sorprendió la cantidad de cosas que Joe recordó aquella vez. Habló sobre la Primera Comunión de nuestro hijo Owen, y recordó que usó el dinero que le regalaron para comprarse unos zapatos de fútbol. Hasta entonces, Owen, gran amante de este deporte, siempre había usado zapatos prestados para jugar; esta era la primera vez que se compraba un par. Joe se reía recordando cómo Owen se probaba un par tras otro, mirando los precios, hasta que finalmente pudo decidirse. Estaba muy orgulloso.

Con este recuerdo, a Joe se le llenaron los ojos de lágrimas por la felicidad.

* * *

A Joe siempre le había producido cierta inquietud mi relación con los ángeles; aunque yo había compartido con él parte de mis experiencias, Joe temía que los ángeles me llevaran con ellos. Se sentía aún más vulnerable debido a su enfermedad. A veces se ponía nervioso cuando sabía que alguien vendría a visitarme, especialmente si se sentía muy enfermo o muy débil. A veces decía cosas como: "Ellos te alejan de mí. Yo te necesito más que ellos". Yo lo compadecía mucho, pero sabía que debía cumplir con mi deber.

Recuerdo de manera especial a una pareja que vino a verme porque ella estaba muriendo. Ambos estaban desesperanzados. Él necesitaba que su esposa viviera a toda costa, mientras que ella ya se había hecho a la idea y sentía la necesidad de crecer espiritualmente. Iban con frecuencia a mi casa, a veces sin avisar. A Joe no le gustaba mucho esto y me decía: "Yo también me estoy muriendo". Aunque lo decía, no sé hasta qué punto lo creía. Joe no aceptaba realmente que se fuera a morir en poco tiempo. Eso es bastante común.

Con el transcurrir de los meses, llegó un punto en que la medicina convencional no podía hacer por esta mujer nada distinto de controlarle el dolor y ella, al igual que muchas otras personas, recurría a ayudas espirituales alternativas. Con la anuencia de sus médicos, viajó a Brasil. Yo sabía que sería su último viaje y que, aunque tendría que hacer un gran esfuerzo físico, sería muy importante para su espíritu. Muchas veces, cuando la gente sabe que va a morir, quiere aprender sobre el viaje de su alma, pues así puede entender mejor.

Su estadía en Brasil fue breve pero importante, y cuando regresó yo fui la primera persona que ella visitó. Quería contarme lo que le había ocurrido allá y obtener más ayuda para su viaje espiritual. Mientras ella hablaba y me contaba todo, su esposo permanecía sentado junto a mí en la cocina. En un momento dado, ella le dijo a su marido que la dejara hablar y no la interrumpiera. Tenía muchas ganas de contármelo todo ella misma, de sanarse para poder morir en paz. Cuando se iba a ir, la abracé, pues sabía que nunca más la volvería a ver. Mientras bajaba las escaleras de la entrada, vi un haz de luz. Su alma dio media vuelta para mirarme: era un alma perfecta. Se fue a su casa y se metió en la cama. Nunca más se volvió a levantar.

* * *

Los ángeles me decían que a Joe no le quedaba mucho tiempo, y yo me enojaba con ellos por decirme cosas que yo, en realidad, no quería oír. Un día, yo iba saliendo del mercado con unas bolsas y un ángel apareció frente a mí, rodeado de pájaros.

—¡Vete! —dije.

El ángel desapareció, pero no los pájaros. Eran de todas clases: gorriones, petirrojos, mirlos y pájaros más grandes como grajillas y cuervos. Volaban a mi alrededor, casi tocándome con sus plumas. Yo los espantaba con mis manos, hasta que finalmente se fueron. Ahora llamo a ese ángel en particular el "Ángel de los Pájaros". El Ángel de los Pájaros era hermoso: muy alto y elegante, vestido de blanco, con mangas largas cortadas en punta y una faja dorada en la cintura. Llevaba un collar en V, de donde pendía un zafiro verde de unos cinco centímetros de espesor. Su rostro era dorado y sus ojos, blancos. Solo apareció unas cuantas veces, pero cada vez que se iba a aparecer, me rodeaban y se me acercaban montones de pájaros de todos los tamaños.

Cuando podía hacerlo, a Joe le gustaba sentarse un rato junto al fuego y a veces hacía el esfuerzo de caminar hasta la cerca de nuestra casa. Una tarde, cuando salíamos hacia la cerca, aparecieron pájaros de todas partes y su pusieron a los pies de Joe, picoteando las piedras. Algunos se posaron en la cerca, para limpiarse las plumas.

—¿De dónde salen tantos pájaros? —dijo Joe—. Jamás había visto tantos juntos.

—Están aquí —dije señalando—, porque el Ángel de los Pájaros está a cierta distancia de nosotros.

Joe no podía verlo, obviamente, pero sus ojos se iluminaron. Me sonrió con gran felicidad y me dijo:

—Me gusta el Ángel de los Pájaros.

Luego, dimos media vuelta y volvimos a entrar en la casa.

Hablamos mucho sobre la conveniencia de que Joe fuera a un hospital o se quedara en nuestra casa. Él decía que sería más fácil para mí y para los niños si se iba al hospital a morir allá; no quería ser una carga para nosotros. Yo lo interrumpía y le decía:

—No, Joe. Tú no eres una carga. Yo te amo y tus hijos también. No queremos que te mueras en un hospital. Queremos que te quedes en casa, con nosotros.

Pocos días antes de la muerte de Joe, el médico fue a visitarnos sobre el mediodía y le dijo que tal vez ya había llegado la hora de que fuera al hospital. Entonces, le pregunté al doctor:

—Si Joe se interna en el hospital ahora, ¿qué posibilidades tiene de volver a casa?

—Lo más probable es que no pueda volver nunca a casa —contestó el médico.

Joe y yo nos miramos y dijimos "no" al mismo tiempo. Joe le dijo al médico que ya habíamos hablado sobre el tema de morir en casa y yo añadí:

—Ya tomamos la decisión.

La expresión del médico, de pie junto a la cama, era de compasión y comprensión.

—Llámenme a cualquier hora del día o de la noche, cuando me necesiten. No importa qué hora sea —dijo.

Al día siguiente, Joe me dijo que le encantaría cenar una chuleta de cerdo. Yo me fui donde Jim, el carnicero, y le pedí una chuleta de cerdo. Él sabía que Joe estaba enfermo y me dijo:

—Perdona, pero ya no me queda.

Se fue a la trastienda y cuando volvió me dijo que al día siguiente tendría chuleta de cerdo.

Esa noche, Joe dijo que quería caminar un poco, y lo ayudé a llegar hasta la cerca. Era una noche despejada, con muchas estrellas, pero muy fría. Estando en la cerca, el Ángel de los Pájaros apareció de nuevo, junto al poste de luz, al otro lado de la calle. Joe estaba apoyado en la cerca.

—La noche está hermosa —dijo.

Volví a mirar junto al poste, pero el ángel ya se había ido. Un destello de luz en el cielo nocturno me llamó la atención y dije:

—¡Mira, Joe!

Joe se volteó a mirar hacia la casa. Un hermoso pájaro blanco voló hacia nosotros. A medida que se acercaba, se volvía más brillante y más claro. El pájaro no volaba muy alto, y parecía volverse más grande segundo a segundo. Era enorme, y podíamos ver todas sus plumas. Era un ave magnífica.

—¡Es un búho blanco! —exclamó Joe.

Pensamos que se iba a estrellar contra nosotros y nos agachamos cuando nos voló por encima. Iba hacia la luz del poste. Su luz era extremadamente brillante. Ahora que lo pienso, recuerdo que era inusualmente brillante. Vimos claramente al búho volar hacia la luz. Luego desapareció.

—¡Qué espectáculo tan maravilloso! —dijo Joe pasmado—. Ese búho era blanquísimo y enorme. ¿A dónde se fue? Voló hacia la luz y desapareció; es como si hubiera habido una explosión de luz y hubiera desaparecido.

Le sonreí a Joe y le dije que, poco antes, cuando íbamos saliendo, yo había visto al Ángel de los Pájaros junto al poste de luz, y que se había convertido en el búho blanco, para que Joe pudiera verlo.

Nos habíamos quedado allí más tiempo de lo habitual, y a Joe le temblaban las piernas. Lo ayudé a caminar de nuevo hasta la casa y lo metí en la cama. Le llevé una taza de té y él me dijo que me sentara a su lado, pues quería hablarme.

Abrió el cajón de la mesa de noche, sacó un sobre y me lo entregó diciendo:

—Un regalo de cumpleaños. Mañana es un día especial para ti y para Ruth.

Yo miré el sobre un poco confundida.

—¡Ábrelo! —dijo.

No lo podía creer. ¡Dentro del sobre había cien libras!

—Joe, ¿de dónde sacaste esto?

Me dijo que venía ahorrando desde hacía mucho tiempo.

—Nunca te lo dije, Lorna, pero cuando venía gente a visitarte, ellos insistían en dejarme algo de dinero para los cigarrillos. Yo ahorraba eso. Quiero que vayan a comer a Dublín y que te compres ese anillo que te prometí hace tiempo.

Obviamente, Joe se refería al anillo que reemplazaría mi anillo de compromiso, ese que se habían robado de la prendería. Joe me había prometido que me compraría otro, y ahora estaba cumpliendo su palabra, ¡en unas circunstancias bastante especiales! Joe pasó unas seis semanas diciendo que quería estar vivo para el día de nuestros cumpleaños. Ahora comprendía una de sus razones.

Le di a Joe un gran abrazo y un beso y me fui a la habitación de Ruth, a decirle que al día siguiente iríamos a Dublín a celebrar su cumpleaños número dieciséis, y que yo debía comprar un anillo. Ruth entró precipitadamente en la habitación de su papá, y le dio un abrazo y un beso.

A la mañana siguiente, Ruth y yo tomamos el autobús para Dublín. Caminamos por todas las calles hasta el cansancio, pero finalmente encontramos el anillo que buscaba, en una joyería en O'Connell Street, y luego nos fuimos a almorzar. Sentadas a la mesa, Ruth y yo comenzamos a hablar. Ella quería irse esa misma noche a pasar el fin de semana con la familia de una amiga suya.

—Mamá, ¿tú crees que no hay problema si me voy el fin de semana? Tengo muchas ganas, pero me preocupa papá.

—Vete y disfruta de tu fin de semana —le dije—. No le contaremos a tu papá que te fuiste, para no confundirlo ni preocuparlo.

Pasamos un día muy agradable, pero me daba miedo que pudiera pasarle algo a Joe. Yo lo llamaba a cada rato por teléfono, para verificar que estuviera bien. Por fortuna, tenía el teléfono junto a la cama.

Mientras estábamos en Dublín, pasó algo maravilloso de lo que me enteré después. Megan, que tenía cuatro años, entró en la habitación a hablar con Joe, como solía hacerlo. Ella se sentaba junto a él, a que le leyera cuentos. A veces, dibujaba en el suelo junto a Joe. Ese día, ella le dijo: "Ven a jugar conmigo", las mismas palabras que había usado cuando se le había aparecido antes de nacer. Le insistía mucho, para que la empujara en el columpio. De algún modo (tuvo que ser gracias a Dios y a los ángeles), Joe tuvo la energía para pararse y vestirse —algo que no había hecho en semanas— y salió a empujarla en el columpio. Christopher estaba en casa, y les echaba un ojo a ambos: no podía creerlo. Megan y Joe jugaron en el columpio unos diez minutos y luego Joe fue a acostarse otra vez.

Cuando volvimos a Maynooth, pasé por donde Jim, el carnicero, a recoger las chuletas de cerdo. Cuando fui a pagar, me dijo: "Es cortesía de la casa. Dale mis saludos a Joe". Le di las gracias y Ruth y yo nos dimos prisa para llegar.

Esa noche, la casa estaba llena de ángeles. El fuego estaba encendido en el salón de estar. Cuando terminé de cocinar las chuletas, las papas, las verduras y la salsa, nos sentamos junto a la mesa de centro, frente a la chimenea, para cenar y celebrar nuestros cumpleaños. Joe apenas si comió. Había dicho que quería sentir el sabor de la chuleta de cerdo, pero solo pudo comer un pedacito. Vio que Ruth se estaba alistando para salir y le preguntaba a cada rato a dónde iba. Ella le decía que iba donde una amiga, pero él estaba muy confundido.

En la cocina, mientras se alistaba para salir, Ruth me preguntó:

—Mamá, ¿tu crees que papá va a estar bien?

—A tu papá le gustará que te diviertas en tu cumpleaños. Vete y, si algo pasa, te llamo enseguida.

Ruth se acercó a su papá, le dio un beso y un abrazo y se despidió. Su hermano Christopher llegó a casa, se sirvió la comida y fue a acompañarnos en el salón de estar. Habló con su padre mientras cenaba. Luego, le dio un gran abrazo y dijo que más tarde volvía.

Cuando nos quedamos solos en el salón de estar, Joe me dijo:

—Tú sabes que me ha costado mucho mantenerme vivo hasta tu cumpleaños.

—Yo sé —dije—. Gracias. Es el mejor regalo de cumpleaños que he podido recibir. Y me encanta el anillo. ¿Qué más puedo pedir?

Lo abracé. Veía ángeles a su alrededor y a su ángel de la guarda sosteniéndolo. Sonreí. Vi que los ángeles estaban trabajando para que nuestros hijos pudieran despedirse de él de una manera muy suave. Christopher se cruzó con Owen en el pasillo cuando salía. Owen se sentó frente al fuego a hablar con su papá. Él también iba a salir. Joe y yo nos quedamos solos esa noche.

Hablamos un poco frente al fuego, y luego Joe se quedó dormido. Yo estaba viendo televisión a su lado. Hacia la medianoche, Joe abrió los ojos. Estaba confundido, desubicado. Yo lo tranquilicé y le dije que estaba en casa. Joe me miró y me sonrió.

—Deberías irte a la cama, Lorna —me dijo.

—Yo te espero —contesté.

—No, anda ya —dijo Joe—. Quiero estar aquí solo un rato.

Besé a Joe, le di las buenas noches y me fui a la cama. Poco después entró en la habitación. No sé cómo hizo para caminar. Creo que su ángel de la guarda lo llevó. Joe se acostó junto a mí y me dijo:

—Lorna, ¿crees que voy a estar bien? ¿Crees que alcance a llegar hasta mañana?

—No te preocupes, Joe —dije, y su ángel de la guarda asintió con la cabeza—. Yo te voy a cuidar. Vas a estar bien.

Debí quedarme dormida en algún momento, acostada junto a Joe. Me desperté de repente. Joe estaba teniendo una crisis. La habitación estaba llena de luz. Estaba llena de ángeles y de espíritus. Entre ellos, vi al espíritu de papá junto a la cama. Los ojos de Joe prácticamente no emitían ninguna luz. No me reconoció. No tenía aura a su alrededor.

Papá me dijo:

—Lorna, déjalo ir. Sabes que no puedes volver a pedirlo otra vez.

Abracé a Joe, con los ojos llenos de lágrimas. Yo sabía que no podía pedirle a Dios que le diera más tiempo a Joe; sabía que la respuesta sería negativa. Recosté a Joe en la cama. Christopher había salido con sus amigos, pero Owen ya había vuelto a casa y lo llamé. Él acudió corriendo.

—Tu papá está agonizando —dije—. Ya es su hora.

Owen se precipitó a la cama.

—Mamá —me dijo mirándome a los ojos—, yo sé que papá dijo que debíamos dejarlo ir, pero quiero intentarlo. Es mi papá y lo quiero mucho.

Dejé que Owen lo intentara. Se sentó en el borde de la cama y llamaba a su papá; le daba masajes en la cara para hacerlo recuperar la conciencia. No tuve el coraje para decirle que nada funcionaría esta vez. Dios había dicho que no, y todos los ángeles y las almas estaban aquí para llevarse a Joe al Cielo.

Me fui corriendo a la cocina a llamar una ambulancia. Hice todo lo que hacía habitualmente cuando Joe tenía una crisis. Llamé a un taxista que conocíamos y le pedí que buscara a Christopher antes de venir acá. Luego, Owen gritó:

—¡Mamá, papá dejó de respirar!

Fui corriendo a la habitación y en la puerta me encontré con el alma de Joe, acompañada por su ángel de la guarda. Joe se veía hermoso; estaba radiante. Me sonrió, miró a Owen, que estaba en la habitación y luego desapareció.

La ambulancia llegó y se llevaron a Joe. Christopher y yo seguimos la ambulancia en el taxi hasta el hospital.

No recuerdo gran cosa del funeral. La muerte de Joe fue un gran golpe, aunque yo sabía que estaba viviendo tiempo prestado. Dios nos había concedido el milagro de alargar la vida de Joe, y yo sabía que este milagro no ocurriría una segunda vez. Dios me dijo que no lo pidiera, pues la respuesta sería negativa. Para mí era extremadamente difícil no rogarle a Dios. Yo no quería dejar ir a Joe, pero tenía que hacerlo. Yo sé que él nos cuida a mí y a nuestros hijos todos los días, y le doy las gracias por su amor, su amabilidad y su dulzura.

Llevé puesto ese anillo de cumpleaños unas dos semanas después de la muerte de Joe. Luego me lo quité y no me lo volví a poner nunca más.

CAPÍTULO 28

Una pluma del cielo

P oco después del entierro de Joe, empecé a recibir gente de nuevo, para ayudarle con sus problemas. Siempre he mantenido aparte mi vida privada del trabajo que Dios y los ángeles me piden hacer. Muy pocas de esas personas que iban a verme sabían de mi dolor. Sin embargo, algunas se habían enterado y eran muy amables conmigo. Recibí tarjetas de condolencia de personas que habían ido a verme, a pesar de los muchos problemas que tenían.

Fue una época muy difícil para mí, pero dar largas caminatas por el campus de Maynooth College me servía mucho. Paseaba por los jardines y por los corredores de la universidad, mirando los retratos de jóvenes que se habían convertido en sacerdotes. Hablaba mucho con Joe y le preguntaba qué tal le iba. Le contaba cómo estaban nuestros hijos, y después me daba risa y le decía: "Yo sé que tú sabes cómo les va". Lo sentía caminar a mi lado. Un día en particular, algunos meses después de la muerte de Joe, la vida se me estaba haciendo muy difícil. Había visto a varias personas ese día, y algunas de ellas tenían problemas realmente duros: hijos gravemente enfermos y situaciones muy difíciles. Me sentía agotada y estresada cuando se fueron, así que me fui a caminar por el campus de la universidad. Siempre esperaba a cruzar las puertas de la institución para comenzar a hablar con Dios sobre los asuntos que traía la gente a mi casa: sus penas y también sus dichas. Mientras caminaba, hablaba con Dios sobre los problemas de esta gente y sobre los problemas del mundo. A veces preguntaba: "¿No podrías hacer un milagro?".

Aquel día, la vida se me hacía muy difícil, y compartí ese sentimiento con mi ángel de la guarda y con Dios. Les dije que me sentía muy abatida.

Recuerdo muy bien aquel día; iba caminando por el campus de la universidad, sintiendo la brisa fría, la lluvia que me caía en la cara. No llevaba guantes, y tenía las manos frías, metidas en los bolsillos, donde podía sentir mi libro de oraciones. Me acuerdo que debía evitar los huecos del camino, llenos de lluvia y hojas muertas del otoño. Yo veía a la gente pasar, incluyendo a un sacerdote que siempre caminaba por el campus, rezando sus oraciones. Le sonreí y continué caminando. En otro camino vi a una madre trotar con su cochecito de bebé. Corría, se detenía, caminaba rápido y luego volvía a correr.

Llegué a una curva en uno de los caminos. Había grandes árboles a mi derecha y un campo abierto, con un cementerio y una gran cruz a la izquierda. Mientras atravesaba el camposanto, le iba contando a Dios cómo me sentía. Le dije: "No creo que pueda seguir adelante. Realmente necesito tu ayuda, Dios mío, y de tus ángeles. Si no me ayudas, no sé qué voy a hacer para seguir adelante".

Volví a girar a la derecha y justo frente a mí estaba la gran y antigua edificación de la universidad. Podía verla claramente. Luego ocurrió la cosa más extraña: dirigí la mirada hacia el cielo, por encima de este hermoso edificio, y vi que el cielo estaba lleno de ángeles. Estaban muy lejos. Al principio no sabía con seguridad si eran ángeles. Continué mirando y diciéndome a mí misma: "¿Pero qué más puede ser?". Cuando se acercaron un poco más, y se los veía volar sobre la universidad, ya no me quedó duda. Cada vez se veían más y más grandes. Los ángeles iban bajando y acercándose más. Eran muy hermosos, con sus colores dorado y blanco. Sus grandes alas eran tan magníficas, poderosas y hermosas que me dejaban sin aliento. Me reí y lloré, con el cuerpo tembloroso.

"Este es un regalo realmente especial", dije. "Mi alma y mi corazón se sienten mejor. Ahora me doy cuenta de que, sin importar lo mala que sea la situación, siempre hay una razón para vivir, una razón para ser feliz, y que, incluso, nuestras lágrimas tienen un sentido".

Todo este tiempo yo había seguido caminando, o eso me parecía. Mis piernas se movían, mis pies se movían y, sin embargo, más tarde me di cuenta de que el suelo bajo mis pies estaba inmóvil. Algunos de los ángeles empezaron a alejarse de la universidad. Parecían alejarse de mí... cada vez más... cada vez haciéndose más pequeños, hasta que desaparecieron. Me sentí un poco triste.

Luego, me dijeron que mirara hacia arriba, en el cielo y más allá, tan lejos que parecía increíble. Vi montones de ángeles más. Estos hermosos ángeles comenzaron a hacerse más y más grandes y, a medida que se acercaban, podía ver más ángeles encima. De repente, en medio de esos ángeles, mucho más arriba, vi algo que parecía ser otro ángel. Estaba tan arriba que parecía minúsculo: era un milagro que pudiera ver algo tan pequeño. Me pregunté cómo era posible ver este ángel tan diminuto, que estaba tan lejos y descendía muy lentamente, y descendía, y descendía...

Cuando llegó al punto donde estaban los demás ángeles, no empezó a aumentar de tamaño. Yo seguía riéndome, llena de emoción. ¡Aún hoy puedo sentirlo! Mi cuerpo temblaba de dicha. Cuando estuvo lo suficientemente cerca, vi que era una pequeña pluma.

Observé extasiada cómo esta plumita había sido guiada en su descenso por aquellos ángeles enormes y hermosos. Era espectacular ver esta pluma caer como un copo de nieve. Aquella mañana soplaba una fuerte brisa, pero la pluma seguía cayendo, guiada por el aire de tal forma que llegara directamente hacia mí. Temía que la brisa la fuera a hacerla desviar, pero no había por qué temer. No sería así. La pluma, rodeada a cada lado por los ángeles, siguió descendiendo.

Cuando ya estaba casi al alcance de mi mano, pero no lo suficiente para poder agarrarla, ¿sabes qué hice? ¡Salté para alcanzarla! Me moría de impaciencia. Salté tan alto como pude. Sentí como si hubiera dado un brinco de dos metros en el aire. Y agarré la pluma. La envolví suavemente con mi mano y me la puse en el pecho. Yo estaba llena de júbilo.

De repente, las cosas cambiaron. Hice conciencia de las gotas de agua que me caían en las mejillas; de la brisa fría. Solo entonces noté la presencia de una pareja de ancianos que caminaba hacia mí, y me di cuenta, también, de que el tiempo se había congelado para mí. Aunque pensé que había seguido caminando, en realidad no me había movido del lugar donde vi los ángeles por primera vez. Ahora, haciendo memoria, veo que desde el momento en que vi los ángeles sobre el edificio de la universidad, yo no sentía el piso desigual bajo mis pies, con sus desniveles y sus piedras. Esto es porque mis pies no estaban tocando el suelo. Yo no sentía la lluvia, ni el frío, ni el viento. Luego, cuando agarré la pluma, el tiempo comenzó a andar otra vez. Recuerdo que los dos ancianos me sonrieron: seguramente me vieron saltar. Yo les sonreí también. Me pregunto qué habrían pensado aquel día. ¿Qué habrán visto? ¿Habrán visto por qué salté? No sé quiénes eran, pero tal vez si leen este libro recuerden ese día.

Me sentí feliz y exultante. Era una de las mañanas más maravillosas de mi vida, pues había recibido semejante regalo de Dios y sus ángeles. Alabé a Dios y le di las gracias por la pluma. También agradecí a Joe, y se me ocurrió que también él tendría algo que ver con esto.

Quiero mucho esa pluma que me llegó a través de las puertas del Cielo, guiada por los ángeles. Era un regalo para ayudarme a sentir mejor, para hacerme sentir segura, para recordarme que hay una razón para vivir, que hay esperanza en todas las circunstancias. También me sirvió para recordar que todos tenemos un alma y que es perfecta, sin importar lo que hayamos hecho; que aunque nuestro cuerpo muera, nuestra alma no; que todos tenemos alas de algún tipo, aunque no las reconozcamos en nosotros mismos o en los demás. En realidad, todos somos ángeles.

AGRADECIMIENTOS

Quiero manifestar mi profundo agradecimiento a Jean Callanan por su apoyo, su dedicación y su valentía. El día que la conocí, los ángeles me dijeron que la ayuda de esta mujer iba a ser fundamental en la escritura y la publicación de este libro. Por entonces, lejos estaba ella de imaginar cuánto tiempo y esfuerzo iría a requerir la labor. Agradezco su buen humor, su entusiasmo, su paciencia, su generosidad y su amistad. Agradezco a los ángeles por haber traído a mi vida a una persona con su experiencia laboral, que ha resultado ser invaluable. Los ángeles me dijeron que yo no necesitaba un agente; que Jean sería para mí mejor que cualquier agente del mundo.

No habría podido tener un mejor editor que Mark Booth. Nada habría sido igual, de no ser por la confianza y la fe que él puso en este libro. Su trabajo como editor fue mucho más allá de lo que suele acostumbrarse. Gracias de corazón a este hombre maravilloso y especial, con el que hemos comenzado a forjar una amistad, y gracias a los ángeles por enviármelo.

Agradezco, también, a todo el equipo de la editorial Century, y en particular a Charlotte Haycock por su buen humor y su eficiencia, y a Rina Gill por su entusiasmo, su creatividad y su alegría.

Muchas personas, a quienes tengo la fortuna de contar entre mis amigos, me han ayudado con este libro: Stephen Mallaghan por su generosidad, su entusiasmo y su amabilidad... y por ser tan buen amigo; Daniel O'Donnell, por su motivación y por haber abierto las primeras puertas; Jim Corr, por su apoyo, su generosidad y su curiosidad; Eoin MacHale por haber creado un sitio Web maravilloso; Patricia Scanlan por darme ánimos.

Agradezco, igualmente, a mis hijos: ¡ellos me han mantenido con los pies en la tierra! Les doy las gracias por estar presentes, y en especial a mi hijo menor, cuya vida ha sido puesta un poco patas arriba con este libro.